Dominik Rottenkolber, Bernhard Güntert, Günter Thiele
Pflegeökonomik

Dominik Rottenkolber, Bernhard Güntert, Günter Thiele

Pflegeökonomik

2., aktualisierte und erweiterte Auflage

DE GRUYTER
OLDENBOURG

ISBN 978-3-11-077068-1
e-ISBN (PDF) 978-3-11-077078-0
e-ISBN (EPUB) 978-3-11-077083-4

Library of Congress Control Number: 2023941357

Bibliografische Information der Deutschen Nationalbibliothek
Die Deutsche Nationalbibliothek verzeichnet diese Publikation in der Deutschen Nationalbibliografie;
detaillierte bibliografische Daten sind im Internet über http://dnb.dnb.de abrufbar.

© 2024 Walter de Gruyter GmbH, Berlin/Boston
Einbandabbildung: jj_voodoo/iStock/Getty Images Plus
Satz: Integra Software Services Pvt. Ltd.
Druck und Bindung: CPI books GmbH, Leck

www.degruyter.com

Vorwort

Menschen haben im Verlauf der Jahrhunderte ganz unterschiedliche Varianten der sozialen Sicherung erfahren. In diesem Buch, das als grundlegende Neubearbeitung und Ergänzung des Vorgängerwerks „Sozialökonomie. Pflege- und Gesundheitsökonomik" (Thiele & Güntert, 2014) konzipiert ist, geht es ebenfalls um ökonomische Fragen der sozialen Sicherung, insbesondere um ökonomische Aspekte der Pflege im Rahmen der Kranken- und Pflegeversicherung.

Die Pflegesektoren nach der Kranken- und Pflegeversicherung sind in den letzten Jahren stark gewachsen. Durch die steigende Inanspruchnahme pflegerischer Leistungen und eine Reihe an politisch induzierten Leistungsausweitungen droht gegenwärtig eine Unterfinanzierung der Pflege. Die zentrale Frage ist somit, wie die soziale Sicherung im Hinblick auf die beiden Lebensrisiken der Krankheit und Pflegebedürftigkeit gestaltet werden kann. Aus diesem Grund werden in den weiteren Ausführungen alternative theoretische Strömungen vorgestellt, die sich unter anderem mit dem Lösen von sozialen Problemen auseinandersetzen. Zu diesem Diskurs möchte dieses Werk einen Beitrag leisten.

Ein Dankeschön gilt unseren Familien für die Geduld sowie die Aufmerksamkeit, die sie unserem Buchprojekt entgegengebracht haben. Schließlich gilt unser Dank dem Verlag für seine Geduld und sein Interesse an unserer Arbeit, insbesondere Frau Anna Spendler für die sehr wertvolle und kompetente Unterstützung bei der Erstellung der zweiten Auflage des Buches.

Alle Statistiken sind – soweit möglich – auf das Jahr 2019 (bzw. das letzte verfügbare Datenjahr) aktualisiert worden. Der Hintergrund dafür ist, dass durch die Corona-Pandemie die Zahlen der aktuelleren Gesundheitsberichterstattung und Wirtschaftsstatistiken nur bedingt aussagekräftig sind, da die pandemiebedingten Ereignisse zu zahlreichen Sondereffekten geführt haben dürften.

Berlin und Bern, im Sommer 2023

https://doi.org/10.1515/9783110770780-202

Inhaltsverzeichnis

Abbildungsverzeichnis

https://doi.org/10.1515/9783110770780-204

Tabellenverzeichnis

https://doi.org/10.1515/9783110770780-205

Abkürzungsverzeichnis

Az	Aktenzeichen
BA	Bundesagentur für Arbeit
BBS	Betriebliches Beschäftigungssystem
BGB	Bürgerliches Gesetzbuch
BGH	Bundesgerichtshof
BIP	Bruttoinlandsprodukt
BMG	Bundesministerium für Gesundheit
BMWi	Bundesministerium für Wirtschaft und Energie
COVID-19	Coronavirus Disease 2019
d. V.	die Verfasser
dggö	Deutsche Gesellschaft für Gesundheitsökonomie e. V.
DKG	Deutsche Krankenhausgesellschaft e. V.
DKI	Deutsches Krankenhausinstitut
DRG	Diagnosis Related Groups
EBM	Einheitlicher Bewertungsmaßstab
EGW	Erweiterter Bereich der Gesundheitswirtschaft
GAR	Gesundheitsausgabenrechnung
GAS	Goal Attainment Scaling
G-BA	Gemeinsamer Bundesausschuss
G-DRG	German Diagnosis Related Groups
GEDA	Gesundheit in Deutschland aktuell
GG	Grundgesetz
GGR	Gesundheitswirtschaftliche Gesamtrechnung
GPR	Gesundheitspersonalrechnung
GSK	Gesundheitssatellitenkonto
GVWG	Gesetz zur Weiterentwicklung der Gesundheitsversorgung (Gesundheitsversorgungsweiterentwicklungsgesetz)
HMO	Health Maintenance Organization
ICD-10-GM	Internationale statistische Klassifikation der Krankheiten und verwandter Gesundheitsprobleme, 10. Revision, German Modification
ICN	International Council of Nurses
IGeL	Individuelle Gesundheitsleistung
InEK	Institut für das Entgeltsystem im Krankenhaus GmbH
KBV	Kassenärztliche Bundesvereinigung
KGW	Kernbereich der Gesundheitswirtschaft
KHG	Krankenhausfinanzierungsgesetz
KKR	Krankheitskostenrechnung
KZBV	Kassenzahnärztliche Bundesvereinigung
LEP	Leistungserfassung in der Pflege
Mio.	Million(en)
Morbi-RSA	Morbiditätsorientierter Risikostrukturausgleich
Mrd.	Milliarde(n)
NHS	National Health Service
o. S.	ohne Seitenangabe
OECD	Organisation for Economic Co-operation and Development
PflBG	Gesetz über die Pflegeberufe (Pflegeberufegesetz)
PflegeVG	Pflegeversicherungsgesetz

https://doi.org/10.1515/9783110770780-206

PG	Pflegegrad
PKV	Private Krankenversicherung
PQsG	Pflege-Qualitätssicherungsgesetz
PREMs	Patient-Reported Experience Measures
PROMs	Patient-Reported Outcome Measures
RKI	Robert Koch-Institut
RV	Rentenversicherung
SAM	Sozialrechnungsmatrix
SGB	Sozialgesetzbuch
SPV	Soziale Pflegeversicherung
SvB	Sozialversicherungspflichtig Beschäftigte
Tsd.	Tausend
UNECE	United Nations Economic Commission for Europe
vdek	Verband der Ersatzkassen e. V.
VGR	Volkswirtschaftliche Gesamtrechnungen
VK	Vollkräfte
VVaG	Versicherungsverein auf Gegenseitigkeit
WHO	World Health Organization

1 Einführung

Schon seit einiger Zeit wird in unserer Gesellschaft diskutiert, wie die sozialen Sicherungssysteme vor dem Hintergrund der gesellschaftlichen Veränderungen (z. B. demografischer Wandel) zukünftig auszugestalten wären. Aus ökonomischer Perspektive setzt sich auch die Gesundheitsökonomik mit dieser Problematik auseinander. Während sich die Gesundheitsökonomik als wissenschaftliche Teildisziplin bereits etabliert hat, besteht für die Pflegeökonomik noch Entwicklungsbedarf, da eine differenzierte Auseinandersetzung mit dem Krankheits- und Pflegebedürftigkeitsrisiko aus Sicht der Pflege bislang noch nicht stattgefunden hat.

Pflegeökonomik wird als die Suche nach dem besten Weg für die Lösung der pflegerischen Probleme in unserer Gesellschaft verstanden. Aufgrund ihrer volkswirtschaftlichen Bedeutung ist es längst überfällig, dass die Pflegeökonomik als eigenständiges Fachgebiet etabliert wird. Dies gilt auch im politischen Sinne, wenn man zur Kenntnis nimmt, dass die Land- und Forstwirtschaft in unserer Volkswirtschaft im Jahr 2019 ca. 0,8 % zum Bruttoinlandsprodukt (BIP) beitrug (Statistisches Bundesamt (Destatis), 2022c, S. 112 f.). Bei der ambulanten und stationären Pflege liegt dieser Anteil hingegen bei ca. 1,8 % (Organisation for Economic Co-operation and Development (OECD), 2022). Die Land- und Forstwirtschaft verfügt auf Bundes- sowie Länderebene über eigene Ministerien, die Pflege hingegen kann kaum auf etablierte Strukturen zurückgreifen.

Mit diesem Buch werden die folgenden Ziele verfolgt. Die Leser/-innen sollen
- einen Überblick über die behandelte Thematik erlangen,
- die Gestaltungsprinzipien, Instrumente und Einrichtungen in den wichtigsten Feldern der sozialen Sicherungspolitik mit Fokus auf die Risiken der Krankheit und der Pflegebedürftigkeit kennen,
- das quantitative Ausmaß der pflegerischen Leistungen erfassen,
- den Zusammenhang zwischen dem Sozialen und dem Ökonomischen erkennen, kritisch betrachten und analysieren können und
- die Einsicht entwickeln, dass es notwendig ist, das wissenschaftliche Fach „Pflegeökonomik"[1] zu entwickeln bzw. weiterzuentwickeln.

Die zentralen Adressat(inn)en dieses Buches sind sowohl Studierende wie Praktiker/-innen im Bereich der Gesundheits- und Sozialwirtschaft.

---

[1] Die Begriffe Pflegeökonomie und Pflegeökonomik werden häufig synonym verwandt. Im allgemeinen wissenschaftlichen Diskurs bezieht sich der Begriff der Ökonomie („economy") auf das tatsächliche Wirtschaften von real existierenden Akteur(inn)en, wohingegen der Begriff der Ökonomik („economics") die wissenschaftliche bzw. theoretische Auseinandersetzung mit dem Wirtschaften des Menschen beschreibt.

https://doi.org/10.1515/9783110770780-001

1.1 Fallstudie

Maren Fricke (25 Jahre), stellvertretende Stationsleitung der Station II, Innere Medizin, im Krankenhaus A (380 Betten, Grundversorgungshaus), hatte sich gestern – nach mehrwöchigen Überlegungen und vielen Gesprächen mit Kolleg(inn)en – entschieden, nun doch einen Karrieresprung zu wagen, das Angebot des Krankenhausträgers anzunehmen und nach den ersten Jahren praktischer Pflegeerfahrung im Krankenhaus ein berufsbegleitendes Studium „Pflegemanagement" an einer nahegelegenen Hochschule zu beginnen. Sie sieht in Leitungsaufgaben eine interessante Herausforderung und ist überzeugt, dass sie diese gut meistern kann. Mit dieser Entscheidung möchte sie aber auch bewusst aus dem Schichtdienst ausscheiden, welcher mit ihren Hobbies (Tanz und Theaterspiel) nur schwer vereinbar ist.

Nach der Mittleren Reife hatte sie eine dreijährige Pflegeausbildung absolviert, wurde vom Krankenhaus A übernommen und ist nun seit vier Jahren in Abteilungen der Inneren Medizin im Schichtdienst tätig. Obwohl sie nach zwei Jahren ihr Arbeitspensum von 100 % auf 80 % reduziert hatte – sie empfindet die Arbeit mit Patient(inn)en als sehr befriedigend, aber oft auch als belastend – wurde ihr vor einem Jahr die stellvertretende Leitung der Station II übertragen.

Maren Fricke liebt ihren Beruf, sorgt sich gerne um ihre Patient(inn)en, arbeitet gerne im Team und hat das Gefühl, ihre sozialen Kompetenzen und ihr Interesse an Menschen gut einbringen zu können. Sie hatte auch die Gelegenheit, mehrere Weiterbildungskurse zur Pflege und zum Umgang mit onkologischen Patient(inn)en sowie zur Kommunikation mit Patient(inn)en oder Krisenkommunikation zu besuchen. Im Pflegeteam spielt sie eine wichtige Rolle. Es ist der neuen Stationsleitenden gemeinsam mit Maren Fricke innerhalb kurzer Zeit gelungen, Ruhe in das vorher häufig wechselnde Team zu bringen. Heute herrscht eine gute Stimmung in der Abteilung und die Teammitglieder unterstützen sich gegenseitig sehr. Auch die Zusammenarbeit mit dem ärztlichen Dienst und mit den übrigen Health Professionals ist meist gut und produktiv.

Maren Fricke hatte vor zwei Tagen eine neue Patientin, Frau Meyer (72 Jahre, seit rund zwei Jahren verwitwet), von der Aufnahme abgeholt und in ihr Zimmer geleitet. Die erste Begegnung war sehr positiv verlaufen, auch wenn die Patientin sich in ihrer Rolle und ihrer Abhängigkeit nicht wohlfühlte. Maren Fricke war es gelungen, auf die Unsicherheiten der Patientin einzugehen und ihre Ängste vor der bevorstehenden Behandlung zu mildern. Sie hatte den Stationsarzt während der Visite begleitet und später auch Zeit gefunden, auf die vielen Fragen von Frau Meyer einzugehen. Damit konnte Maren Fricke ein Vertrauensverhältnis zu Frau Meyer aufbauen. Am zweiten Tag beschwerte sich die Patientin jedoch lauthals über die langen Wartezeiten, welche sie zwischen verschiedenen Untersuchungen hatte. So musste sie vor der Computertomographie-Untersuchung fast zwei Stunden ohne weitere Informationen auf einem Stuhl im Flur warten. Auch hatte der behandelnde Arzt gesagt, er würde vor dem Abendessen zu ihr kommen, um die Untersuchungsergebnisse zu besprechen.

Als Maren Fricke den Spätdienst verließ, war der Arzt jedoch noch nicht erschienen, was Frau Meyer sehr erboste. Am folgenden Tag bemerkte Maren Fricke, dass Frau Meyer zu den inzwischen vom Stationsarzt kommunizierten onkologischen Untersuchungsergebnissen im Internet recherchierte. Auch wurde Maren Fricke gefragt, ob und wo man denn im Krankenhaus als Patientin eine Zweitmeinung einholen könne. Sie war sich am Abend nicht sicher, ob es ihr gelungen sei, die Patientin Frau Meyer wieder zu beruhigen und ihr Misstrauen zu zerstreuen.

Nach zwei freien Tagen kehrte Maren Fricke auf die Station zurück. Bereits in der Frühbesprechung wurde die Situation von Frau Meyer thematisiert. Sie sei sehr misstrauisch, unkooperativ, unfreundlich und befolge die Anordnungen der behandelnden Ärztinnen und Ärzte und der Pflegenden nicht oder nur widerwillig. Kurz gesagt, Frau Meyer wurde herausforderndes Verhalten gegenüber den Pflegenden und dem ärztlichen Personal unterstellt. Auch die Bettnachbarin hätte sich beklagt. Das Team war froh, dass Maren Fricke wieder im Dienst war und hoffte auf eine Verbesserung der Situation. Obwohl Maren Fricke sich sehr bemühte, konnte sie den bisher guten Zugang zur Patientin nicht mehr finden. Leider konnte sie auch nur wenig Zeit mit Frau Meyer verbringen, da sie aufgrund der krankheitsbedingten Abwesenheit eines Teammitglieds in anderen Bereichen aushelfen musste. Dies wiederum wurde von Frau Meyer als ein „sich Abwenden der Vertrauensperson" interpretiert und sie behandelte Maren Fricke, aber auch die Pflegehelferinnen, welche in ihrem Zimmer ihre Arbeit verrichteten, noch unfreundlicher als bisher und wurde ihnen gegenüber sogar aggressiv.

Am späten Nachmittag bekam Frau Meyer Besuch von ihrer Schwiegertochter. Diese erklärte Maren Fricke ausführlich, dass sie ihre Schwiegermutter in den vergangenen Jahren immer wieder zu Hause gepflegt und betreut hätte. Seit dem etwas überraschenden Tod des Schwiegervaters, der trotz des höheren Lebensalters bis wenige Wochen vor seinem Tod weitgehend den Haushalt geführt hatte, hätte dies zugenommen. Der Schwiegervater sei zu Hause verstorben. In den letzten Wochen seines Lebens sei die Familie glücklicherweise durch einen ambulanten Pflegedienst und in der Endphase durch den ambulanten Hospizdienst unterstützt worden. Seither seien die Erwartungen von Frau Meyer an externe Hilfen stark gestiegen. Sie müsse nun zunehmend einspringen, um Versorgungsaufgaben zu übernehmen und auch im Haushalt immer wieder aushelfen. Wenn Frau Meyer krank sei, müsse man eben schon sehr auf die „alte Dame" eingehen, sonst könne sie unangenehm werden. Wenn sie gesund sei, sei sie zum Glück noch sehr selbstständig. Die Schwiegertochter meinte, die Pflege und Betreuung in den verschiedenen Krankheitsphasen seien eine große Belastung für sie, insbesondere da sie ja selbst auch eine Familie mit drei Kindern habe und etwas mehr als zwölf Kilometer entfernt wohne. Daher sei sie jetzt froh, dass die Schwiegermutter nun für einige Tage im Krankenhaus untergebracht sei. Da sie die Schwiegermutter in verschiedenen Krankheitsphasen gepflegt hätte, würde sie sie sehr gut kennen und es erstaune sie nicht, dass Frau Meyer hier „etwas schwierig geworden" sei. Sie ertrage es eben nicht, wenn immer andere Personen um sie herum seien. Dies müsse man respektieren und die Pflegefachkräfte sowie das ärztliche Personal sollten bitte darauf achten, dass Kontinuität bei den betreuenden Personen vorhanden sei.

In der Stationsleiter/-innen-Besprechung, an welcher auch Maren Fricke teilnahm, zeigte sich, dass in mehreren Abteilungen die personelle Situation aufgrund von Krankheitsabwesenheiten angespannt ist. Mit Blick auf die geplanten Urlaubszeiten in den kommenden drei Wochen wurde in der Besprechung von „akutem Pflegenotstand" gesprochen und ein möglicher Wechsel auf „funktionale Pflege" diskutiert. Da die Pflegedirektion auch eine seit langer Zeit geplante Weiterbildung zum Thema „Umgang mit Patient(inn)en mit herausforderndem Verhalten" wegen Erkrankung des Referenten absagen musste, fiel die Stimmung bei den Stationsleitungen völlig ab. Zudem wurde bekannt, dass sich mehrere Stationsleitungen gegenüber der Pflegedirektorin in einem offenen Brief geäußert hatten, dass eine professionelle Pflege ohne Mehrpersonal und ohne ein Minimum an Weiterbildung im Krankenhaus A schon kurzfristig nicht mehr sichergestellt werden könne. In einer ersten spontanen Stellungnahme bei Überreichung des Briefes hatte die Pflegedirektorin festgestellt, dass für einen Ausbau der Personalkapazitäten in der Pflege kein Budget zur Verfügung stehen würde. Dies werde sich wohl auch mit dem neu zu verhandelnden Pflegebudget kaum ändern, zumindest nicht kurzfristig.

Maren Fricke stellte sich am Abend auf dem Heimweg die Frage, ob die Entscheidung zum Studium und zur Übernahme von Leitungsverantwortung richtig gewesen sei, ob sie dann nicht permanent zwischen den Anforderungen der Patient(inn)en und Angehörigen aufgerieben würde, den Erwartungen der Kolleg(inn)en im Pflegeteam und den Vorgaben der Pflegedirektion, des Krankenhauses und des Trägers gerecht werden könne. Als ihr Lebenspartner sie beim Abendessen auch noch fragte, wie sie sich denn das berufsbegleitende Studium eigentlich vorstelle, ob sie ihre Arbeitszeit weiter reduzieren werde und ob sie in den nächsten drei Jahren überhaupt noch gemeinsam in Urlaub fahren könnten, war Maren Fricke völlig verunsichert.

1.2 Reflexionen zur Fallstudie

Im Zentrum der Fallstudie (vgl. Kapitel 1.1) stehen zwei Personen, die Patientin Frau Meyer und die Pflegende Maren Fricke in ihren Rollen als Pflegefachkraft und stellvertretende Stationsleitung. Allerdings ist diese Pflegebeziehung in ein komplexes System institutioneller Strukturen und Regeln sowie personeller Beziehungen eingebettet.

Frau Meyer wurde von ihrem Hausarzt an die Institution Krankenhaus überwiesen, da seine diagnostischen und therapeutischen Möglichkeiten beim vorliegenden Krankheitsbild nicht ausreichen bzw. die Behandlung nicht ambulant durchgeführt werden kann. Frau Meyer befindet sich nicht in ihrem vertrauten Umfeld. Sie fühlt sich durch die Umstände und die bevorstehende Behandlung verunsichert und von den Prozessen und Abläufen im Krankenhaus abhängig. Neben den ärztlichen und pflegerischen Leistungen erfordert der Krankenhausaufenthalt auch Leistungen anderer

Gesundheits- und hauswirtschaftlicher Berufe. Die sonst sehr selbstständige Patientin fühlt sich durch die verschiedenen Personen und Regeln in ihrer Selbstbestimmung eingeschränkt. Zusammenfassend eine für sie ungewohnte Situation, in welcher sie gerne eine Vertrauensperson, die das System und die Problemlage kennt, zur Seite hätte.

Die Pflegeleistungen werden von Maren Fricke und ihren Kolleg(inn)en im Setting Krankenhaus erbracht. Voraussetzung dafür ist eine qualifizierte Ausbildung zu einer hohen Fach- und Problemlösungskompetenz. Um die Qualität der Leistung in einem sich rasch wandelnden Umfeld wie dem Gesundheitswesen sicherzustellen, sind auch regelmäßige und problembezogene Weiterbildungen notwendig. Maren Frickes berufliche Situation ist geprägt von ihren eigenen Erwartungen an die Pflege, von professionellen Standards sowie von den Vorgaben des Krankenhauses, die es zu erfüllen gilt. Sie ist in ihrer Arbeit mit den Patient(inn)en abhängig von den Leistungen anderer Teammitglieder, der Arbeitsorganisation, der unterstützenden Dienste, der Infrastruktur, der konkreten Ausstattung an Pflegefachkräften, dem Pflegeteam und der interdisziplinären Kooperation mit den anderen Berufsgruppen. Eine besondere Bedeutung hat jedoch die Kommunikation und Kooperation mit den Patient(inn)en sowie mit deren Angehörigen. Aber auch Einflüsse und Erwartungen von Personen aus dem eigenen, privaten sozialen Umfeld spielen eine bedeutende Rolle.

Den Mitarbeitenden im Krankenhaus kommen mehrere Rollen zu. Einerseits die notwendigen fachlichen Leistungen in guter Qualität zu erbringen und andererseits die Ordnung zu bewahren, standardisierte Prozesse einzuhalten und die Regeln der Institution umzusetzen. Dazu ist es notwendig, dass die Mitarbeitenden neben der fachlichen Leistungserbringung an den Patient(inn)en auch Beziehungsarbeit leisten. Dies ist umso mehr von Bedeutung, da die Patient(inn)en nicht „Objekte" von Pflege sind (Dunkel & Weihrich, 2021, S. 95 ff.). Erfolgreiche Pflegearbeit umfasst neben den fachlichen Verrichtungen immer auch Interaktion und Kooperation, d. h. gelungene Beziehungsarbeit. Erst damit werden die Patient(inn)en befähigt, ihre Rolle als Co-Produzent(inn)en ihrer Gesundheit wahrzunehmen (Gross & Badura, 1977, S. 361 ff.). Dies ist notwendig, um in der Pflege qualitativ gute Ergebnisse zu erzielen. Stimmt die Beziehungsebene zwischen Patient(inn)en und Pflegenden nicht, fehlt meist die notwendige Kooperation der Leistungsempfänger/-innen. Dies zeigte sich auch in der Fallstudie, als Frau Meyer ihre Vertrauensperson Maren Fricke temporär verloren hatte. Befolgen Patient(inn)en die Regeln der Institution und der Professionen nicht, unterstellt man ihnen oft herausforderndes Verhalten (Weichselgärtner, 2021, S. 146 f.). Die Folge ist dann oft, dass sie gemieden und vernachlässigt oder aber an andere Einrichtungen oder Organisationseinheiten überwiesen werden.

Pflege- und Betreuungsleistungen werden nicht nur in Krankenhäusern, sondern auch in anderen Settings erbracht, etwa in Rehabilitationseinrichtungen, in Pflegeheimen oder durch ambulante Pflegedienste im häuslichen Umfeld der Patient(inn)en. Alle diese Settings werden dem formellen Gesundheitssystem zugerechnet. Typisch für alle diese Settings ist, dass die Pflegeleistungen durch qualifizierte Mitarbeiter/-innen erbracht, in Leistungskatalogen definiert und mittels ausgehandelter Vergütungsverträge durch die Pflege- oder Krankenversicherungen abgegolten werden. Voraussetzung dafür sind erworbene formale Qualifikationen der Leistungserbringenden und eine Zulassung der Organisationen. Nicht alle Pflege- und Betreuungsleistungen werden jedoch monetär abgegolten. Sehr viele dieser Tätigkeiten werden durch Familienmitglieder, Angehörige, Freunde, Nachbar(inne)n oder Bekannte im sogenannten informellen Gesundheitssystem ohne entsprechende Kompensation erbracht. Ein Spezialfall sind die Pflegesituationen, bei denen pflegebedürftige Personen ein Pflegegeld beantragen sowie erhalten und damit leistungserbringende Angehörige vergüten. Fachliche Voraussetzungen existieren in diesem Fall nicht. Diese Geldleistungen werden statistisch im formellen Gesundheitssystem ausgewiesen. Nicht berücksichtigt werden hingegen alle Pflege- und Betreuungsleistungen, die nicht aufgrund gesetzlicher Grundlagen abgegolten werden. Wie die Fallstudie zeigt, werden diese von unterschiedlichen Personen (Ehepartner, Schwiegertochter) und oft in Kombination mit professioneller Hilfe (ambulante Pflege- oder Hospizdienste) geleistet. Grundsätzlich ist wenig über diese informell erbrachten Leistungen bekannt. Eine weitere Unbekannte ist die Qualität der von Angehörigen erbrachten Pflegeleistungen, unabhängig davon, ob diese von der Pflegeversicherung abgegolten werden oder nicht. Es ist jedoch davon auszugehen, dass die konkrete Nachfrage nach Leistungen des Gesundheitssystems maßgeblich von der Tragfähigkeit und der Qualität dieses informellen Bereichs beeinflusst wird.

In den verschiedenen Pflegesituationen sind die pflegenden Angehörigen und die Pflegefachkräfte durch ein gemeinsames Ziel miteinander verbunden: Die Sorge um die Patient(inn)en. Allerdings unterscheidet sich die Leistungserbringung doch wesentlich. Bei Angehörigen stehen meist die persönlichen, familiären Beziehungen oder die gesellschaftlichen Erwartungen im Vordergrund. Im häuslichen Setting (wie in der Fallstudie von der Schwiegertochter beschrieben) wird kaum zwischen pflegerischen und Betreuungs- oder anderen Hilfsleistungen differenziert, sondern die Leistungen werden ohne Unterschied in der Sorge um die Angehörigen erbracht. Pflegefachpersonen hingegen haben eine professionelle Perspektive auf die Erbringung der Pflegeleistungen. Diese ist geprägt durch die in der Aus- und Weiterbildung vermittelten professionellen Standards, durch vertragliche und gesetzliche Vorgaben (z. B. Arbeitszeit oder benötigte Qualifikation) sowie durch die Erfahrung in unterschiedlichen Pflegesituationen. Damit werden die Pflegearbeit und die Settings, in denen sie erbracht wird, definiert und von anderen Tätigkeiten abgegrenzt. Obwohl auch hier die Sorge um die Patient(inn)en im Fokus steht und die Beziehungsarbeit einen wichtigen Stellenwert hat, wird eine professionelle Distanz zu den einzelnen Patient(inn)en aufgebaut, um die eigenen Ressourcen so einzusetzen, dass eine andauernde und qualitativ gute Leistungserbringung möglich ist.

Einige der Einflussfaktoren auf die konkrete Arbeitssituation können durch Maren Fricke direkt und selbst beeinflusst werden, so etwa ihr eigenes, alltägliches Verhalten gegenüber den Patient(inn)en, gegenüber dem Team und gegenüber anderen Gesundheitsberufen. Auch ihre weitreichenderen Entscheidungen, wie etwa die Reduktion ihres Anstellungsgrads oder ihre Entscheidung zum berufsbegleitenden Studium „Pflegemanagement", haben einen Einfluss auf ihre Arbeitssituation und jene des Teams. Allerdings können Verhaltensweisen oder Karriereentscheidungen nicht völlig autonom getroffen werden. Sie sind vielmehr von einer Fülle gesellschaftlicher, politischer, wirtschaftlicher und sozialer Faktoren beeinflusst. Zu nennen sind hier auf gesellschaftlicher und sozialer Ebene etwa Umgangsformen zwischen Generationen und Kulturen, gesellschaftliche Werte und Menschenbilder, sowie die Anerkennung von Arbeit, Familie und Freizeit. Großen Einfluss auf die Entscheidungen der Patient(inn)en sowie der leistungserstellenden Health Professionals haben die vielfältigen Regeln der Institutionen auf den verschiedenen Ebenen des Gesundheitswesens, wie etwa Leistungspflicht, -umfang und -finanzierung oder auf betrieblicher Ebene Organisationsmodelle und Hierarchien, Stellenpläne, Prozessabläufe, Kommunikationsmittel, Materialien und Infrastruktur, Mitarbeiterförderungsprogramme oder Unternehmensstrategien und -kulturen. Diese wiederum werden zu einem großen Teil von politischen, rechtlichen und wirtschaftlichen Rahmenbedingungen, von der Verfügbarkeit und der Allokation von personellen, sachlichen und finanziellen Ressourcen, aber auch von den durch die verschiedenen Professionen entwickelten Standards beeinflusst. Hier zeigen sich auch immer wieder große Unterschiede zwischen den Erwartungen der Patient(inn)en und Angehörigen, den Pflegenden und Betreuenden im informellen Betreuungssystem und dem, was das formelle und professionelle Gesundheitswesen leisten kann.

Das Setting Krankenhaus oder Pflegeheim beeinflusst mit seinen Strukturen, Prozessen und Regeln sowohl die Patient(inn)en wie auch die leistungserbringenden Health Professionals. Man kann mit Recht sagen, dass das Krankenhaus Merkmale einer „totalen Institution" aufweist (Goffman, 2020). Das „ganze Leben" beider Seiten findet an einem mehr oder weniger abgeschotteten Ort statt und wird nach festgefügten institutionellen und professionellen Regeln hochgradig routinisiert. Dies bedeutet, dass die Pflegearbeit oft abseits der öffentlichen Wahrnehmung, d. h. in Pflegeeinrichtungen oder im häuslichen Bereich, stattfindet. Eine Anerkennung der Pflegearbeit erfolgt dann auch vorwiegend in diesem eher geschlossenen Rahmen, d. h. durch die Patient(inn)en und deren Angehörige sowie auch durch Kolleg(inn)en. Die gesellschaftliche Anerkennung der Pflegearbeit ist nach wie vor wenig ausgeprägt, was oft zu Unzufriedenheit bei den Pflegenden führt.

1.3 Definition der Pflege und der gesetzlich anspruchsberechtigten Personen

In der Fallstudie (vgl. Kapitel 1.1) und der Reflexion (vgl. Kapitel 1.2) wurde aufgezeigt, dass pflegerische Leistungen von verschiedenen Personen mit unterschiedlichen Qualifikationen und in unterschiedlichen Settings erbracht werden. Für eine ökonomische Analyse ist eine klare Definition der Pflege und der Pflegeleistungen von großer Bedeutung, bildet diese Definition doch die Voraussetzung für die Vergütung der Pflegenden bzw. deren Institutionen. Eine einheitliche Definition von Pflege und Pflegeleistung ist jedoch nicht leicht zu finden.

Entsprechend der Definition des Robert Koch-Instituts umfasst die Pflege „[...] alle unterstützenden Maßnahmen, die der Erhaltung und Wiederherstellung der körperlichen, mentalen und sozialen Funktionsfähigkeit dienen. Pflege unterstützt medizinische Behandlungen und versucht, Gebrechlichkeit zu lindern, um ein möglichst hohes Maß an selbständiger Lebensführung, Lebensqualität und Teilhabe bis zum Tod zu gewährleisten. Pflegerische Tätigkeiten werden von professionellen Pflegekräften ebenso durchgeführt wie von Laien (vor allem pflegenden Angehörigen). Professionelle Pflege (Pflegesachleistung) umfasst pflegerische Handlungen (Grundpflege), die Kooperation mit anderen Berufsgruppen (z. B. Ärztinnen und Ärzte sowie nichtärztliche Therapeutinnen und Therapeuten) und die Unterstützung und Beratung von Angehörigen." (Robert Koch-Institut (RKI), 2015, S. 325)

Diese Definition ist generisch gehalten und beschreibt vor allem, was in der ambulanten und stationären Langzeitpflege gemacht wird, nennt jedoch keine konkreten Pflegeleistungen. Auch umfasst sie den großen Bereich der informellen Pflege nicht, die in den einschlägigen Sozialgesetzen nicht adäquat abgebildet sowie quantitativ nur schwer zu erfassen ist und auch nicht abgerechnet wird.

In eine umfassende ökonomische Betrachtung der Pflege müssen zudem die ambulante und stationäre Akutpflege sowie die Pflege in der ambulanten und stationären Rehabilitation einfließen. Zur oben beschriebenen Grundpflege kommt in der Akutversorgung die sogenannte Behandlungspflege hinzu. Darunter werden ärztlich verordnete medizinische Anwendungen, Behandlungen und Leistungen, die durch qualifizierte Pflegepersonen durchgeführt werden, verstanden (Schwinger & Tsiasioti, 2020, S. 40 ff.).

Der Gesetzgeber konkretisiert, durch wen welche Leistungen in welchen Einrichtungen erbracht und abgerechnet werden können. Die zwei zentralen Gesetzeswerke in Deutschland sind: Sozialgesetzbuch V (SGB V; Gesetzliche Krankenversicherung) und Sozialgesetzbuch XI (SGB XI; Soziale Pflegeversicherung). Daneben finden sich weitere Anspruchsgrundlagen unter anderem im Sozialgesetzbuch IX (SGB IX; Rehabilitation und Teilhabe von Menschen mit Behinderungen; Vollzug in starker Anlehnung an SGB XI) sowie im Sozialgesetzbuch VII (SGB VII; Gesetzliche Unfallversicherung): „Solange Versicherte infolge des Versicherungsfalls für die gewöhnlichen und regelmäßig wiederkehrenden Verrichtungen im Ablauf des täglichen Lebens in erheblichem Umfang der Hilfe durch andere bedürfen, wird Pflegegeld gezahlt, eine Pflegekraft gestellt oder Heimpflege erbracht." (§ 44 Abs. 1 SGB VII; Vollzug in starker Anlehnung an SGB V)

Nach § 11 Abs. 1 SGB V haben die Versicherten der Gesetzlichen Krankenversicherung unter anderem einen Anspruch auf folgende Leistungen:
- Verhütung von Krankheiten und von deren Verschlimmerung sowie zur Empfängnisverhütung, bei Sterilisation und bei Schwangerschaftsabbruch
- Früherkennung von Krankheiten
- Behandlung einer Krankheit.

Dieser Anspruch der Versicherten wird am Begriff der „Krankheit" festgemacht. Für die Begriffe Gesundheit und Krankheit existieren in der wissenschaftlichen Fachliteratur vielfältige Definitionen. Für die folgenden Überlegungen soll deshalb exemplarisch eine Definition des Bundessozialgerichts zugrunde gelegt werden. Krankheit im Sinne der Gesetzlichen Krankenversicherung wird folglich als „[...] ein regelwidriger Körper- oder Geisteszustand, dessen Eintritt entweder die Notwendigkeit einer Heilbehandlung, allein – oder in Verbindung mit Arbeitsunfähigkeit – oder Arbeitsunfähigkeit zur Folge hat [...]" verstanden (Bundessozialgerichtsurteil vom 23. November 1971, Az.: 3 RK 26/70).

Die Begriffe der Regelwidrigkeit und deren Behandlungsbedürftigkeit bedürfen dabei der näheren Präzision, wobei festzuhalten ist, dass für diese beiden Begriffe bislang eher vage Umschreibungen gefunden worden sind. So definiert das Bundessozialgericht das Kriterium der Regelwidrigkeit „[...] als Abweichung von der durch das Leitbild des gesunden Menschen geprägten Norm" (Werner, 2004, S. 141).

Die vage Umschreibung der Behandlungsbedürftigkeit lautet, dass „[...] als behandlungsbedürftig ein regelwidriger Körper- und Geisteszustand dann anzusehen ist, wenn er ärztlicher Behandlung zugänglich ist und nicht ohne ärztliche Hilfe behoben, gebessert oder vor Verschlimmerung bewahrt werden kann, oder wenn ärztliche Behandlung erforderlich ist, um Schmerzen oder sonstige Beschwerden zu lindern oder das Leben des Patienten zu verlängern" (Werner, 2004, S. 142).

Diese vage und intransparente Umschreibung des Krankheitsbegriffs lässt im Hinblick auf den Leistungsanspruch der Versicherten nach SGB V erkennen, dass im Zweifelsfall Gerichte zu klären haben, ob eine Krankheit vorliegt oder nicht. Es fehlt eine durch die Legislative festgelegte Definition, was unter einer Krankheit präzise zu verstehen ist.

Wesentlich für die Pflege nach SGB V (formelles Gesundheitssystem) ist, dass eine Krankheit vorliegen muss, welche eine ärztliche Behandlung oder zumindest ärztlich verordnete pflegerische Behandlungen und Verrichtungen erfordert.

Pflegebedürftigkeit im Sinne des § 14 Abs. 1 SGB XI liegt bei Personen vor, „[...] die gesundheitlich bedingte Beeinträchtigungen der Selbständigkeit oder der Fähigkeiten aufweisen und deshalb der Hilfe durch andere bedürfen. Es muss sich um Personen handeln, die körperliche, kognitive oder psychische Beeinträchtigungen oder gesundheitlich bedingte Belastungen oder Anforderungen nicht selbständig kompensieren oder bewältigen können. Die Pflegebedürftigkeit muss auf Dauer, voraussichtlich für mindestens sechs Monate, und mit mindestens der in § 15 SGB XI festgelegten Schwere bestehen."

Die für die Soziale Pflegeversicherung relevanten gewöhnlichen und regelmäßig wiederkehrenden Verrichtungen des täglichen Lebens – untergliedert nach den sechs Kriterien „Mobilität", „Kognitive und kommunikative Fähigkeiten", „Verhaltensweisen und psychische Problemlagen", „Selbstversorgung", „Bewältigung von und selbständiger Umgang mit krankheits- oder therapiebedingten Anforderungen und Belastungen" sowie „Gestaltung des Alltagslebens und sozialer Kontakte" – werden im Gesetz entsprechend in § 14 Abs. 2 SGB XI nachfolgend genannt.

Für die Gewährung von Leistungen zu Lasten der Sozialen Pflegeversicherung sind pflegebedürftige Personen einem der fünf Pflegegrade zuzuordnen (Tabelle 1). Im Auftrag der Pflegekassen prüfen der Medizinische Dienst bzw. andere unabhängige Gutachter/-innen anhand eines standardisierten Begutachtungsinstruments, ob ein entsprechender Pflegegrad vorliegt (§ 18 SGB XI).

Tabelle 1: Beschreibung der Pflegegrade (Eigene Darstellung in Anlehnung an § 15 Abs. 2 und 3 SGB XI).

Pflegegrad	Beschreibung
1	Geringe Beeinträchtigung der Selbstständigkeit oder der Fähigkeiten
2	Erhebliche Beeinträchtigung der Selbstständigkeit oder der Fähigkeiten
3	Schwere Beeinträchtigung der Selbstständigkeit oder der Fähigkeiten
4	Schwerste Beeinträchtigung der Selbstständigkeit oder der Fähigkeiten
5	Schwerste Beeinträchtigung der Selbstständigkeit oder der Fähigkeiten mit besonderen Anforderungen an die pflegerische Versorgung

In Abhängigkeit des festgestellten Pflegegrads werden Pflegesachleistungen (§ 36 SGB XI), Pflegegeld für selbst beschaffte Pflegehilfen (§ 37 SGB XI), eine Kombination aus Geld- und Sachleistungen (§ 38 SGB XI), sowie eine anteilige Kostenübernahme der teilstationären Pflege und Kurzzeitpflege (§§ 41–42 SGB XI) sowie der vollstationären Pflege (§ 43 SGB XI) gewährt.

Die Sozialgesetzbücher V und XI stellen eine spezifisch deutsche Lösung dar, um mit den Lebensrisiken der Krankheit und Pflegebedürftigkeit umzugehen. Andere Länder haben hierfür andere Strategien entwickelt (Kraus et al., 2020, S. 23 ff.; Schölkopf & Grimmeisen, 2021). Dies wirkt sich auch auf die anderen Lebensbereiche sowie auf die Finanzierung der Leistungen aus.

1.4 Reflexion zur Fallstudie aus gesundheits- und pflegeökonomischer Perspektive

Um die Pflegesituation der Fallstudie (vgl. Kapitel 1.1) aus einer gesundheits- und pflegeökonomischen Perspektive analysieren zu können, ist eine systemische Sichtweise unter Berücksichtigung der ökonomischen, rechtlichen, institutionellen, sozialen und familiären Verflechtungen notwendig. Auch aus einer gesundheitsökonomischen Sicht steht die Patientin mit ihren Krankheiten im Vordergrund, ist dies doch der Auslöser für die Erbringung von Gesundheitsleistungen verschiedener Akteure. Allerdings muss der Blick stark ausgeweitet werden. Die in der Fallstudie geschilderte Pflegesituation ist eingebettet in eine Vielzahl von marktähnlichen Beziehungen, betrieblichen Strukturen und Prozessen, gesetzlichen Regulierungen und gesellschaftlichen Erwartungen.

Aus gesundheitsökonomischer Perspektive steht die Pflegesituation zwischen der leistungserbringenden Maren Fricke und der Patientin Frau Meyer nicht im Zentrum der Analyse. In der stationären und ambulanten Akutversorgung liegt der gesundheitsökonomische Fokus klar auf der ärztlich-medizinischen Versorgung. Die Leistungen der Pflegenden in diesen Bereichen sind lange Zeit „mitgelaufen", im Krankenhaus waren sie in der Abgeltung mittels Diagnosis Related Groups (DRG) inkludiert. Erst mit der Ausgliederung der Pflegepersonalkosten aus den G-DRG-Fallpauschalen und der Einführung von krankenhausindividuellen Pflegebudgets beginnt sich der Blick auf die Pflege auch unter dem SGB V etwas zu ändern (Kaltenbach, 2021, S. 317 ff.). Grundsätzlich kann die in der Fallstudie beschriebene Pflegesituation als eine Markt- oder marktähnliche Situation verstanden werden, ein in ökonomischen Analysen häufig genutzter Ansatz.

Die Patientin Frau Meyer wird von Maren Fricke gepflegt. Frau Meyer ist Nachfragerin der Pflegeleistungen bzw. die Kundin, Maren Fricke ist die Anbieterin bzw. Produzentin. Sie erbringt die Leistungen jedoch nicht allein, sondern gemeinsam mit dem Pflegeteam der Station und in Zusammenarbeit mit anderen Gesundheitsfach- und Heilberufen. Dieses Setting kann grundsätzlich mit einer Marktsituation verglichen werden. Allerdings sind die Unterschiede zu den Vorstellungen vollkommener Märkte erheblich (vgl. Kapitel 5.3):

–   Im Gegensatz zu vielen Marktsituationen treffen die Patient(inn)en nicht oder nur teilweise Entscheidungen darüber, welche Pflege- oder Gesundheitsleistungen sie konkret konsumieren. Die konkreten Entscheidungen liegen weitgehend bei den Health Professionals. In der Gesundheitsökonomik spricht man daher oft von einer Informationsasymmetrie zwischen Patient(inn)en und Health Professionals (vgl. Kapitel 5.3.2). Es besteht die Vorstellung, dass die Health Professionals im Interesse der Patient(inn)en entscheiden. Allerdings finden sich auch immer wieder Beispiele von angebotsinduzierter Nachfrage (vgl. Kapitel 5.3.3).
–   Durch die Einweisung in ein Krankenhaus entsteht zwischen Patient/-in und Krankenhaus ein Behandlungsvertrag (§ 630a BGB, § 27 SGB V). Dieser verpflichtet das Krankenhaus, die notwendigen Leistungen in angemessener Qualität unter Berücksichtigung der aktuellen medizinischen Standards sicherzustellen, ohne jedoch auf die Situation der konkreten Leistungserstellung einzugehen (vgl. Kapitel 6.3).
–   Zwischen den mit der Behandlung und Betreuung beauftragten Organisationen (Krankenhaus, Pflegeheim, ambulanter Pflegedienst usw.) und den Pflegenden bestehen ebenfalls vertragliche Beziehungen, dies auf einem stark geregelten Arbeitsmarkt (vgl. Kapitel 6.3.5).
–   Die Kosten für Krankenhausaufenthalte werden im Gegensatz zu normalen Marktsettings nicht durch die Nachfragenden, d. h. die Patient(inn)en, sondern im Wesentlichen von den gesetzlichen oder privaten Krankenversicherungen übernommen (vgl. Kapitel 5.3.4 und 6.3.3). Dies bedeutet, dass die Nachfrager/-innen von Gesundheitsleistungen mit einer Krankenversicherung in einem weiteren marktähnlichen Verhältnis stehen und erst dadurch die – über die reine Abwendung lebensbedrohlicher Situationen hinausgehende – Versorgung beanspruchen können.

- Die konkret erbrachten Pflegeleistungen werden von den leistungserbringenden Organisationen gegenüber den Versicherungen meist nicht detailliert ausgewiesen und in Rechnung gestellt. Die Abgeltung der Pflegeleistungen erfolgt in der Regel pauschal, differenziert nach dem Grad der Pflegebedürftigkeit der Patient(inn)en (SGB XI) oder nach Fallpauschalen bzw. im Rahmen der im Jahr 2020 eingeführten Pflegebudgets im Krankenhausbereich (SGB V) (vgl. Kapitel 6.3.4).
- Die Pflegeleistungen werden in der Regel nicht direkt an die konkreten Leistungserbringenden (z. B. Maren Fricke), sondern an deren Organisationen (Krankenhäuser, Pflegeheime, Pflegedienste usw.) abgegolten (vgl. Kapitel 6.3.4 und 6.3.5).
- Die Health Professionals sind in ihren Entscheidungen, welche Leistungen zu erbringen sind, nicht völlig frei. Vielmehr sind die Pflegeleistungen von verschiedenen Seiten definiert. Einerseits wurden durch die Profession selbst Standards gesetzt und Pflegeleistungen definiert. Auf dieser Basis hat der Gesetzgeber sowohl die Ausbildungsvoraussetzungen wie auch die verschiedenen Leistungskataloge festgelegt. Andererseits bedürfen die Leistungen der Behandlungspflege einer ärztlichen Verordnung. Zudem werden in den Organisationen die konkreten Leistungserstellungsprozesse aus betrieblicher Sicht definiert.
- Der Marktzugang für die Health Professionals und ihre Organisationen ist stark geregelt. Die Ausbildungsinhalte und -dauern, Karrieremuster und kontinuierlichen Weiterbildungen sind vom Gesetzgeber und/oder den jeweiligen Berufsverbänden vorgegeben. Weitere Vorgaben werden von den Verbänden der Versicherungen und der Leistungserbringer/-innen im Rahmen der Selbstverwaltung gemacht. Damit soll einerseits die Qualität gesichert werden. Andererseits wird die Flexibilität der Angebotsseite, um auf Veränderungen der Nachfrage reagieren zu können, stark eingeschränkt.
- Pflegeleistungen werden nicht nur in den Pflegesettings des formellen Gesundheitssystems erbracht. Sehr viel Pflege und Betreuung findet im sogenannten informellen System statt, d. h. in den Familien und sozialen Netzen. Diese Leistungen werden nur zu einem kleinen Teil verrechnet (Geldleistungen der Sozialen Pflegeversicherung) und sind daher für die Gesundheitsökonomik meist nur schwer zu erfassen. Die Trag- und Leistungsfähigkeit des informellen Systems hat jedoch – zumindest in der Langzeitpflege und -versorgung – starke Auswirkungen auf die Nachfrage nach professioneller Pflege und ist daher für das Gesundheitssystem von großer Bedeutung (vgl. Kapitel 6.4).

Die Fallstudie in Kapitel 1.1 zeigt deutlich auf, dass man, um die auf den ersten Blick sehr einfache und alltäglich erscheinende Pflegesituation zwischen Frau Meyer und Maren Fricke zu verstehen, diese aus einer Systemperspektive betrachten und analysieren muss. Dies ist Grund genug, um sich mit der Pflege auch aus einer ökonomischen Sicht auseinanderzusetzen. Ein zentraler Unterschied zwischen der Gesundheits- und Pflegeökonomik ist, dass sich die Gesundheitsökonomik traditionellerweise primär mit den Leistungen befasst, die ausgewiesen, d. h. dokumentiert und in Rechnung gestellt werden. Zudem beschränkt sich die Betrachtung häufig auf die ökonomischen Folgen von Krankheit (SGB V; vgl. Kapitel 5.2). Eine Pflegeökonomik hingegen muss ihren Blick ausweiten und sowohl die Belastung der Pflege durch Krankheit wie auch durch Pflegebedürftigkeit infolge von Alter oder Behinderung umfassen (SGB V, SGB XI und SGB IX). Da im Bereich der Pflege und Betreuung die Leistungen sowohl professionell im formellen Gesundheits- und Sozialsystem, wie auch in privaten Netzen (unentgeltlich in informellen Systemen) geleistet werden und sich beide Sektoren ergänzen und bedingen, sind auch die informellen Systeme zu betrachten.

Wie in den folgenden Kapiteln noch ausgeführt wird, gilt es die traditionelle Gesundheitsökonomik von einer Pflegeökonomik zu unterscheiden (Tabelle 2).

Tabelle 2: Vergleich der Gesundheits- und Pflegeökonomik (Eigene Darstellung).

Unterscheidungskriterium	Gesundheitsökonomik	Pflegeökonomik
Fokus	Krankheit	Pflegebedürftigkeit und Krankheit
Einrichtungen (dominierend)	SGB V – Krankenhäuser – Niedergelassene Ärztinnen und Ärzte	SGB V – Krankenhäuser SGB XI – Stationäre Pflegeeinrichtungen – Ambulante Pflegedienste Private Haushalte/informelle Systeme
Berufe (dominierend) / Helfer/-innen	Ärztinnen und Ärzte	Pflegefachkräfte, informelle Pflegepersonen
Höhe der Ausgaben nach Gesundheitsausgabenrechnung (GKV, PKV und Soziale Pflegeversicherung) (Gesundheitsberichterstattung des Bundes, 2021d)	Ärztliche Leistungen: 88,4 Mrd. Euro	Pflegerische Leistungen: 72,9 Mrd. Euro (formell); Produktionswert informeller Pflegearbeit übersteigt die Leistungsausgaben der Sozialen Pflegeversicherung (Kappel, 2021, S. 40)
Finanzierung	Gesetzliche und Private Krankenversicherung	– Gesetzliche und Private Krankenversicherung – Soziale und Private Pflegeversicherung – Private Haushalte

2 Lebensrisiken und ihre Bewältigung

Krankheit und Pflegebedürftigkeit gehören zu den gesellschaftlich bedeutsamen Lebensrisiken, deren Bewältigung nicht der Eigenverantwortung überlassen werden kann. In diesem Kapitel werden die Bedeutung sozialer Lebensrisiken, die Entwicklung gesellschaftlicher Bewältigungsstrategien sowie die Relevanz und die Rolle von Versicherungen, sozialstaatlichen Modellen und politischer Verantwortung im Gesundheitswesen dargestellt.

2.1 Lebensrisiken und gesellschaftliche Strategien

Alle Menschen sind in ihrem Leben mit einer Fülle von Risiken konfrontiert. Die Eintrittswahrscheinlichkeiten und die Auswirkungen bei dem Eintritt von Lebensrisiken unterscheiden sich individuell jedoch stark. Grundsätzlich ist davon auszugehen, dass der Eintritt von allgemeinen Lebensrisiken (BGH-Urteil vom 7. Juni 1988; Az. VI ZR 91/87) keine Haftpflichtansprüche auslöst, die Folgen nicht oder nur teilweise versicherbar sind und von den Individuen und ihren sozialen Netzen selbst getragen werden müssen. In der Praxis zeigt sich jedoch, dass auch die Folgen allgemeiner Lebensrisiken wie Krankheit, Unfall oder Pflegebedürftigkeit die wirtschaftliche Leistungsfähigkeit der Betroffenen und ihrer sozialen Netze übersteigt. Damit werden allgemeine Lebensrisiken zu sozialen und gesellschaftlichen Risiken. In der Folge haben Staaten unterschiedliche Einrichtungen, Normen und Regelungen geschaffen, um die dadurch entstehenden negativen gesellschaftlichen und sozialen Folgewirkungen abzufedern (Schölkopf & Grimmeisen, 2021).

Welche Arten sozialer Risiken durch die Gesellschaft abgesichert werden und in welchem Ausmaß dies geschieht, ist abhängig vom gesellschaftlichen Menschenbild, der gesellschaftlichen Vorstellung von Selbstverantwortung und Solidarität, der wirtschaftlichen und politischen Situation und Entwicklungen der Gesellschaft sowie von ihrem Risikoprofil. Aus einer politikwissenschaftlichen Perspektive werden oft zwei Idealtypen des gesellschaftlichen Umgangs unterschieden, der Liberalismus und der Republikanismus (Tabelle 3).

Der Liberalismus betont die individuellen Freiheitsrechte, damit einhergehend aber auch eine weitgehende Selbstverantwortung und er sieht die Aufgabe des Staates in der Sicherung dieser Freiheitsrechte. Die Stabilität des Staates wird durch Institutionen des Rechtsstaats (z. B. Grundrechte, Verfassung) gesichert. Das Ziel der Politik ist die Realisierung der Mehrheitsmeinung. Dagegen ist das Ziel der Politik im Republikanismus die Sicherung des Gemeinwohls. Dieses wird durch Partizipationsrechte der Bürger/-innen am politischen Entscheidungsprozess erreicht. Die Aufgabe des Staates besteht aus der republikanischen Sicht in der Sicherung eines guten, auskömmlichen Lebens für die Staatsbürger/-innen.

https://doi.org/10.1515/9783110770780-002

Tabelle 3: Liberalismus vs. Republikanismus (Eigene Darstellung in Anlehnung an Schaal & Heidenreich, 2009, S. 59).

Kriterium	Liberalismus	Republikanismus
Vertreter	Hobbes, Locke	Rousseau
Menschenbild	Methodologischer Individualismus	Methodologischer Holismus
Individuelles Handeln ist	nutzenmaximiert	tugendhaft
Zentrale Rechte	liberale Freiheitsrechte	politische Partizipationsrechte
Begründung staatlicher Herrschaft	vertragstheoretisch (Herrschafts-/ Gesellschaftsvertrag)	vertragstheoretisch (Gesellschaftsvertrag)
Aufgabe des Staates	Sicherung liberaler Grundrechte	Ermöglichung des guten Lebens in der Gemeinschaft der Staatsbürger/-innen
Sicherung der Stabilität eines Staates	Institutionen	Tugend der Bürger/-innen und politischen Eliten
Ziel der Politik	Realisierung der Mehrheitsmeinung	Gemeinwohl
Medium des Politischen	Markt	Forum
Form der Politik/Verhältnis der Bürger/-innen zueinander	konfrontativ Rechtspersonen	kooperativ Fellow citizens, Bürger/-innen, Citoyen

Diese idealtypischen Vorstellungen von Staaten werden nun im Zusammenhang mit den jeweiligen sozialökonomischen Überlegungen gebracht (Tabelle 4). Nach dem Paradigma des Liberalismus bedeutet dies, dass in Bezug auf die Sozialleistungen eher reaktiv vorgegangen wird. Zunächst haben die Einzelnen für sich zu sorgen und dann erst kommt nachrangig der Staat. Es gilt eher das Äquivalenzprinzip, das Prinzip von Leistung und Gegenleistung. Für die Steuerung und Regulierung der Maßnahmen sollen möglichst private Organisationen und Verbände sowie der Markt, verbunden mit der Selbstverantwortung der Bürger/-innen, gewonnen werden.

Im Republikanismus wird eher die Gleichheit in der Gesellschaft angestrebt. Dies bedeutet, dass die Politik sich auf die Schwachen und Ausgeschlossenen zu konzentrieren hat, um eine materielle Gerechtigkeit zu erreichen. Es gilt deshalb das Prinzip der Solidarität, die Starken haben für die Schwachen einzutreten. In diesem Staatsgebilde wird ein einheitliches System der Sozialpolitik angestrebt, wobei dem Staat eine zentrale Rolle bei der Steuerung und Regulierung der Aufgaben zufällt. Dabei spielen personenbezogene Dienstleistungen eine mindestens ebenso große Rolle wie Geldleistungen.

Tabelle 4: Freiheit und Gleichheit – die beiden sozialpolitischen Paradigmen (Eigene Darstellung in Anlehnung an Bellermann, 2011, S. 36).

Kriterium	Paradigma	
	Freiheit (Liberalismus)	**Gleichheit (Republikanismus)**
Ausrichtung, Schwerpunkt	Das Gesellschaftsganze (wenn Sozialleistungen, dann für alle)	Schwache, Ausgeschlossene, Rechtlose
Gesamtgesellschaftliches Ziel	Stabilisierung der Gesellschaft	Änderung der Gesellschaft
Immanentes Ziel	Statussicherung	Kompensation
Gerechtigkeitstyp	formale Gerechtigkeit	materiale Gerechtigkeit
Solidaritätstyp	gruppenspezifische Solidarität	gesellschaftliche Solidarität
Subsidiaritätsprinzip	klassisches Nachranggebot	auch Vorleistungsgebot
Bevorzugte Anlage der Sozialleistungen	eher kausal als final reaktive Muster ungleiche Leistungen – ungleiche Beiträge (Äquivalenzprinzip) Gießkannenprinzip – Prinzip der kurzen Decke eher Geldleistungen uneinheitliche („gegliederte") Systeme der Sozialpolitik	eher final als kausal präventive Strategien egalitäre Leistungen – ungleiche Aufwendungen (Solidarprinzip) Mehrleistungen für Benachteiligte Leistungen dürfen hoch sein eher personenbezogene Dienste einheitliches System der Sozialpolitik
Bevorzugte Steuerung und Regulierung	möglichst weitgehend private Organisationen (Verbände) und Märkte	Staat

2.2 Risiko und Ungewissheit

Ein zentrales Konzept, um ökonomische Sicherungspolitik zu betreiben, ist der Begriff des „Risikos", bei dem „[...] die Wahrscheinlichkeitsverteilung des Eintritts der Ergebnisse möglicher Handlungen bekannt [ist]; es handelt sich hierbei um die [...] Standardrisiken, die normalen Wechselfälle des Lebens" (Petersen, 1989, S. 47). Gegen diese Art von Risiken ist auch ein Schutz in Eigenverantwortung möglich, sei es durch Vermeidung, Vorsorge oder Versicherung. Die private Versicherungsindustrie hat für diese Bereiche eine Fülle von Angeboten entwickelt (z. B. Lebensversicherung, Motorhaftpflichtversicherung, private Krankenversicherung usw.). Das Risiko ist von dem Begriff der „Ungewissheit" zu unterscheiden, bei der „[...] die Wahrscheinlichkeit des Eintritts eines Ereignisses unbekannt [ist]" (Petersen, 1989, S. 47). Ungewiss ist auch das Ausmaß der durch das Risiko ausgelösten Belastung der Betroffenen. „Hinsichtlich der Ungewissheiten versagen (die) Methoden der individuellen Sicherungspolitik; insofern muss neben die individuelle die kollektive Sicherungspolitik treten, für die [...] letztlich der Staat benötigt wird." (Petersen, 1989, S. 47) Der einzelne Mensch kann z. B. die Eintrittswahrscheinlichkeit und die Dauer von Arbeitslosigkeit oder die Dauer und das Ausmaß der Pflegebedürftigkeit kaum einschätzen. Auch ist der Eintritt des Schadens oft nicht oder nicht direkt von individuellem Verhalten abhängig. Ein privater Versicherungsschutz wird bei Risiken mit großer Ungewissheit auch kaum angeboten. Der einzelne Mensch kann versuchen, Strategien zu entwickeln, um die Eintrittswahrscheinlichkeit solcher Risiken zu reduzieren (z. B. Prävention und Gesundheitsförderung gegen Krankheit) oder sich gegen die Folgen zu schützen (z. B. Vorsorge oder Versicherung). Ist jedoch „[...] das risikobedrohte Primärsystem (der private Haushalt; d. V.) nicht in der Lage, Gegenmaßnahmen einzuleiten, ist gemäß dem Subsidiaritätsprinzip und dem Solidaritätsprinzip die übergeordnete Gemeinschaft gefordert" (Petersen, 1989, S. 48). Dies kann einerseits steuerfinanziert durch den Staat selbst oder aber durch die Schaffung von Rahmenbedingungen für Sozialversicherungseinrichtungen und Beitragsfinanzierung erreicht werden.

Die Internationale Arbeitskonferenz hat auf der 101. Tagung im Jahr 2012 in ihrem Bericht „Soziale Basisschutzniveaus für soziale Gerechtigkeit und faire Globalisierung" unter anderem folgende interstaatliche soziale Basisschutzniveaus vorgeschlagen:

a) „Zugang zu einem auf innerstaatlicher Ebene festgelegten Bündel von Gütern und Dienstleistungen als wesentliche Gesundheitsversorgung, einschließlich im Fall der Mutterschaft;

b) Grundeinkommenssicherung für Kinder, zumindest auf einem auf innerstaatlicher Ebene festgelegten Mindestniveau, die Zugang zu Ernährung, Bildung, Betreuung und allen anderen notwendigen Gütern und Dienstleistungen gewährleistet;

c) Grundeinkommenssicherung, zumindest auf einem auf innerstaatlicher Ebene fest gelegten Mindestniveau, für Personen im erwerbsfähigen Alter, die nicht in der Lage sind, ein ausreichendes Einkommen zu erzielen, einschließlich im Fall von Krankheit, Arbeitslosigkeit, Mutterschaft und Invalidität; und

d) Grundeinkommenssicherung, zumindest auf einem auf innerstaatlicher Ebene festgelegten Mindestniveau, für alte Menschen." (Internationale Arbeitskonferenz, 2012, S. 5)

Damit sollten folgende Lebensrisiken abgesichert werden (Althammer et al., 2021, S. 219 ff.):
–   Krankheit und Unfall
–   Alter
–   Arbeitslosigkeit
–   Pflegebedürftigkeit
–   Schwerbehinderung
–   Arbeitsunfälle und Berufskrankheiten
–   Tod des Unterhaltpflichtigen

Die nachfolgende Gegenüberstellung zeigt die Unterschiede zwischen Privatversicherung und der staatlichen Sicherung bzw. der Sozialversicherung auf (Tabelle 5). Objektive

Kriterien (zur Bestimmung wann welcher Sicherungsansatz zur Anwendung kommt) existieren nicht. Im internationalen Vergleich findet man unterschiedliche Lösungsansätze, je nach gesellschaftlichen Werthaltungen und politischen Kräfteverhältnissen. Es zeigt sich jedoch deutlich, dass liberalere Systeme sich auch bei der Sicherung von sozialen Lebensrisiken eher auf marktwirtschaftliche und Privatversicherungsansätze stützen.

Tabelle 5: Merkmale der Sozialversicherung im Vergleich zur Privatversicherung (Kokemoor, 2013, S. 57).

Merkmale	Privatversicherung	Staatliche Sicherung/Sozialversicherung
Rechtsgrundlage	Vertrag (i. d. R. freiwillig)	Gesetz/Satzung (i. d. R. pflichtmäßig)
Risikoabsicherung	z. T. selbstbestimmt z. T. individuelle Risiken	Umfang durch Gesetz/Satzung vorgegeben
Mitgliedschaft	i. d. R. freiwillig, ausnahmsweise Zwang (z. B. Motorhaftpflicht)	i. d. R. Zwang, ausnahmsweise freiwillig (z. B. freiwillige Versicherung in der GKV)
Finanzierung	Beiträge der Versicherten	Beiträge der Versicherten und Arbeitgeber/ -innen, staatliche Zuschüsse
Leistungen	beitragsorientiert	bedarfs- und/oder beitragsorientiert
Organisation	privatrechtlich; i. d. R. frei wählbar	öffentlich-rechtlich; i. d. R. nicht frei wählbar
Rechtsweg	Ordentliche Gerichte	Sozialgerichte

2.3 Lebensrisiken Gesundheit und Pflegebedürftigkeit und Sozialstaat

Die vorangegangenen Gegenüberstellungen zeigen, dass in der politischen Diskussion sowohl dem Markt als auch dem Staat konträre Positionen zugewiesen werden können. Dies trifft auch auf die Diskussionen um das Gesundheits- und Pflegewesen zu. Zwischen Markt und Staat haben sich – staatlich gewollt und unterstützt – Sozialversicherungssysteme mit unterschiedlichen Ausprägungen entwickelt. In der Regel werden anhand der Ausprägungen in der Finanzierungs-, Leistungs- und Steuerungsdimension drei idealtypische Ansätze unterschieden (Tabelle 6):

Tabelle 6: Idealtypen von Gesundheitssystemen (Eigene Darstellung in Anlehnung an Cantillon et al., 2021, S. 327; Greer, 2007, S. 496ff.; Leidl, 2012, S. 392 f.; Ochs & Matusiewicz, 2019, S. 8; Roth, 2018, S. 49 ff.; van der Beek & van der Beek, 2011, S. 103).

Merkmale	Staatlicher Gesundheitsdienst ("Beveridge-System")	Sozialversicherungssystem ("Bismarck-System")	Marktmodell
Grundidee	– Staatsmonopol – soziale Gleichheit	– marktwirtschaftliche Elemente, zusätzlich: kollektive und staatliche Versorgungs- und Versicherungselemente in einem regulierten System (Pluralität an Versicherungen, Krankenkassen) mit Grundsicherung	– rein marktwirtschaftlich (Leistungs- und Versicherungsmarkt) – keine staatlichen Eingriffe – Patientensouveränität
Steuerung	– politisches System – Festlegung des Leistungskatalogs und der Preise durch staatliche Institutionen	– insgesamt geringe Staatsmacht – Verbände (Korporatismus) – bedeutende Rolle der Sozialpartner bei der Ausgestaltung des Gesundheitssystems	– Markt (Angebot und Nachfrage)
Finanzierung	– Steuern – Finanzierung, Leistungserbringung und Planung ganz (oder teilweise) im Rahmen einer staatlichen Organisation zusammengefasst – Ressourcenzuteilung traditionell über Budgets zur Ausgabenkontrolle	– einkommensabhängige Beiträge	– individuelle (risikoabhängige) Prämien, geprägt durch private Krankenversicherungen
Leistungserbringung	– ärztliche und andere Leistungserbringer/-innen sind Angestellte des Staates oder nationaler Gesundheitseinrichtungen	– unabhängig (gesetzlich und privat), staatlich festgelegte Vergütungsprinzipien, Steuerung auch über Vergütungsregulierung	– unabhängig (marktbasiert), freies organisatorisches System

Bei den zuvor dargestellten Gesundheitssystemtypen handelt es sich um sogenannte Idealtypen. In der Realität finden sich diese in ihrer prototypischen Form heute nicht mehr. Fast alle Gesundheitssysteme weltweit weisen unterschiedlich stark ausgeprägte Elemente dieser Idealtypen auf und werden somit als Realtypen bezeichnet. Ein Blick an den Anfang und in die Mitte des 20. Jahrhunderts zeigt, dass die verschiedenen Staaten unterschiedliche Strategien zur Ausgestaltung ihrer Sozialversicherungssysteme gewählt haben, die sich unterschiedlich ausgeprägt weiterentwickelt haben. Die Ausprägungen der Gesundheitssysteme erweisen sich als Antwort auf die jeweils drängenden Fragen zur Zeit der Einführung der Gesundheitsversorgung, in denen sich das Gesellschaftsmodell, seine Menschenbilder und die politischen Vorstellungen zu Freiheit und Solidarität entsprechend widerspiegeln.

3 Soziale Sicherung in der Bundesrepublik Deutschland

Um die komplexen Strukturen der sozialen Sicherung in Deutschland zu verstehen, erscheint es notwendig, kurz die Geschichte der Sozialpolitik näher zu beleuchten. Vor diesem Hintergrund wird zu Beginn dieses Kapitels zunächst auf den Zusammenhang von Sozialstaat und Sozialpolitik in Deutschland eingegangen. Dabei geht es auch um die Frage, welche Strategien zur Bewältigung von Lebensrisiken entwickelt wurden und welche Rolle der Markt bzw. der Staat in unserer Gesellschaft zur Lösung von sozialökonomischen Problemen spielen soll. Die unterschiedlichen Interpretationen zeigen, dass dem Markt oder dem Staat auch aus den theoretischen Überlegungen heraus differierende Rollen zugewiesen werden.

3.1 Sozialstaat und Sozialpolitik in der Bundesrepublik Deutschland

Die Geschichte der Sozialpolitik ist nur vor dem Hintergrund der gesellschaftlichen, wirtschaftlichen und politischen Entwicklungen und der Herausbildung von Interessengruppen zu verstehen. Die hier detaillierter betrachtete knapp 150-jährige Historie der sozialpolitischen Gesetzgebung auf den Gebieten des Arbeitsrechts, der Arbeitsmarktpolitik, der Sozialversicherung, der Fürsorge und der Familienpolitik zeigt, dass der Sozialstaat erst nach der Gründung der Bundesrepublik Deutschland (im Jahr 1949) stärker auf- und ausgebaut wurde, die grundlegenden Strukturmerkmale jedoch bereits zu Zeiten des deutschen Kaiserreichs (1871–1918) entwickelt wurden.

Wie ausführlich in der wissenschaftlichen Literatur beschrieben, bildet das im Jahr 1883 erlassene „Gesetz, betreffend die Krankenversicherung der Arbeiter" (Deutsches Reichsgesetzblatt, Band 1883, Nr. 9, S. 73–104), das unter der Federführung des damaligen Reichskanzlers Otto von Bismarck durch den Reichstag am 15. Juni 1883 verabschiedet wurde, den Ausgangspunkt für den Aufbau des modernen Sozialversicherungssystems in Deutschland. Es gilt in seiner strukturellen Prägung noch heute als der Prototyp eines Sozialversicherungssystems und wird in der internationalen Literatur demzufolge häufig auch als „Bismarck-System" bezeichnet (vgl. Kapitel 2.3) (Busse et al., 2017, S. 882 ff.). Auch wenn Otto von Bismarck gemeinhin als Begründer der Krankenversicherung in Deutschland gilt, so bleibt doch festzuhalten, dass schon vor dem Jahre 1883 (wenn auch nur für einzelne Teile der Bevölkerung) soziale Sicherungsinstitutionen existierten, die Elemente einer Krankenversicherung enthielten. Ein Beispiel hierfür ist die im Jahr 1260 gegründete Knappschaft, die den Beschäftigten im Bergbau im Falle von Krankheit oder Unfall einen (wenn auch nach modernen Maßstäben nur rudimentären) Schutz bot. Die Institutionalisierung der sozialen Sicherung kann somit als das Ergebnis eines sich über mehrere Jahrhunderte erstreckenden Entwicklungspro-

https://doi.org/10.1515/9783110770780-003

zesses gesehen werden und ist auch im 21. Jahrhundert weiterhin dynamischen Anpassungsprozessen unterworfen (Sell, 2019). Während im Mittelalter die von dem christlichen Leitmotiv der Barmherzigkeit geprägte Armenfürsorge im Mittelpunkt stand, sowie auch die Großfamilie als soziale Sicherungsinstitution noch Bestand hatte, entwickelte sich in der Neuzeit mit dem einhergehenden demografischen Wandel und dem medizinischen Fortschritt die Betreuung der Kranken zu einem eigenständigen Zweig. Mit zunehmend stabileren staatlichen Strukturen übernahm der Staat auch mehr Verantwortung im Bereich der sozialen Sicherung und Aspekte der Umverteilung (d. h. junge und gesunde Menschen tragen soziale Verantwortung für kranke oder ältere Menschen) prägten das System (Frevel & Dietz, 2008, S. 12).

In der Zeit der Weimarer Republik (1918–1933) erfolgte ein weiterer Ausbau der Systemstrukturen, beispielsweise wurden die Verordnung über die Tarifverträge erlassen und Arbeitszeitregelungen eingeführt. Zwei weitere zentrale Aspekte waren die Gründungen der Arbeitslosenversicherung (1927) und der Kassenärztlichen Vereinigungen (1931). „Die staatliche Sozialpolitik in Deutschland hat bis zum Ende des 2. Weltkriegs – beginnend im Kaiserreich über die Weimarer Republik bis zum Nationalsozialismus – einen wechselvollen Verlauf genommen. [...] Insgesamt lässt sich in dieser Zeitspanne ein eher zögerlicher Ausbau feststellen, der sich primär auf die Arbeitnehmerrisiken, d. h. die soziale Sicherung der abhängig Beschäftigten und ihre Familienangehörigen, erstreckte." (Bäcker et al., 2020, S. 18) Angesichts der historischen Entwicklungslinie wird deutlich, dass das soziale Sicherungssystem bereits vielen – auch in der Gegenwart wieder aktuellen – Herausforderungen (z. B. Inflation oder Wirtschaftskrisen) ausgesetzt war, und in Folge dessen immer wieder Anpassungsprozesse erforderlich waren, die letztlich in der aktuellen Systemkonfiguration resultierten.

In der Zeit nach dem Nationalsozialismus (1933–1945) erfolgte auf allen genannten Gebieten der weitere Auf- bzw. Ausbau der sozialen Sicherung. Insbesondere seit Mitte der 1970er Jahre befinden sich die sozialen Sicherungssysteme in einer kontinuierlichen Um- und Ausbauphase, die grundsätzlich lange Zeit von Leistungserweiterungen geprägt war. In jüngster Vergangenheit nehmen jedoch Diskussionen um soziale Einschnitte und Kürzungen immer wieder einen zentralen Raum in der öffentlichen Diskussion ein, da erkennbar ist, dass die Tragfähigkeit der primär auf dem Umlageverfahren (d. h. die Einnahmen einer Rechnungsperiode finanzieren die Leistungsausgaben derselben Periode, ohne dass dabei Rücklagen gebildet werden) basierenden Sozialversicherungen vor dem Hintergrund des demografischen Wandels und der kontinuierlichen Kostensteigerungen im Gesundheits- und Pflegebereich nicht mehr ausreichend gegeben sein dürfte. Aus sozialrechtlicher Perspektive fällt in diese Zeit auch die Überführung der aus dem Jahr 1911 stammenden Reichsversicherungsordnung in die einzelnen Sozialgesetzbücher.

Im Jahr 1972 trat das Krankenhausfinanzierungsgesetz (KHG) in Kraft und damit die duale Finanzierung im Krankenhaus (d. h. die Investitionskosten werden durch die einzelnen Bundesländer getragen), die bis heute Bestand hat. Das GKV-Gesundheitsreformgesetz trat im Jahr 2000 in Kraft und enthielt u. a. Regelungen zum Qualitätsmanagement, zum ambulanten Operieren und zur integrierten Versorgung sowie zur fallpauschalenorientierten Vergütung auf Basis der Diagnosis Related Groups (DRG).

Im Jahr 1994 wurde durch das Gesetz zur sozialen Absicherung des Risikos der Pflegebedürftigkeit (Pflegeversicherungsgesetz (PflegeVG)) das Lebensrisiko der Pflegebedürftigkeit erstmals rechtlich abgesichert. Das Pflege-Qualitätssicherungsgesetz (PQsG) vom 09. September 2001 enthielt erstmals Instrumente zur Qualitätssicherung im SGB XI. Die Pflegeversicherung ist somit der jüngste Zweig der Sozialversicherung und insbesondere vor dem Hintergrund der Begründung einer Pflegeökonomik von zentralem Interesse.

Heute umfasst die soziale Sicherung in Deutschland die gemeinhin als „Fünf Säulen" beschriebenen Teilversicherungen:
– Krankenversicherung (1883)
– Unfallversicherung (1884)
– Rentenversicherung (1886)
– Arbeitslosenversicherung (1929)
– Pflegeversicherung (1995)

Der Begriff des Sozialstaats beschreibt „(d)ie Gesamtheit staatlicher Einrichtungen, Steuerungsmaßnahmen und Normen innerhalb eines demokratischen Systems, mittels derer Lebensrisiken und soziale Folgewirkungen einer kapitalistisch-marktwirtschaftlichen Ökonomie aktiv innerhalb dieser selbst politisch bearbeitet werden. Der Marktprozess sorgt neben der Versorgung mit Gütern auch für eine Vielzahl sozialer Risiken und Problemlagen, die nicht vom Markt selbst reguliert werden können." (Nullmeier, 2000, S. 540) Diese Definition impliziert somit, dass die Rechtsprechung und die staatliche Administration nach sozialen Gesichtspunkten zu handeln haben, sowie dass der Gesetzgeber die Rechtsordnungen dementsprechend auszugestalten hat.

Das Sozialstaatsprinzip ist in der Verfassung bzw. im Grundgesetz verankert. Als Prinzip ist es nicht explizit ausformuliert worden, es durchzieht aber wie das Rechtsstaatsprinzip sämtliche Lebensbereiche unseres Gemeinwesens: „Einige Hinweise auf das, was das Grundgesetz an sozialstaatlicher Konfiguration vorgefunden hat, sind im Grundgesetz im staatsorganisationsrechtlichen Teil enthalten. Das wichtigste Merkmal der Organisation sozialen Schutzes gegenüber den klassischen Risiken (wie Krankheit, Unfall, Invalidität und Alter) in der Sozialversicherung drückt sich in den Gesetzgebungskompetenznormen des Grundgesetzes aus, wo von der Sozialversicherung die Rede ist (Art. 74 Abs. 1 Nr. 12 GG). Die andere vorgefundene Art des sozialen Schutzes war die Fürsorge, für die ebenfalls eine Kompetenznorm steht (Art. 74 Abs. 1 Nr. 7 GG). Auch die Kriegsopferversorgung hat ihre Erwähnung in einer Kompetenznorm gefunden (Art. 74 Abs. 1 Nr. 10 GG). Damit ist das tradierte deutsche Konzept sozialer Schutzversehung in Form der Sozialversicherung, der Fürsorge und der Versorgung [...] verfassungsrechtlich schlicht internalisiert worden." (Schulin & Igl, 2002, S. 8 f.) Diese Internalisierung wird auch durch die nachstehende Darstellung deutlich. Es zeigt sich, dass das Sozialstaatsprinzip eine große Bandbreite an Themenkomplexen umfasst. Die für dieses Buch zentralen Bereiche wurden zur Verdeutlichung und Orientierung der Leser/-innen graphisch hervorgehoben (Abbildung 1).

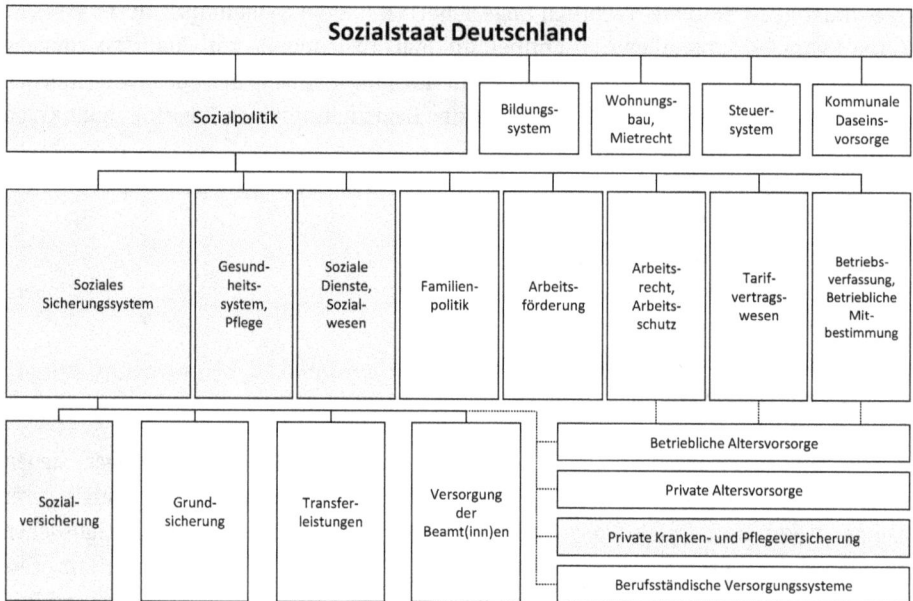

Abbildung 1: Sozialstaat und Sozialpolitik in Deutschland (Eigene Darstellung in Anlehnung an Bäcker et al., 2020, S. 27).

So erfährt das Sozialstaatsprinzip über staatsorganisationsrechtliche Bestimmungen, die Bestimmungen des Sozialrechts und schließlich über die Sozialpolitik seine Konkretisierung. Die Sozialpolitik umfasst demnach auch die Bereiche Arbeitsmarktpolitik bis zu den berufsständischen Versorgungssystemen. Darüber hinaus ist auch das Sozialstaatsprinzip – z. B. im Steuerrecht – verankert (Zimmermann et al., 2009, S. 11).

Die Organisation der Sozialverwaltung (Dörr & Francke, 2002, S. 85 ff.) ergibt sich mit aus den Bestimmungen des Grundgesetzes. Dort ist zunächst in Art. 30 GG festgelegt, dass die Erfüllung der staatlichen Aufgaben Sache der Länder ist. In den Art. 83 bis 91b GG werden die Ausführung der Bundesgesetze und die Bundesverwaltung geregelt. Nach Art. 87 Abs. 2 GG werden diejenigen sozialen Versicherungsträger als bundesunmittelbare Körperschaften des öffentlichen Rechts geführt, deren Zuständigkeitsbereich sich über das Gebiet eines Landes hinaus erstreckt. Dies sind alle fünf Zweige der sozialen Sicherung.

„Mitglieder der Sozialversicherungsträger sind grundsätzlich Versicherte und Arbeitgeber (§ 29 Abs. 2 SGB IV). Sie bilden als Selbstverwaltungsorgane zunächst jeweils die Vertreterversammlung und den Vorstand ihres Versicherungsträgers (§ 31 Abs. 1 SGB IV).

Dies geschieht durch Wahlen nach § 46 Abs. 1, § 52 SGB IV. Den Umfang staatlicher Aufsichtsbefugnisse gegenüber selbstverwalteten Versicherungsträgern markiert generell § 87 SGB IV." (Dörr & Francke, 2002, S. 92)

Im Rahmen der konkurrierenden Gesetzgebung (Art. 74 GG) hat der Bund von seinem Gesetzgebungsrecht u. a. in folgenden Bereichen Gebrauch gemacht:

- Art. 74 Nr. 7 GG – Öffentliche Fürsorge; SGB XII Sozialhilfe
- Art. 74 Nr. 10 GG – Versorgung der Kriegsbeschädigten und Kriegshinterbliebenen und die Fürsorge für die ehemaligen Kriegsgefangenen und
- Art. 74 Nr. 19a GG – Wirtschaftliche Sicherung der Krankenhäuser und die Regelung der Krankenhauspflegesätze.

Die Ziele der Sozialpolitik ergeben sich somit aus den Festlegungen des Grundgesetzes. So ist in den Art. 20 Abs. 1 GG und Art. 28 Abs. 1 Satz 1 GG verankert worden, dass die Bundesrepublik Deutschland ein Sozialstaat ist. Dies bedeutet aus verfassungsrechtlicher Perspektive, dass der Staat damit die Verpflichtung eingeht, alle Lebensbereiche seiner Bürger/-innen nach sozialen Gesichtspunkten auszugestalten. Wie er diese Verpflichtung erfüllt und in welchem Umfang, durch welche Einrichtungen in welcher Trägerschaft er diese Aufgaben wahrnehmen lässt, bleibt dabei ihm überlassen. Am Beispiel der Schaffung der Pflegeversicherung (vgl. Kapitel 3.2.2) lässt sich zeigen, wie der Sozialstaatsgedanke verwirklicht wurde.

Der Begriff der Finalziele umschreibt die abstrakten, letztlichen Ziele des sozialpolitischen Handelns im Sozialstaat Bundesrepublik Deutschland. Diese drei Ziele wären die Sicherung der positiven Freiheit, die Verwirklichung der sozialen Gerechtigkeit sowie die Sicherung des sozialen Friedens in unserer Gesellschaft (Althammer et al., 2021, S. 357f.). Eine Konkretisierung dieser abstrakten Ziele wird durch die Instrumentalziele formuliert. Mit ihnen werden auch die Politikbereiche genannt, denen diese Ziele zugeordnet werden. Wesentliche Instrumentalziele der Sozialpolitik sind (Lampert & Althammer, 2007, S. 487f.):

1. „Schutz bzw. Wiederherstellung der Gesundheit (Arbeitnehmerschutz, Krankenversicherung);
2. Herstellung, Sicherung und Verbesserung der Berufs- und Erwerbsfähigkeit als Grundlage selbstverantwortlicher Existenzsicherung (Bildungspolitik, Arbeitsmarktpolitik, Arbeitnehmerschutz);
3. auf dem Gleichbehandlungsgrundsatz beruhende und der sozialen Gerechtigkeit verpflichtete Gewährleistung der Menschenwürde und der Voraussetzungen für eine freie Persönlichkeitsentfaltung inner- und außerhalb des Arbeitslebens (Arbeitnehmerschutz, Betriebsverfassungs- und Unternehmensverfassungspolitik, Wohnungspolitik, Jugendpolitik, Altenpolitik);
4. Schaffung sozialer Sicherheit durch Schaffung bestmöglicher persönlicher und arbeitsmarktmäßiger Voraussetzungen für den Erwerb von Individualeinkommen (Arbeitsmarktpolitik, Bildungspolitik) und durch ein System interpersoneller und

intertemporaler Einkommensumverteilung für den Fall der Erwerbsunfähigkeit (System sozialer Sicherung, Sozialhilfe);

5. Ausgleich von Einkommens- und Vermögensunterschieden und von unterschiedlichen Lasten durch eine zielsystemadäquate Umverteilungspolitik (System sozialer Sicherung, Bildungspolitik, Familienpolitik, Vermögenspolitik, Wohnungspolitik)."

Für die weiteren Ausführungen sind insbesondere der Bereich der Krankenversicherung, der Altenpolitik und hier insbesondere der Bereich der Pflegeversicherung von besonderem Interesse.

Die Ausgaben der Sozialversicherung (d. h. Gesetzliche Kranken-, Renten- und Unfallversicherung, Soziale Pflegeversicherung, Alterssicherung für Landwirte sowie Arbeitslosenversicherung) sind im Zeitraum von 1992 bis 2019 um 111 % angestiegen, was unter anderem auf die deutsche Wiedervereinigung, die Einführung der Sozialen Pflegeversicherung (1995) sowie zusätzliche Leistungsausgaben zurückzuführen war (Picard, 2021, S. 140). Aber auch die Auswirkungen der Corona-Pandemie führten zu einem neuen Höchststand der Sozialausgaben, so dass im Jahr 2020 erstmals mehr als ein Drittel (33,4 %) der gesamten Wirtschaftsleistung gemessen am Bruttoinlandsprodukt (BIP) für Sozialleistungen aufgewendet werden musste, nach 30,1 % im Jahr 2019 (Bundesministerium für Arbeit und Soziales (BMAS), 2022, S. 5). Die „magische Grenze" der Sozialausgaben in Höhe von einer Billion Euro wurde somit bereits überschritten, was neben exogenen Effekten (z. B. Corona-Pandemie) insbesondere auch auf politisch induzierte Leistungsausweitungen zurückzuführen ist und die langfristige Stabilität der Sozialsysteme gefährden könnte.

3.2 Lebensrisiken in Deutschland

In unserer parlamentarischen Demokratie entscheiden Wahlen, welche der genannten Positionen (vgl. Kapitel 2.1) eher zur Anwendung kommen. Es wurde bereits erläutert, dass die Lebensrisiken in Deutschland (vgl. Kapitel 3.1) gesetzlich abgesichert sind. Die Rechtsquellen des Sozialrechts nach der nationalen Rechtsordnung (vgl. zum Folgenden Kokemoor, 2013, S. 16 ff.) sind vor allem die verfassungsrechtlichen Vorgaben sowie die Sozialgesetzbücher. Dazu zählt an allererster Stelle das Sozialstaatsprinzip nach Art. 20 Abs. 1 GG und Art. 28 Abs. 1 Satz 1 GG, das seine Konkretisierung durch das Sozialrecht erlangt. Dessen wesentliche Aufgaben sind (Schulin & Igl, 2002, S. 1):

– Gewähr des Existenzminimums; Negation materieller Not
– Gewähr elementarer personaler Dienste (Erziehung, Betreuung, Pflege)
– Minderung und Kontrolle von Abhängigkeiten
– Ausgleich von Wohlstandsunterschieden
– Sicherung des erlangten Lebensstandards gegen wesentliche ökonomische Verschlechterung

Die wichtigste Quelle für das Sozialrecht ist das Sozialgesetzbuch (SGB). Dabei wird zwischen den folgenden Sozialgesetzbüchern unterschieden:
– SGB I – Allgemeiner Teil
– SGB II – Grundsicherung für Arbeitssuchende
– SGB III – Arbeitsförderung
– SGB IV – Gemeinsame Vorschriften für die Sozialversicherung
– SGB V – Gesetzliche Krankenversicherung
– SGB VI – Gesetzliche Rentenversicherung
– SGB VII – Gesetzliche Unfallversicherung
– SGB VIII – Kinder- und Jugendhilfe
– SGB IX – Rehabilitation und Teilhabe behinderter Menschen
– SGB X – Sozialverwaltungsverfahren und Sozialdatenschutz
– SGB XI – Soziale Pflegeversicherung
– SGB XII – Sozialhilfe
– SGB XIV – Soziale Entschädigung

Nach § 29 Abs. 1 SGB IV sind die Träger der Sozialversicherung (Versicherungsträger) rechtsfähige Körperschaften des öffentlichen Rechts mit Selbstverwaltung. Die Selbstverwaltung wird gemäß § 29 Abs. 2 SGB IV, soweit nichts anderes nach § 44 SGB IV bestimmt ist, durch die Versicherten und die Arbeitgeber/-innen ausgeübt. Mit dieser Sozialpartnerschaft wird der Begriff des Korporatismus bzw. Neokorporatismus aus der Politikwissenschaft verbunden. Mit dem Begriff des Neokorporatismus im Bereich der sozialen Sicherung wird der freiwillige Zusammenschluss von Arbeitgeberverbänden und Arbeitnehmerverbänden/Gewerkschaften zur Regelung von Problemen in diesem Bereich verstanden. „Korporatistische Steuerung ist dadurch gekennzeichnet, dass der Staat bei der Steuerung einzelner Politikbereiche einen allgemeinen Ordnungsrahmen setzt und Kompetenzen zur konkretisierenden Regelsetzung an nachgeordnete Verbände delegiert. Die Verbände werden dabei auf die Verfolgung öffentlicher Ziele verpflichtet und füllen diesen Rahmen durch Kollektivverhandlungen und -verträge aus." (Rosenbrock & Gerlinger, 2004, S. 14)

Das wichtigste Gremium der gemeinsamen Selbstverwaltung im Gesundheitsbereich ist der Gemeinsame Bundesausschuss (G-BA), der aus Vertreter(inne)n des GKV-Spitzenverbands, der Kassenärztlichen Bundesvereinigung (KBV), der Kassenzahnärztlichen Bundesvereinigung (KZBV) und der Deutschen Krankenhausgesellschaft (DKG) sowie (nicht stimmberechtigten) Patientenvertreter/-innen besteht.

Die Lebensrisiken, die in den weiteren Ausführungen im Vordergrund stehen, sind das Risiko der Krankheit (SGB V) sowie der Pflegebedürftigkeit (SGB XI). Beide sind Gegenstand der Pflegeökonomik. Die Institutionen, die sich mit diesen Lebensrisiken auseinandersetzen, sind im ambulanten Bereich die ambulanten Pflegeeinrichtungen und die privaten Haushalte sowie im stationären Bereich die Krankenhäuser und die stationären Pflegeeinrichtungen. In diesen Einrichtungen sind, bis auf die privaten Haushalte, professionelle Pflegekräfte tätig.

3.2.1 Pflegeleistungen der Gesetzlichen Krankenversicherung (SGB V)

Die rechtlichen Grundlagen sind überwiegend im Fünften Buch des Sozialgesetzbuchs (SGB V) geregelt. Die Träger der Gesetzlichen Krankenversicherung sind die gesetzlichen Krankenkassen als rechtsfähige Körperschaften des öffentlichen Rechts mit Selbstverwaltung (§ 4 SGB Abs. 1 SGB V).

Die Gesetzliche Krankenversicherung ist in der Bundesrepublik Deutschland als Pflichtversicherung konzipiert (§ 5 SGB V). Ausgenommen von der Versicherungspflicht sind bestimmte Personengruppen, wie z. B. Selbstständige, verbeamtete Personen oder Arbeitnehmer/-innen mit einem Verdienst oberhalb der Pflichtversicherungsgrenze.

Die Finanzierung der Gesetzlichen Krankenversicherung erfolgt über die bis zur Beitragsbemessungsgrenze einkommensabhängigen Beiträge der Versicherten. Bei den pflichtversicherten Arbeitnehmer(inne)n wird die Hälfte des Beitrags paritätisch durch die Arbeitgeber/-innen getragen (§ 249 SGB V). Versicherte können pflegerische Leistungen nicht nur im Pflegefall, sondern auch im Krankheitsfall erhalten. Der Kostenträger ist dann die Gesetzliche Krankenversicherung (GKV). Neben pflegerischen Leistungen bei einem stationären Aufenthalt im Krankenhaus haben Versicherte der Gesetzlichen Krankenversicherung im Krankheitsfall auch Anspruch auf häusliche Krankenpflege (§ 37 SGB V).

Im Rahmen der Leistungen der Gesetzlichen Krankenversicherung werden im Hinblick auf die pflegerischen Leistungen zwei Bereiche unterschieden: Häusliche Krankenpflege und Pflege im Krankenhaus. Diese Leistungsbereiche werden im Folgenden kurz dargestellt.

Versicherte der Gesetzlichen Krankenversicherung können, wenn sie bei einer Erkrankung im häuslichen Bereich versorgt werden, nicht nur eine ärztliche Behandlung, sondern auch eine pflegerische Betreuung (Häusliche Krankenpflege) durch geeignete Pflegekräfte in Anspruch nehmen. Hinsichtlich der Leistungsgewährung besteht eine genaue Abgrenzung zu den Leistungen der Sozialen Pflegeversicherung.

Entsprechend § 2 Abs. 2 der Häuslichen Krankenpflege-Richtlinie des Gemeinsamen Bundesausschusses (G-BA) sind die Ziele der Verordnung, „[...] der oder dem Versicherten

– das Verbleiben oder die möglichst frühzeitige Rückkehr in ihren oder seinen häuslichen Bereich zu erlauben (Krankenhausvermeidungspflege) oder
– ambulante ärztliche Behandlung zu ermöglichen und deren Ergebnis zu sichern (Sicherungspflege),
– Sicherstellung der Versorgung bei schwerer Krankheit oder akuter Verschlimmerung einer Krankheit, insbesondere nach einem Krankenhausaufenthalt, nach einer ambulanten Operation oder nach einer ambulanten Krankenhausbehandlung (Unterstützungspflege)" (Gemeinsamer Bundesausschuss (G-BA), 2022, S. 5).

Die Leistungen der häuslichen Krankenpflege werden im Rahmen der Therapie einer „Krankheit" gewährt, während Versicherte die Leistungen der Pflegeversicherung nur erhalten, wenn im Sinne des Gesetzes „Pflegebedürftigkeit" (§ 14 SGB XI) vorliegt. Die häusliche Krankenpflege stellt eine unterstützende Maßnahme der Krankenbehandlung dar. Der Anspruch auf häusliche Krankenpflege setzt die Verordnung durch die behandelnden Vertragsärztinnen und -ärzte voraus, wobei eine Erstverordnung in der Regel bis zu 14 Tage umfasst und bei Bedarf verlängert werden kann. Auch Krankenhausärztinnen und -ärzte können die häusliche Krankenpflege für einen Zeitraum von bis zu sieben Tagen verordnen. Die Versicherten müssen mittels Vorlage der ärztlichen Verordnung die beantragten Leistungen durch die jeweilige Krankenkasse genehmigen lassen. Ferner besteht ein Anspruch auf häusliche Krankenpflege nur, wenn eine im Haushalt lebende Person die Erkrankten nicht im erforderlichen Umfang pflegen und versorgen kann (§ 37 Abs. 3 SGB V).

Neben den ärztlichen Leistungen, der Versorgung mit Arznei-, Heil- und Hilfsmitteln sowie Unterkunft und Verpflegung haben Versicherte der Gesetzlichen Krankenversicherung bei vollstationärer Behandlung auch einen Anspruch auf Krankenpflege. Dies gilt jedoch nur, wenn eine stationäre Aufnahme erforderlich ist, da das Behandlungsziel nicht durch teil-, vor- und nachstationäre oder ambulante Behandlung sowie häusliche Krankenpflege erreicht werden kann (§ 21 SGB I). Das Handlungsfeld der Pflegekräfte in der stationären Versorgung ist umfangreich und war in den letzten Jahren inhaltlich starken Veränderungen unterworfen. Früher lag der Schwerpunkt der Pflege eher auf einer medizinisch-pflegerischen Grundversorgung der Patient(inn)en. Heute basieren die pflegerischen Aufgaben verstärkt auf einem umfassenderen und ganzheitlicheren Verständnis von Gesundheit bzw. Krankheit.

Die stationäre Behandlung erfolgt in Krankenhäusern. Nach dem Krankenhausbegriff des § 2 Nr. 1 KHG handelt es sich bei Krankenhäusern um „Einrichtungen, in denen durch ärztliche und pflegerische Hilfeleistung Krankheiten, Leiden oder Körperschäden festgestellt, geheilt oder gelindert werden sollen oder Geburtshilfe geleistet wird [...]". Ferner müssen dort „[...] die zu versorgenden Personen untergebracht und verpflegt werden können".

In der Bundesrepublik Deutschland gab es im Jahr 2019 insgesamt 1.576 allgemeine Krankenhäuser. Davon befanden sich 33,8 % in freigemeinnütziger Trägerschaft, einen öffentlichen Träger hatten 29,1 % und einen privaten Träger 37,2 %. Darüber hinaus lassen sich die Krankenhäuser aufgrund ihrer Anforderungs- und Versorgungsstufen in Krankenhäuser der Grund-, Regel-, Schwerpunkt- und Maximalversorgung gliedern. Näheres regeln die jeweiligen Landeskrankenhauspläne der Länder. Es besteht aber auch eine Unterscheidung nach der betrieblichen Funktion wie z. B. nach der ärztlich-pflegerischen Zielsetzung (z. B. Allgemein- oder Fachkrankenhäuser) oder nach der Art der ärztlichen Besetzung (z. B. Anstalts- und Belegkrankenhäuser).

In den 1.576 allgemeinen Krankenhäusern standen im Jahr 2019 insgesamt 448.042 Betten zur Verfügung (Tabelle 7).

Tabelle 7: Strukturdaten der deutschen Kliniken im Jahr 2019 (Eigene Darstellung in Anlehnung an Gesundheitsberichterstattung des Bundes, 2022a; Gesundheitsberichterstattung des Bundes, 2022c).

	Einrichtungen	Aufgestellte Betten	Fallzahl	Durchschnittliche Verweildauer (Tage)
Krankenhäuser (Allgemeine Krankenhäuser)	1.576	448.042	18.839.815	6,6
Nach der Trägerschaft				
Öffentliche Krankenhäuser	458	212.477	9.076.439	6,6
Freigemeinnützige Krankenhäuser	532	153.159	6.457.228	6,5
Private Krankenhäuser	586	82.406	3.306.149	6,5
Nach Art der Zulassung				
Hochschulkliniken/Universitätsklinika	36	46.998	1.970.450	7,0
Plankrankenhäuser	1.305	391.709	16.542.019	6,5
Krankenhäuser mit Versorgungvertrag	70	6.956	253.063	6,8
Krankenhäuser ohne Versorgungvertrag	165	2.379	74.283	4,3
Sonstige Krankenhäuser	338	46.284	575.740	26,9
Krankenhäuser mit ausschließlich psychiatrischen, psychotherapeutischen oder psychiatrischen, psychotherapeutischen und neurologischen, und/oder geriatrischen Betten	276	46.284	575.740	26,9
Reine Tages- oder Nachtkliniken	62	–	–	–
Gesamt	**1.914**	**494.326**	**19.415.555**	**7,2**

3.2.2 Pflegeleistungen der Sozialen Pflegeversicherung (SGB XI)

Die Rechtsgrundlage für die Pflegeversicherung liefert das Elfte Buch des Sozialgesetzbuchs (SGB XI). Die Soziale Pflegeversicherung gliedert sich in die gesetzliche und die private Pflegeversicherung (vgl. SGB XI, Zehntes Kapitel). Beide bestehen als Pflichtversicherungen selbstständig nebeneinander. Der Sozialen Pflegeversicherung gehören in Deutschland kraft Gesetzes alle Personen an, die in der Gesetzlichen Krankenversicherung versichert sind (Pflichtversicherte und freiwillig Versicherte) (§ 1 Abs. 2 SGB XI).

Der privaten Pflegeversicherung gehören die Personen an, die eine private Krankenversicherung abgeschlossen haben. Für die Versicherungspflicht gilt somit der Grundsatz, dass die Pflegeversicherung der Krankenversicherung folgt.

Träger der Pflegeversicherung sind die bei den Krankenkassen errichteten Pflegekassen (§ 1 Abs. 3 SGB XI). Die private Pflegeversicherung wird von privaten Versicherungsunternehmen durchgeführt, wobei die Leistungen denjenigen der Sozialen Pflegeversicherung entsprechen.

Bei der Einführung der Pflegeversicherung im Jahr 1995 gab es zunächst nur Leistungen für Pflegebedürftige, die zu Hause gepflegt wurden (ambulante Pflege). Mitte des Jahres 1996 kamen dann auch Leistungen für Pflegebedürftige in stationären Einrichtungen (teilstationäre und stationäre Pflege) und in vollstationären Einrichtungen der Behindertenhilfe (Pflege in vollstationären Einrichtungen der Behindertenhilfe) hinzu.

Die Pflegeversicherung leistet Hilfe, wenn jemand aufgrund der Schwere einer Krankheit oder Behinderung dauerhaft auf Unterstützung angewiesen ist. Die Leistungen der Pflegeversicherung sollen den Pflegebedürftigen helfen, trotz ihres Hilfebedarfs ein möglichst selbstständiges und selbstbestimmtes Leben zu führen. Hierbei ist der Grundsatz „Rehabilitation vor Pflege" ein Merkmal der Pflegeversicherung (SGB IX und SGB XI).

Die Pflegeversicherung ist keine Vollversicherung und übernimmt somit nicht sämtliche Kosten im Zusammenhang mit der Pflegebedürftigkeit. Ihr Leistungsangebot soll dazu beitragen, die persönlichen und finanziellen Belastungen der Pflegebedürftigen und ihrer Angehörigen, die mit einer Pflegebedürftigkeit verbunden sind, tragfähig zu gestalten. Reichen im Einzelfall die Leistungen der Pflegeversicherung nicht aus und Pflegebedürftige oder deren unterhaltspflichtige Angehörige verfügen nicht über genügend Eigenmittel, können ergänzend auch Leistungen der Sozialhilfe in Anspruch genommen werden.

Beim Leistungsangebot der Pflegeversicherung ist zwischen Leistungen bei häuslicher und stationärer Pflege sowie zwischen Sach- und Geldleistungen zu unterscheiden. Darüber hinaus besteht ein Unterschied darin, ob die pflegebedürftigen Personen die Leistungen selbst erhalten oder ob diese an die Pflegepersonen gehen.

Bei der häuslichen Pflege beziehen sich die Sachleistungen auf die Inanspruchnahme von Pflegeleistungen eines ambulanten Pflegedienstes (§ 36 SGB XI). Geldleistungen bezeichnen die Zahlung des Pflegegelds an die pflegebedürftigen Personen (§ 37 SGB XI). In diesem Fall wird die pflegerische Versorgung durch die Versicherten in geeigneter Weise selbst sichergestellt.

Bei der stationären Pflege werden die erforderlichen Leistungen von den Pflegekassen ebenfalls als Sachleistungen übernommen.

Zum Jahresende 2019 gab es in Deutschland insgesamt 4.127.605 pflegebedürftige Personen. Insgesamt wurden 818.317 Pflegebedürftige vollstationär versorgt, 982.604 Pflegebedürftige erhielten Leistungen zusammen mit/durch ambulante Pflegedienste und 2.116.451 ausschließlich Pflegegeld (Abbildung 2).

4,1 Mio. Pflegebedürftige insgesamt

Zu Hause versorgt: 3,31 Mio. (80 %)	In Heimen vollstationär versorgt: 818.000 (20 %)

Durch Angehörige: 2,12 Mio. Pflegebedürftige (PG 2 bis 5)	Zusammen mit/durch ambulante Dienste: 983.000 Pflegebedürftige (PG 1 bis 5)	Im PG 1 (mit ausschließlich landesrechtlichen bzw. ohne Leistungen der Heime und Dienste): 208.000 Pflegebedürftige Auch durch Angehörige versorgt	
	Durch 14.700 ambulante Dienste mit 421.600 Beschäftigten		In 15.400 Pflegeheimen mit 796.500 Beschäftigten

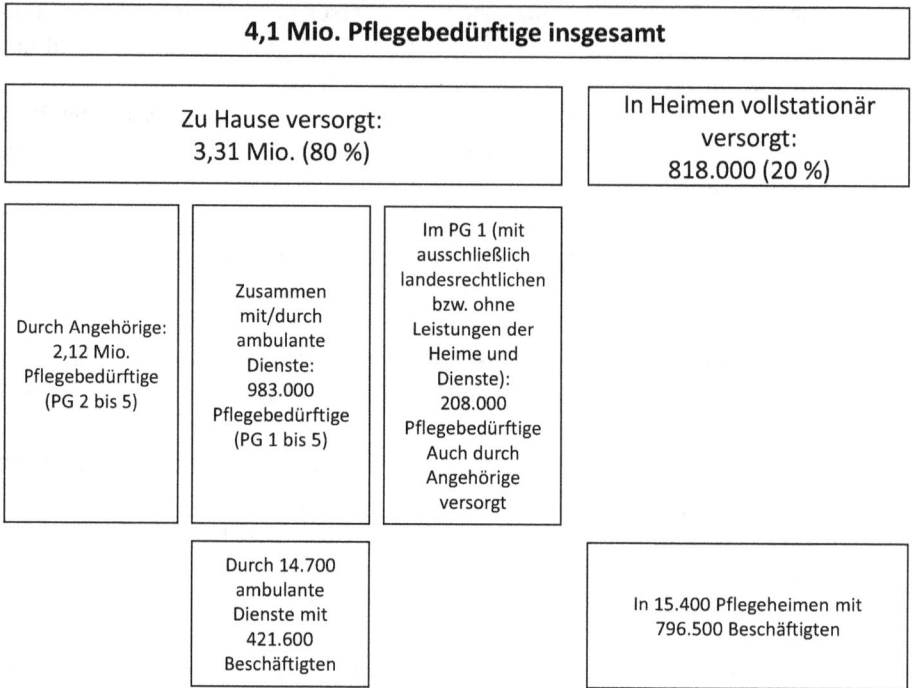

Abbildung 2: Pflegebedürftige im Jahr 2019 nach Versorgungsart (Statistisches Bundesamt (Destatis), 2020b, S. 18).

Die Pflegebedürftigen waren den folgenden Pflegegraden zugeordnet:
- Pflegegrad I: 298.117 Pflegebedürftige
- Pflegegrad II: 1.796.006 Pflegebedürftige
- Pflegegrad III: 1.215.758 Pflegebedürftige
- Pflegegrad IV: 573.145 Pflegebedürftige
- Pflegegrad V: 241.643 Pflegebedürftige
- ohne Zuordnung: 2.936 Pflegebedürftige

Die Pflegebedürftigen wurden durch insgesamt 14.688 ambulante Pflegedienste versorgt, in denen etwa 422.000 Personen (entspricht 288.000 Vollzeitäquivalenten) beschäftigt waren. Daneben standen rund 15.400 Pflegeheime mit 970.000 Plätzen. In den Pflegeheimen waren ca. 796.000 Personen (entspricht 577.000 Vollzeitäquivalenten) beschäftigt (Statistisches Bundesamt (Destatis), 2020b, S. 11ff.).

3.3 Theoretische Ansätze zur sozialen Sicherung

Pflegeökonomische Überlegungen spielen in der sozialen Sicherung eine wichtige Rolle und sind Teil der Sozialökonomik. Diese ist als interdisziplinäre Disziplin zu verstehen. Deshalb wird im Folgenden auf ökonomische, politikwissenschaftliche sowie rechtswissenschaftliche Ansätze zur Sozialpolitik zurückgegriffen.

Die Sozialversicherung hat sich im Laufe der Zeit zu einem Koordinationsinstrument von unterschiedlichen Zielsetzungen im Rahmen unseres Rechts- und Sozialstaats entwickelt (Petersen, 1989, S. 95). Die Zielsetzungen der verschiedenen Sozialversicherungszweige, die teilweise auch divergieren, sind zwischen der Eigenvorsorge und der Eigenverantwortlichkeit sowie der kollektiven Sicherung und der Inanspruchnahme von staatlichen Leistungen ohne direkte Gegenleistung angesiedelt.

Allein durch das Vorhandensein einer Sozialversicherung als staatliche Aufgabe erfährt aber die Eigenvorsorge eine gewisse Einschränkung, da ein Mindeststandard der sozialen Sicherung für die sozialen Risiken vorhanden ist. Mit anderen Worten: Es kommt das Prinzip „Leistung versus Gegenleistung" nicht in seiner Absolutheit zur Anwendung (vgl. Kapitel 2.2).

3.3.1 Neoklassische ökonomische Theorie der Sozialpolitik

Die neoklassische Sozialökonomie knüpft an das Gedankengebäude der ökonomischen Theorie (mit dem Markt als zentralem Kristallisationspunkt für das wirtschaftliche Geschehen in einer Marktwirtschaft) an. Die Anbieter/-innen und Nachfrager/-innen nach Sozialleistungen treffen sich auf dem Sozialmarkt und regeln dort ihre Angelegenheiten. „Die neoklassische Theorie der Sozialpolitik ist nicht indifferent zwischen den beiden grundsätzlichen Alternativen der marktwirtschaftlichen und der staatlichen Produktion von Sicherheit und Gerechtigkeit. Aus Sicht der neoklassischen Ökonomie liegt die Beweislast für eine staatliche Intervention bei den Protagonisten der staatlichen Eingriffe." (Schönig, 2001, S. 207) Ein Beispiel für diesen staatlichen Eingriff war die Etablierung der Sozialen Pflegeversicherung im Jahr 1994. In der Debatte zu diesem Gesetz heißt es unter anderem:

„Folgerichtig wurde in Ihrem Gesetz formuliert, daß bei der Errichtung ambulanter und stationärer Pflegeeinrichtungen künftig freigemeinnützige und private Träger Vorrang gegenüber öffentlichen Trägern haben sollen. In unserer bisherigen Systematik haben freigemeinnützige Träger Vorrangstellung. Künftig stellen Sie private Träger den freigemeinnützigen gleich. Damit wird deutlich, daß Ihre Koalition anscheinend davon ausgeht, daß mit der Pflege auch noch ein ordentliches Geschäft zu machen ist." (Deutscher Bundestag, 1993, S. 15828)

Der Bundestag hat das Pflegeversicherungsgesetz so verabschiedet, dass die freigemeinnützigen und privaten Träger gleichrangig nebeneinanderstehen. Die staatliche Intervention bestand darin, dass die bisherige Regelung entfiel. Damit wurde

die „Vielfalt der Träger" favorisiert, damit auch die marktliche Lösung mit Wahlmöglichkeiten für Pflegebedürftige und für Pflegende.

3.3.2 Institutionalistische ökonomische Theorie der Sozialpolitik und die Sorgeökonomie

Die institutionalistische ökonomische Theorie ist als ein Gegenstück zur herkömmlichen
neoklassischen ökonomischen Theorie zu verstehen. Der Institutionalismus hat seine Wurzeln in der Deutschen Historischen Schule, dem Pragmatismus sowie der Evolutionstheorie
von Darwin (Reuter, 1997; Thiele, 2004). Der Institutionalismus betrachtet den Markt als
Ort institutionalisierter Handlungszusammenhänge: „In dieser institutionalistisch geprägten Sichtweise ist der Markt ein institutionalisierter Handlungszusammenhang, in dem
Menschen mit verschiedenen Motiven und Handlungsmustern in ihren ökonomischen Rollen als ProduzentInnen oder KonsumentInnen zusammen agieren bzw. dort, wo es um die
Erstellung von Dienstleistungen geht, im identischen Produktions- und Nutzungsprozess
diese Dienstleistung gestalten." (Biesecker & Kesting, 2003, S. 312) Aus dieser Perspektive ist
gerade der Gesundheits- und Pflegemarkt im Sozialstaat sehr stark durch institutionalisierte Handlungszusammenhänge wie rechtliche Regelungen, verhandelte Leistungskataloge und Finanzierungssysteme oder Anforderungen an die Leistungserbringenden
geprägt. Der Institutionalismus hat Vorbehalte gegenüber der Annahme der harmonisie-
renden Wirkung des Marktes mittels Preismechanismus und dem darauf aufbauenden
Gleichgewichtsdenken. Er betont unter anderem die „Vermachtung" der Märkte, die Unter-
werfung der Konsument(inn)en unter die Interessen der Produzent(inn)en, die Tendenz
wachsender Interaktion ökonomischer und außerökonomischer Faktoren, den wirtschaftlichen und sozialen Wandel sowie entwicklungstheoretische Fragestellungen zugunsten der
Annahme zeitlos-stationärer Erklärungsmodelle (Fiedler & König, 1991, S. 65f.). Darüber hinaus betont er die Notwendigkeit staatlicher Eingriffe in das Marktgeschehen. Der Staat ist
somit ein notwendiges Korrektiv zur Eindämmung negativer Effekte des freien Marktes.
Eine Weiterentwicklung im Rahmen des Institutionalismus (Biesecker & Kesting, 2003,
S. 55f.) bzw. eine Konkretisierung der Versorgungsökonomie stellt das Konzept des Vorsorgenden Wirtschaftens dar, dass vor allem von Ökonominnen in den 1990er Jahren entwickelt worden ist (Biesecker & Kesting, 2003, S. 168ff.). Es knüpft an den Umstand an, dass
die neoliberale Marktökonomik den Bereich der Versorgungsökonomik größtenteils ausspart oder überhaupt nicht betrachtet. Die Versorgungsökonomik funktioniert nicht nach
den Prinzipien der Marktökonomik.

Im Fokus der Versorgungsökonomik steht eher die Kooperation der und nicht die
Konkurrenz zwischen den Menschen. Sie orientiert sich am „guten Leben" und nicht
an der Maximierung des individuellen Nutzens. Die Koordination läuft über Sprache,
Gefühle und Verantwortung sowie über die Zugehörigkeit zu einem oder mehreren
Sozialsystemen und den damit einhergehenden Verpflichtungen, weniger über Geld.
Die Langfristigkeit steht im Vordergrund, nicht die Kurzfristigkeit. Das Vorsorgende

Wirtschaften versteht sich als Mittel zum Lebenszweck, d. h. es ergänzt die Marktöko-
nomie mit seinen eigenen Handlungsprinzipien sowie seiner eigenen Perspektive.
Den Kernbereich des Vorsorgenden Wirtschaftens bilden drei Handlungsprinzipien
(Biesecker et al., 2000, S. 49 ff.):
- Vorsorge
- Kooperation und
- Orientierung am Lebensnotwendigen

Die Vorsorge sieht den Menschen als vorausschauend in der Abschätzung seiner eigenen
Möglichkeiten und Grenzen. In dieser Abschätzung lässt er sich u. a. von den Erfahrungen
der Vergangenheit für zukünftiges Handeln oder Nichthandeln leiten. Dieses Prinzip ist
durch Umsicht und Rücksicht gekennzeichnet. Das Handlungsprinzip der Kooperation ist
prozessorientiert zu verstehen. Man wirtschaftet miteinander und nicht in Konkurrenz. Das
Handlungsprinzip des Lebensnotwendigen bringt zum Ausdruck, dass es nicht um die ge-
meinschaftliche Sicherung des Existenzminimums für alle alleine geht, sondern darum, dass
alle Menschen über das zum guten und ausreichenden Leben Notwendige verfügen sollen.

Eine Konkretisierung dieses Konzepts des Vorsorgenden Wirtschaftens wird durch die
Ökonomische Theorie des Sorgens gegeben. Klassische Sorgesituationen (Jochimsen, 2003,
S. 38 ff.) sind gekennzeichnet durch eingeschränkte oder gänzlich fehlende Handlungsfä-
higkeit einer umsorgten Person. Daraus resultieren asymmetrische Ausgangspositionen
der beteiligten Personen sowie tatsächliche oder potenzielle wechselseitige Abhängigkeiten. In diesen Sorgesituationen befinden sich u. a. auf der einen Seite Patient(inn)en und
pflegebedürftige Personen und auf der anderen Seite Health Professionals (wie Ärztinnen und Ärzte bzw. Pflegefachkräfte). Um diese Situationen angemessen zu
handhaben, müssen die Rahmenbedingungen stimmen. Es müssen ausreichend Ressourcen (u. a. zeitlich, räumlich, personell und finanziell) zur Verfügung gestellt werden, um dies zu gewährleisten. Die Marktökonomie hat aus Sicht des Institutionalismus
eine dienende Funktion zur Lösung von Sorgesituationen, nicht jedoch eine bestim-
mende oder gestaltende. Akteure der Sorgesituationen, wie Ärztinnen und Ärzte sowie
Pflegekräfte, haben die Aufgabe zu erläutern, welche Ressourcen und in welchem Umfang Ressourcen benötigt werden. Ausgangspunkt für ihr Handeln bilden dabei auch
normative Vorgaben der Sozialgesetzgebung und Standards, die durch die Selbstverwaltung oder durch professionellen Konsens vorgegeben werden.

3.3.3 Ökonomische Theorie der Sozialpolitik in modernen Gesellschaften

In Deutschland spielt die „ökonomische Theorie der Sozialpolitik in modernen Gesellschaften" eine dominante Rolle. Dieser Strömung werden auch die Autoren Althammer,
Lampert und Sommer mit ihrem „Lehrbuch der Sozialpolitik" zugeordnet (Althammer
et al., 2021). Deshalb werden anhand dieses Lehrbuchs einige Grundpositionen zur Sozialpolitik vorgestellt. Die Autoren gehen davon aus, dass die wissenschaftliche Sozialpoli-

tik interdisziplinär betrieben werden muss, denn es wäre „[...] verfehlt, die praktische Sozialpolitik als Teilbereich der Wirtschaftspolitik und die Wissenschaft der Sozialpolitik als eine ausschließlich wirtschaftswissenschaftliche Disziplin aufzufassen. [...] Die soziale Schwäche geistig oder körperlich Behinderter, Obdachloser und sozial labiler Menschen lässt sich zudem nicht ausschließlich mit wirtschaftlichen Mitteln beheben." (Althammer et al., 2021, S. 13 f.)

Aus dieser Perspektive heraus begründet sich auch die Notwendigkeit, auf die Entwicklungsprozesse der staatlichen Sozialpolitik in wirtschaftlich orientierten Gesellschaften einzugehen. In unserer Gesellschaft wird diese Notwendigkeit mit vier Tatsachen belegt (Althammer et al., 2021, S. 6 f.): (1) Ein Großteil der Mitglieder der Gesellschaft (z. B. Kinder in Ausbildung, ältere Menschen, Menschen mit geistigen oder körperlichen Einschränkungen) ist nicht in der Lage, sich durch ein eigenständiges Arbeitseinkommen zu finanzieren. (2) Da die überwiegende Zahl der arbeitsfähigen Bevölkerung ihre Existenzsicherung durch Arbeitseinkommen erzielt, ist sie bei einem Verlust des Arbeitsplatzes und damit einhergehender Arbeitslosigkeit nicht in der Lage, weiterhin ihre Existenz zu sichern. (3) Die Wirtschaft unterliegt einem ständigen Strukturwandel. Dieser Strukturwandel bedingt den Abbau von Arbeitsplätzen und deren Neuschaffung. Dieser Wandlungsprozess ist durch die Sozialpolitik zu begleiten, damit auch die Arbeitskräfte diesen Prozess finanziell überstehen. (4) Daraus entsteht die Notwendigkeit der staatlichen Sozialpolitik mit der Schaffung einer „[...] gleichmäßigeren Verteilung der Chancen für den Erwerb von Bildung, Einkommen und Vermögen [...]" (Althammer et al., 2021, S. 7) sowie durch eine Verringerung nicht leistungsgebundener Einkommens- und Vermögensunterschiede, verbunden mit dem Ziel, mehr soziale Gerechtigkeit in unserer Gesellschaft zu verwirklichen.

3.4 Politikwissenschaft: Wohlfahrtsstaaten

Eine weitere theoretische Fundierung der Sozialpolitik findet sich im politikwissenschaftlichen Ansatz von Esping-Andersen (Esping-Andersen, 1990). Danach kann zwischen drei Systemen der sozialen Sicherung in den Industriegesellschaften unterschieden werden (Kevenhörster, 2006, S. 224 ff.):
– Staatsbürgerversorgung
– selektive Sicherungssysteme und
– Versicherungssysteme

Den umfangreichsten sozialen Schutz für die Bürger/-innen bietet die Staatsbürgerversorgung mit einer Dominanz der Steuerfinanzierung der Sozialausgaben. Selektive Sicherungssysteme basieren primär auf dem Grundprinzip der privaten Versicherung, die staatliche Tätigkeit im Rahmen der sozialen Sicherung beschränkt sich nur auf wenige Aufgaben. In Versicherungssystemen gestaltet sich die Finanzierung über einkommensabhängige Beiträge, der Staat reguliert die Finanzströme, aber nicht das Angebot der Leistungen.

Diesen beschriebenen Systemen lassen sich verschiedene Typen von Wohlfahrtsstaaten zuordnen (Kevenhörster, 2006, S. 226):

– Liberaler Wohlfahrtsstaat
– Konservativ-korporatistischer Wohlfahrtsstaat
– Sozialdemokratischer Wohlfahrtsstaat

Im sozialdemokratischen Wohlfahrtsstaat fallen alle Bürger/-innen unter das Dach der sozialen Sicherung. Die Abgabenquote zur Finanzierung dieser Leistungen ist für sie hoch. Der liberale Wohlfahrtsstaat beschränkt seinen Schutz, wie bereits erwähnt, auf wenige Gruppen, die Bedürftigen. Die für sie bereitgestellten Leistungen werden steuerfinanziert. Im konservativ-korporatistischen Wohlfahrtsstaat orientiert sich der Versicherungsschutz über Berufsgruppen und die Beschäftigung. Er ist überwiegend beitragsfinanziert durch die Arbeitnehmer/-innen und Arbeitgeber/-innen. Aber auch allgemeine Steuermittel dienen zur Finanzierung der sozialen Sicherung. Die Bundesrepublik Deutschland wird als konservativ-korporatistischer Wohlfahrtsstaat bezeichnet (Tabelle 8).

Tabelle 8: Wohlfahrtsstaatstypen nach Esping-Andersen (Schroeter, 2008).

Merkmal	Liberaler Wohlfahrtsstaat	Konservativ-korporatistischer Wohlfahrtsstaat	Sozialdemokratischer Wohlfahrtsstaat
Politische Ökonomie	Liberalismus (Laissez-faire- und Linksliberalismus)	Konservatismus (Korporatismus, Etatismus, Paternalismus)	Sozialdemokratie
Zentrale Ziele und Werte	Marktfähigkeit der Individuen; Freiheit	Sicherheit; Subsidiarität; Beibehaltung von Statusunterschieden	Dekommodifizierung; Gleichheit; Sicherheit
Präferierte Leistungsformen	Fürsorgeleistungen; Förderung privater Vorsorge	Sozialversicherungen; Fürsorgeleistungen	Universale Leistungen (Staatsbürgerversorgung)
Stratifizierung	Verschärfung bestehender Ungleichheit	Verfestigung von Statusdifferenzen	egalisierend
Umverteilung	gering	mäßig (primär horizontal)	hoch (vertikal)
zentral für Wohlfahrtsproduktion	Markt	Familie	Staat
Prototypen	USA	Deutschland	Schweden

Eine zentrale Frage betrifft die Beziehung zwischen Wohlfahrtsstaat und Wirtschaft. Mares (2004) betont, dass die Machtverteilungen im politischen Prozess für die Entstehung und Entwicklung von Wohlfahrtsstaaten in den verschiedenen Ländern von entscheidender Bedeutung sind: „Die entscheidende These war, dass die nationalen Unterschiede in der Sozialpolitik auf einer unterschiedlichen politischen ‚Machtbalance' zwischen den Parteien der Arbeiterklasse und den bürgerlichen oder konservativen Kräften beruhte." (Mares, 2004, S. 16 f.)

3.5 Rechtswissenschaft – Sozialrecht

Im Zusammenhang mit dem Sozialstaatsprinzip wurde bereits erwähnt, dass dieses Prinzip seine Konkretisierung auch durch das Sozialrecht erfährt (vgl. Kapitel 3.2). Die weiteren Ausführungen zeigen einerseits die Bedeutung des Sozialrechts als Rahmenbedingungen für die Pflegesituationen und andererseits den Wandel, dem auch das Sozialrecht unterliegt.

3.5.1 Öffentlich-rechtliche Rechtsbeziehung nach der Gesetzlichen Krankenversicherung (SGB V)

Die pflichtversicherten Arbeitnehmer/-innen haben im Rahmen der öffentlich-rechtlichen Rechtsbeziehung einen Leistungsanspruch gegenüber ihrer Krankenkasse. Die Krankenkasse hat gegenüber den Arbeitgeber(inne)n wiederum einen Anspruch auf Zahlung der vollen Krankenversicherungsbeiträge. „Das Gegenstück zur öffentlich-rechtlichen Zahlungsverpflichtung des Arbeitgebers gegenüber der Krankenkasse stellt die ebenfalls öffentlich-rechtliche Pflicht des versicherungspflichtigen Arbeitnehmers gegenüber seinem Arbeitgeber auf Duldung des Lohnabzugs in Höhe seiner Beitragsanteile dar (§ 28g SGB IV)." (Igl & Welti, 2007, S. 87) Die nachfolgende Darstellung verdeutlicht diese Rechtsbeziehung (Abbildung 3).

3.5.2 Öffentlich-rechtliche Rechtsbeziehung nach der Sozialen Pflegeversicherung (SGB XI)

Die selbstzahlenden Heimbewohner/-innen schließen mit dem Pflegeheim einen Heimvertrag nach dem Gesetz zur Regelung von Verträgen über Wohnraum mit Pflege- oder Betreuungsleistungen (Wohn- und Betreuungsvertragsgesetz) ab. Dort ist unter anderem geregelt, dass dieser Vertrag schriftlich abzuschließen ist und dass eine Kündigung dieses Vertrags zum Zwecke der Erhöhung des Entgelts ausgeschlossen ist (Abbildung 4).

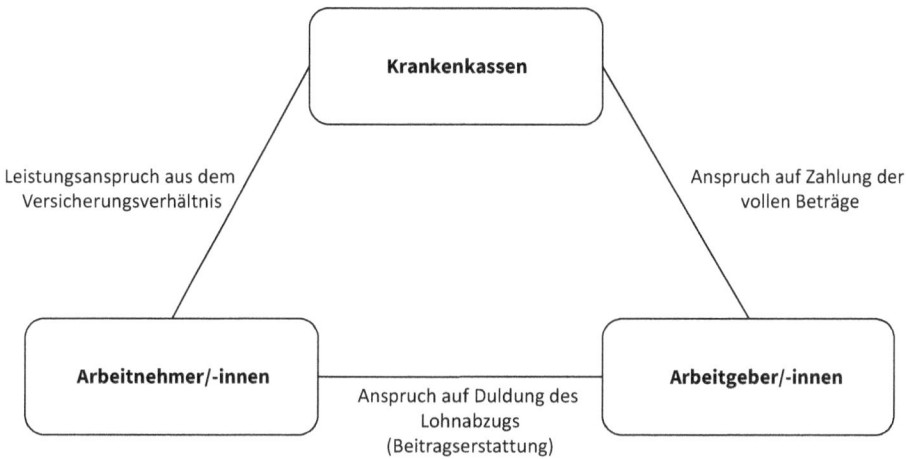

Abbildung 3: Öffentlich-rechtliche Rechtsbeziehung nach der Gesetzlichen Krankenversicherung (Eigene Darstellung in Anlehnung an Igl & Welti, 2007, S. 88).

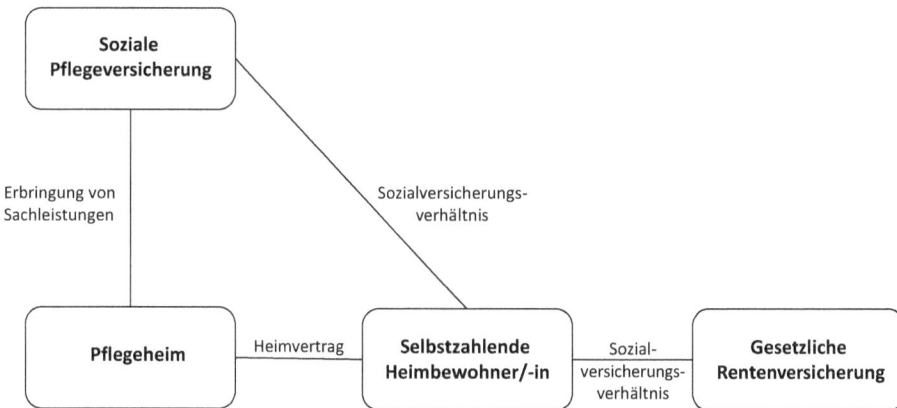

Abbildung 4: Öffentlich-rechtliche Rechtsbeziehung nach der Sozialen Pflegeversicherung (Eigene Darstellung in Anlehnung an Griep & Renn, 2013, S. 186).

3.5.3 Soziale Sicherheit und sich wandelnde Vorstellungen der Vorsorge

Die soziale Vorsorge (hier am Beispiel der Kranken- und Pflegeversicherung) unterliegt seit jeher einem Bedeutungswandel (Pitschas, 2010, S. 63 ff.). Durch zahlreiche Gesetze (u. a. Gesetz zur Stärkung des Wettbewerbs in der Gesetzlichen Krankenversicherung vom 1. April 2007, Gesetz zur Modernisierung der Gesetzlichen Krankenversicherung vom 1. Januar 2004, Gesetz zur Änderung des Vertragsarztrechts und andere Gesetze vom 1. Januar 2007) wurde der „Corpus" der Gesundheitsreform 2007 geschaffen. Damit verbunden war ein Systemwandel der GKV.

„Den vorderen Platz gebührt dabei das neue Finanzierungsmodell für das GKV-System, das einen fundamentalen Wandel der gesundheitsbezogenen ‚Sozialversicherung' aus der Kombination einer Art Bürgerversicherung mit dem Gedanken der ‚Kopfpauschale' einleitet. Es kommt zu einer Schwerpunktverlagerung weg von der bisherigen finanziellen Selbstregulierung der Gesetzlichen Krankenkassen im Hinblick auf Finanzierung und Leistung und hin zur künftigen Funktion der Kassen als gemeinsamer Einkaufs- und Regulierungsagentur für Versorgungsleistungen – koordiniert durch den Spitzenverband Bund. Dahinter scheint das anglo-amerikanische ‚HMO'-Modell auf. Durch gesetzgeberische ‚Regulierung' auf der Einnahmeseite entsteht jedoch keine privatrechtsförmige, sondern eine zentralstaatliche Gesundheitsagentur, genannt ‚Gesundheitsfonds'. Tendenziell läuft diese Strukturveränderung auf eine Grundsicherung in der Gesundheitsversorgung hinaus, die zugleich auf einer neuen, aber noch latenten Public Private Partnership der GKV mit der PKV beruht, die von den Richtlinien des Gemeinsamen Bundesausschusses flankiert wird. Der daraus resultierende Regulierungsdruck auf die Angebote der Leistungserbringer liegt auf der Hand." (Pitschas, 2010, S. 81 f.)

Das weitere Element dieses Systemwandels ist die Steuerung in diesem Bereich durch Wettbewerb, sei es durch den Kassenwettbewerb oder durch den Beitrags- und Leistungswettbewerb. Mit diesem Systemwandel ist dann auch die „Neue Soziale Frage" verbunden, d. h. „[...] wie umfangreich und kostspielig die öffentlich-rechtliche Versorgung noch sein darf und wie viel private Vorsorge vom einzelnen ermöglicht werden kann" (Pitschas, 2010, S. 92).

Das sozialrechtliche Untermaßverbot ist hier die Schranke nach unten. Es besagt, dass diese Frage nicht durch den Gesetzgeber beantwortet werden kann, sondern „[...] der prozesshafte Sozialstaat ‚managt' nach wie vor die ihm vom Grundgesetz ungeteilt zugewiesene Verantwortung für Vorsorge als eine ‚Regierung des Sozialen'" (Pitschas, 2010, S. 100).

Diese Vorstellung der Vorsorge (bzw. das Vorsorgeverhältnis) hat sich aber gewandelt. Es umfasst jetzt auch die Indienstnahme der Privatautonomie für Zwecke der Versorgung, wie z. B. der Abschluss einer privaten Zusatzversicherung. Dies ist verbunden mit einer Asymmetrie der Vertragsbeziehungen zwischen den Bürger(inne)n sowie den privaten Krankenversicherungen. Hier bedarf es deshalb der „Auffangverantwortung" (Pitschas, 2010, S. 97) durch den Staat. Um diese zu gewährleisten, bedarf es einer selbstständigen Regulierungsbehörde für die Vorsorge. „Allerdings sollte nicht vergessen werden, dass hinter diesen ‚Modernisierungsansätzen' grundsätzliche Fragen einer menschenwürdigen Vorsorgepolitik aufscheinen. So bleibt z. B. die ‚Gretchenfrage' der Kontingentierung von Krankenversicherungsleistungen unter ökonomischen Aspekten: Wollen wir Patientenautonomie in Zukunft oder Leistungsrationierung? Es könnte sehr wohl sein, dass Vorsorgewie Sozialpolitik insgesamt künftig als Teil sowohl des ‚Vorsorgeproblems' als auch seiner Lösung verstanden werden müssen." (Pitschas, 2010, S. 106)

Zum gegenwärtigen Zeitpunkt bleibt festzuhalten, dass der Umbau der sozialen Sicherung (hier am Beispiel der Krankenversicherung) weiter vorangetrieben wird. Gesundheitsökonomische Betrachtungen beginnen oftmals mit einem Verweis auf die Annahme der Ressourcenknappheit, die die Grundlage für das wirtschaftliche Handeln darstellt. Da die individuellen Bedürfnisse nach einem „Mehr" an Gesundheit bzw. Gesundheitsleistungen grundsätzlich unbegrenzt sind, stellt sich insbesondere in diesem Kontext die Frage nach der Finanzierbarkeit der individuellen Ansprüche. Solange die Krankenkassenbeiträge (sowie die Beitragsbemessungsbasis und -grenze) bzw. Versicherungsprämien zur Finanzierung der Ausgaben entsprechend erhöht werden können, kann eine steigende Nachfrage auch gedeckt werden. Aber auch diese Finanzierungstools sind endlich und können angesichts immer höherer Kosten nicht unendlich ausgeweitet werden.

Die Eigenvorsorge, oder wie oben erwähnt, die Privatautonomie, aber auch die Erschließung alternativer Finanzierungsquellen (wie z. B. die „Maschinensteuer") wird somit voraussichtlich noch stärkeres Gewicht erhalten.

Ziel einer sinnvollen Reform des Wohlfahrtsstaates kann nicht die Senkung der Lohnnebenkosten durch eine Steuerfinanzierung der sozialen Sicherung, sondern muss deren Abkopplung von den unter Druck geratenen Löhnen sein. Dafür bietet sich ein Wertschöpfungsbeitrag an, fälschlicherweise auch ‚Maschinensteuer' genannt. Statt oder neben der Bruttolohn- und -gehaltssumme könnte (auch) die Bruttowertschöpfung eines Unternehmens als Bemessungsrundlage für die Arbeitgeberbeiträge zur Sozialversicherung dienen. Wenn man das Wohlfahrtssystem ganz von der Erwerbsarbeit abkoppeln will, ließe sich die bisherige Sozial- zu einer Volks- oder Bürgerversicherung erweitern, in die alle Wohnbürger/innen einbezogen wären. Sie müssten unabhängig von der Quelle und der Höhe ihres Einkommens (systemwidrige Beitragsbemessungs- und Versicherungspflichtgrenzen entfallen) dann Beiträge entrichten, wenn sie hierzu fähig sind. Ansonsten würde der Staat gewissermaßen als Ausfallbürge einspringen. (Butterwegge, 2017, S. 182)

4 Wirtschaftskreislauf und Rechnungssysteme

Nachdem im vorherigen Kapitel aus politischer, rechtlicher und institutioneller Sicht verschiedene gesellschaftliche Lösungsansätze im Umgang mit Lebensrisiken aufgezeigt wurden, geht es in diesem Kapitel darum, das quantitative Ausmaß des Wirtschaftens im Sozial-, Gesundheits- und Pflegebereich vorzustellen. In einem ersten Schritt wird auf die Wirtschaftskreisläufe eingegangen, um die Zusammenhänge zwischen den finanziellen, personellen und materiellen Ressourcen darzustellen. Nach einer allgemeinen Analyse mit Hilfe der Volkswirtschaftlichen Gesamtrechnungen (mit der Entstehungs-, Verwendungs- und Verteilungsrechnung) wird der Fokus auf den Gesundheits- und Pflegebereich gerichtet. Dabei wird auf die Entwicklung und die Probleme der Gesundheitswirtschaftlichen Gesamtrechnung und der damit verbundenen Rechensysteme (Gesundheitsausgaben-, Gesundheitspersonal- und Krankheitskostenrechnung) eingegangen. Darauf aufbauend wird auch die Bedeutung der Gesundheitswirtschaft dargestellt. Der letzte Abschnitt fokussiert auf finanzielle und personelle Entwicklungen im Pflegebereich bzw. in der Pflegewirtschaft und zeigt nicht nur die große gesellschaftliche, sondern auch die volkswirtschaftliche Bedeutung dieses Bereiches. Dabei muss jedoch immer beachtet werden, dass in den verwendeten Rechnungssystemen das informelle Pflegesystem, d. h. die in Familien und sozialen Netzen erbrachten und nicht abgerechneten Pflege- und Betreuungsleistungen, nicht enthalten ist.

4.1 Wirtschaftskreislauf

Die wirtschaftlichen Zusammenhänge einer Volkswirtschaft können mit Hilfe des Modells eines Wirtschaftskreislaufs dargestellt werden. Historisch ist dieses Bild vom Blutkreislauf inspiriert worden. Der Leibarzt des französischen Königs Ludwig XV., der Ökonom und Arzt François Quesnay (1694–1774), entwickelte als Erster das Bild eines Wirtschaftskreislaufs. Ein einfaches Zwei-Sektoren-Modell mit den Sektoren „Unternehmen" und „Haushalte" zeigt, welche Ströme zwischen diesen Sektoren fließen (Abbildung 5). Der Haushalt gibt seine Arbeitskraft an den Unternehmenssektor ab. Dafür erhält er das Einkommen. Mit dem Einkommen kann er Konsumausgaben tätigen. Dafür erhält er vom Unternehmenssektor Konsumgüter.

An den Grundgedanken des Wirtschaftskreislaufs anknüpfend, kann dieses Modell problembezogen ausgebaut und um neue Sektoren wie etwa Staat, Finanzsystem und Ausland erweitert werden (Abbildung 6). Damit lassen sich auch Transferzahlungen im Rahmen der sozialen Sicherung und der Sozialversicherung wie auch die Versorgungsleistungen des Gesundheits- und Pflegesystems im Rahmen eines Kreislaufes darstellen.

Ausgangspunkt ist das erwirtschaftete Volkseinkommen von Arbeitgeber(inne)n und Arbeitnehmer/-innen. Von diesem Einkommen zahlen beide Parteien entsprechend Steuern (z. B. Gewerbesteuer, Einkommensteuer/Lohnsteuer, Verbrauchssteuern) an den Staat (Bund, Länder und Gemeinden) sowie die Sozialversicherungsbeiträge an die Sozialversicherungshaushalte (Stichwort: „Fünf Säulen"). Das Steueraufkommen wird teilweise herangezogen, um bestimmte Aufgaben der sozialen Sicherung zu finanzieren. Für ihre Sozialversicherungsbeiträge erhalten die Versicherten primär das immate-

https://doi.org/10.1515/9783110770780-004

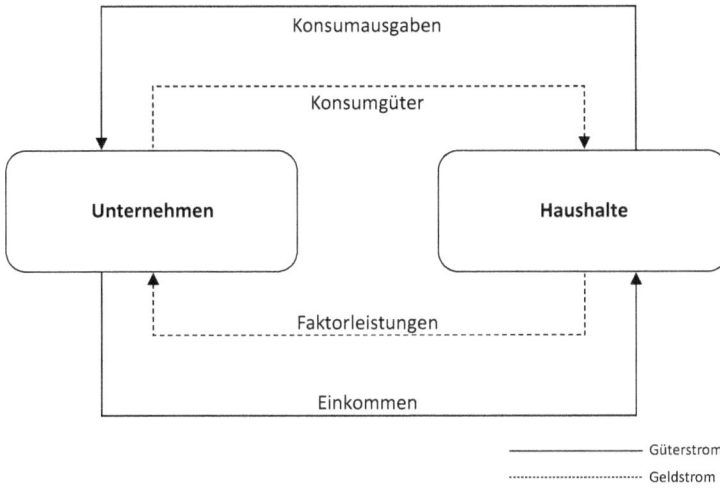

Abbildung 5: Einfaches Kreislaufschema (Eigene Darstellung in Anlehnung an Brümmerhoff & Grömling, 2015, S. 20).

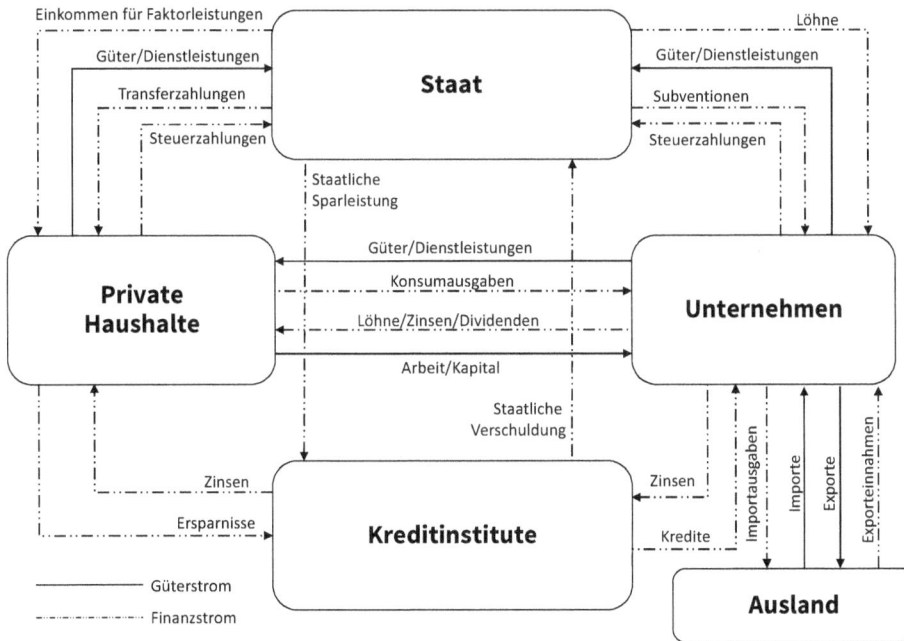

Abbildung 6: Erweitertes Modell des Wirtschaftskreislaufs (Eigene Darstellung in Anlehnung an Engelkamp et al., 2020, S. 205 f.).

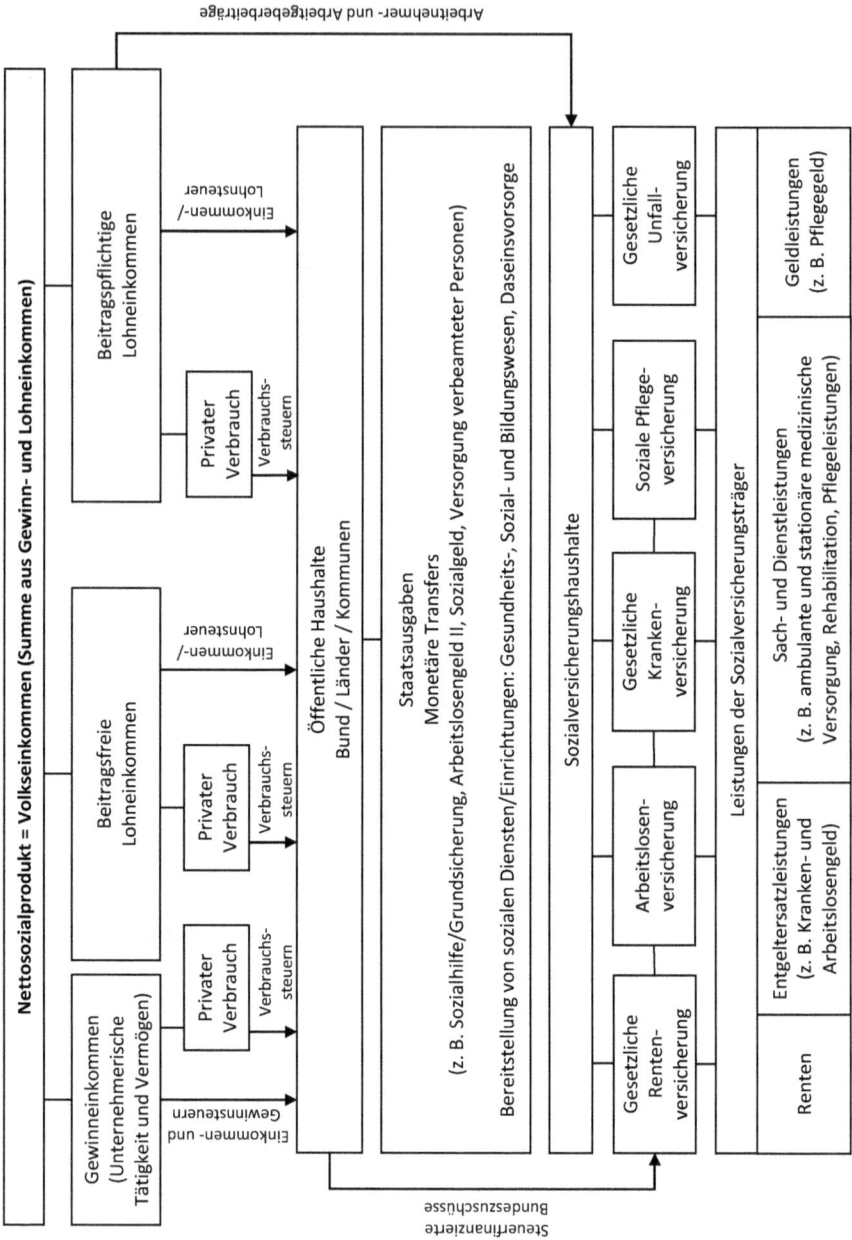

Abbildung 7: Finanzierung der Sozialpolitik im Wirtschaftskreislauf (Eigene Darstellung in Anlehnung an Bäcker et al., 2020, S. 77).

rielle Gut „Sicherheit" und sekundär bei Eintritt des versicherten Ereignisses (z. B. Krankheit, Arbeitslosigkeit, Pflegebedürftigkeit) Geld- und/oder Sachleistungen. Die obige Darstellung veranschaulicht die Zusammenhänge für eine geschlossene Volkswirtschaft (ohne Ausland) mit klarem Fokus auf die soziale Sicherung (Abbildung 7).

4.2 Volkswirtschaftliche Gesamtrechnungen

Eine Weiterentwicklung des Denkens in Wirtschaftskreisläufen stellt die Entwicklung der Volkswirtschaftlichen Gesamtrechnungen (VGR) dar: „Als Volkswirtschaftliche Gesamtrechnungen („national accounts") werden gesamtwirtschaftliche Rechenwerke bezeichnet, die eine umfassende, systematische quantitative Beschreibung gesamtwirtschaftlicher Größen einer Volkswirtschaft für eine abgelaufene Periode geben." (Brümmerhoff & Grömling, 2015, S. 7) Bei den VGR handelt es sich um ein statistisches System, das selbst keine Datenerhebungen durchführt, sondern sich auf statistische Informationen und Daten stützt, die teilweise mit anderen Zielsetzungen und Vorgaben erhoben werden. Mithilfe der VGR wird das Bruttoinlandsprodukt (BIP) ermittelt, also der ökonomische Wert der Gesamtheit aller in einer Periode im Inland erzeugten Güter und Dienstleistungen einer Volkswirtschaft. Das BIP für die Bundesrepublik Deutschland im Jahr 2021 betrug 3.570,6 Mrd. Euro (Statistisches Bundesamt (Destatis), 2022d, S. 9).

Das Bruttoinlandsprodukt wird durch drei Berechnungsarten nachgewiesen (Clement et al., 2006, S. 37):

– Entstehungsrechnung (fragt danach, was, wo, von wem produziert wurde)
– Verwendungsrechnung (fragt danach, für was das Produzierte verwendet wurde)
– Verteilungsrechnung (fragt danach, welche Einkommen den Inländer(inne)n zugeflossen sind)

Wie der Abbildung 8 zu entnehmen ist, werden in der Entstehungsrechnung beispielhaft die Sektoren aufgezählt, in denen das Bruttoinlandsprodukt erwirtschaftet wurde. Gesundheits- und Pflegeleistungen werden wertmäßig weitestgehend durch öffentliche, freigemeinnützige oder private Leistungserbringer/-innen angeboten. Die Verwendungsrechnung zeigt, dass das erwirtschaftete Bruttoinlandsprodukt überwiegend für den privaten und staatlichen Konsum verwendet wurde. Schließlich zeigt die Verteilungsrechnung die Aufteilung auf die Arbeitnehmerentgelte und Unternehmenseinkommen.

Die Ergebnisse der Volkswirtschaftlichen Gesamtrechnungen für das Jahr 2021 sind der nachstehenden Aufstellung zu entnehmen (Abbildung 9).

Das Bruttoinlandsprodukt in Höhe von 3.570,6 Mrd. Euro im Jahr 2021 wurde zum überwiegenden Teil „produziert" im Produzierenden Gewerbe (ca. 758 Mrd. Euro), im Wirtschaftszweig Öffentliche Dienstleister, Erziehung und Gesundheit (ca. 620 Mrd. Euro, darunter fallen auch die meisten Pflegeleistungen) sowie im Handel, Verkehr und Gastgewerbe (ca. 520 Mrd. Euro). In der Verwendung dieses BIP sind die Konsum-

Entstehungsrechnung	Verwendungsrechnung	Verteilungsrechnung
In welchen Bereichen ist die Produktion entstanden?	Wofür wird das Einkommen verwendet?	Wie wird das Einkommen auf Wirtschaftseinheiten verteilt?

Land- und Forstwirtschaft

Produzierendes Gewerbe

Baugewerbe

Handel, Verkehr, Gastgewerbe

Finanzierung, Vermietung, Unternehmens-dienstleistungen

Öffentliche und private Dienstleister

Konsumausgaben der Privaten Haushalte und der Privaten Organisationen ohne Erwerbszweck

Konsumausgaben des Staates

Investitionen

Außenbeitrag (Exporte-Importe)

Arbeitnehmer/-innenentgelte

Unternehmens-/Vermögens-einkommen

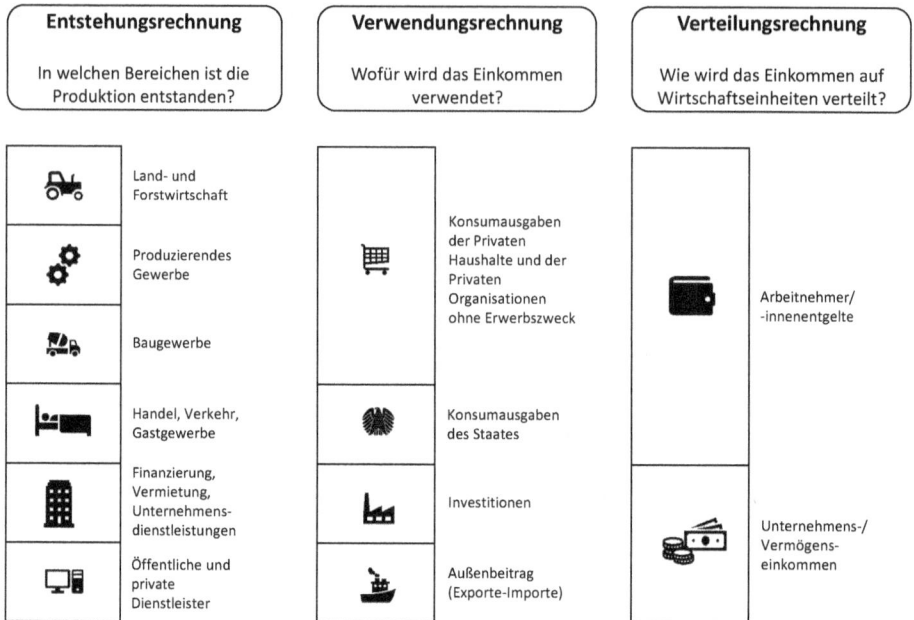

Abbildung 8: Betrachtungsperspektiven des Bruttoinlandsprodukts (BIP) (Eigene Darstellung in Anlehnung an Clement et al., 2006, S. 37).

ausgaben der Privaten Haushalte sowie des Staates die entscheidenden Größen. Die Konsumausgaben der Privaten Haushalte setzen sich aus den Waren- und Dienstleistungskäufen zusammen (Brümmerhoff & Grömling, 2015, S. 82f.). Zu den Konsumausgaben des Staates zählen unter anderem die Ausgaben für öffentliche Güter wie Bildung oder Transferzahlungen an private Haushalte (u. a. die Leistungen der sozialen Sicherung). Die Verteilungsrechnung besteht aus den Komponenten Volkseinkommen, Produktions- und Importabgaben an den Staat und Abschreibungen abzüglich des Saldos der Primäreinkommen aus der übrigen Welt. Das Volkseinkommen setzt sich dabei aus dem Arbeitnehmerentgelt sowie den Unternehmens- und Vermögenseinkommen zusammen.

Die Veränderungsraten des Bruttoinlandsprodukts über einen Zeitraum von gut 70 Jahren sind der nachfolgenden Darstellung zu entnehmen (Abbildung 10). Von ca. 1950 bis 2020 lag die jährliche Veränderungsrate des BIP zwischen 0,9 % bis 8,2 %. Es waren in diesen sieben Zehnjahresdurchschnitten merkliche Veränderungen bei den Wachstumsraten zu verzeichnen gewesen, wobei sich in den letzten beiden Jahrzehnten einerseits die globale Wirtschafts- und Finanzkrise von 2008 bis 2009 und die COVID-19-Pandemie im Jahr 2020 stark ausgewirkt haben (Statistisches Bundesamt (Destatis), 2022d, S. 10):

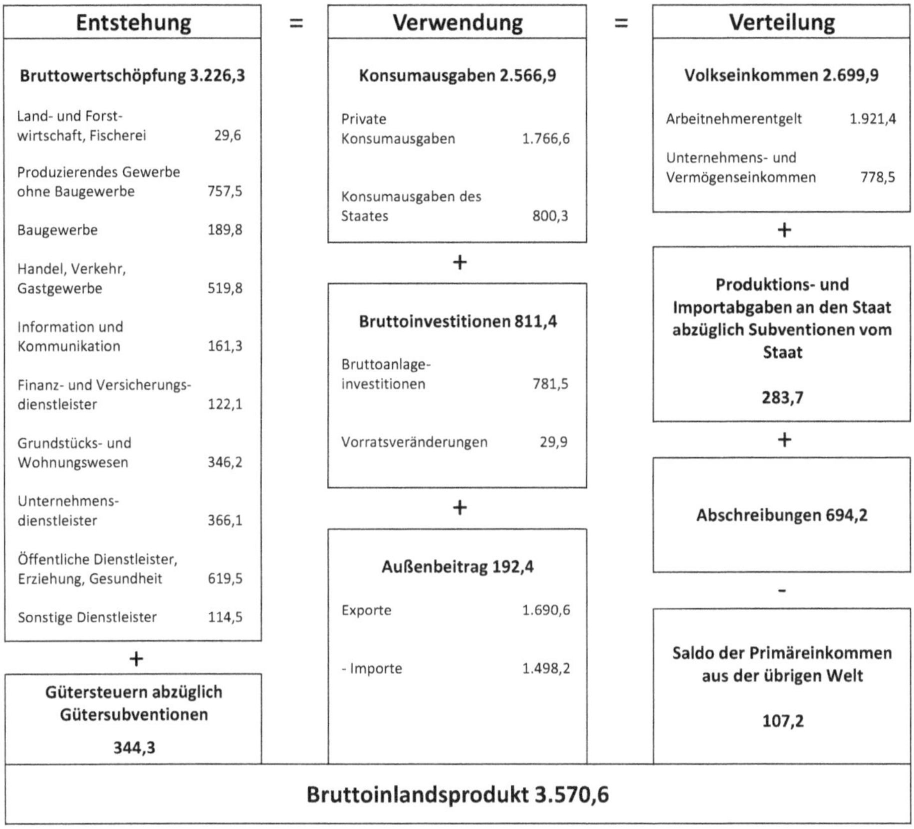

Entstehung	=	Verwendung	=	Verteilung

Entstehung

Bruttowertschöpfung 3.226,3

Land- und Forst-wirtschaft, Fischerei	29,6
Produzierendes Gewerbe ohne Baugewerbe	757,5
Baugewerbe	189,8
Handel, Verkehr, Gastgewerbe	519,8
Information und Kommunikation	161,3
Finanz- und Versicherungs-dienstleister	122,1
Grundstücks- und Wohnungswesen	346,2
Unternehmens-dienstleister	366,1
Öffentliche Dienstleister, Erziehung, Gesundheit	619,5
Sonstige Dienstleister	114,5

+

Gütersteuern abzüglich Gütersubventionen

344,3

Verwendung

Konsumausgaben 2.566,9

Private Konsumausgaben	1.766,6
Konsumausgaben des Staates	800,3

+

Bruttoinvestitionen 811,4

Bruttoanlage-investitionen	781,5
Vorratsveränderungen	29,9

+

Außenbeitrag 192,4

Exporte	1.690,6
- Importe	1.498,2

Verteilung

Volkseinkommen 2.699,9

Arbeitnehmerentgelt	1.921,4
Unternehmens- und Vermögenseinkommen	778,5

+

Produktions- und Importabgaben an den Staat abzüglich Subventionen vom Staat

283,7

+

Abschreibungen 694,2

-

Saldo der Primäreinkommen aus der übrigen Welt

107,2

Bruttoinlandsprodukt 3.570,6

Abbildung 9: Entstehung, Verwendung und Verteilung des Bruttoinlandsprodukts 2021 in Mrd. Euro (Statistisches Bundesamt (Destatis), 2022d, S. 9).

– 1950 bis 1960: 8,2 %
– 1960 bis 1970: 4,4 %
– 1970 bis 1980: 2,9 %
– 1980 bis 1990: 2,6 %
– 1990 bis 2000: 1,6 %
– 2000 bis 2010: 0,9 %
– 2010 bis 2020: 1,1 %

Trotz einer Abschwächung des Wirtschaftswachstums ging der Ausbau der sozialen Sicherung auch in den letzten beiden Jahrzehnten kontinuierlich weiter. Die Sozialleistungsquote (Bruttoinlandsprodukt: Sozialleistungen) zeigt für diese Jahre von 1950 bis 2018 einen Anstieg von 17,0 % auf 29,4 % (Althammer et al., 2021, S. 381).

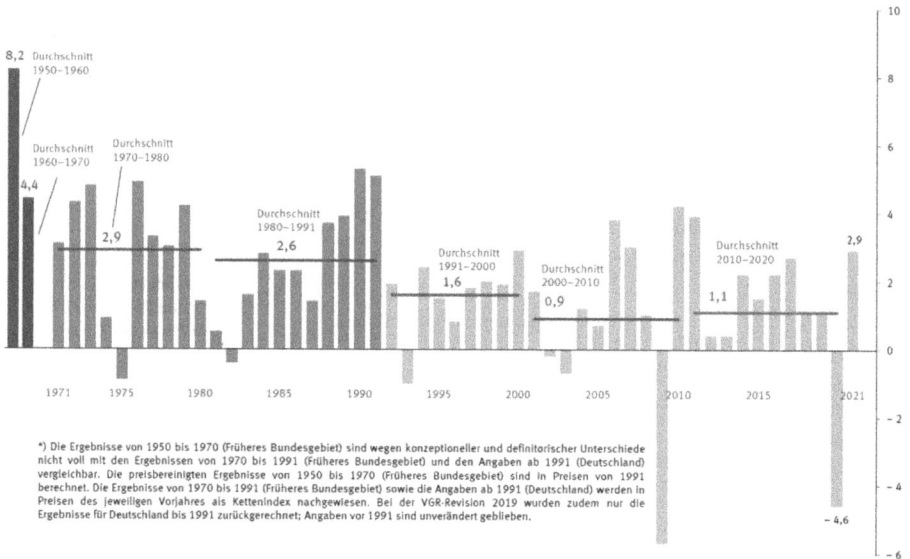

Abbildung 10: Durchschnittliches Wirtschaftswachstum 1950 bis 2020 (Statistisches Bundesamt (Destatis), 2022d, S. 10).

4.3 Gesundheitswirtschaftliche Gesamtrechnung (GGR)

Die zunehmende wirtschaftliche Bedeutung des Gesundheitssektors führte mit dazu, dass sich ein neues Verständnis entwickelte: nicht mehr das Gesundheitswesen, sondern die Gesundheitswirtschaft. Anhand von sechs Kriterien kann dieser Wandel, dieses Verständnis verdeutlicht werden (Abbildung 11).

Nicht mehr die Inputorientierung steht nun im Vordergrund, sondern die Ergebnisorientierung. Es wird nicht mehr nur vom „Kostenfaktor" Gesundheitswesen gesprochen, sondern von einem Wachstumsmarkt, auch im Hinblick auf technologische Entwicklungen oder speziell auf den Beschäftigungsmarkt. Nicht die Konsumausgaben, sondern die Investitionen in Gesundheit und Bildung stehen im Fokus, nicht die Fragmentierung der Gesundheitsversorgung, sondern die Gesundheit in allen Lebensbereichen. Schließlich wird herausgearbeitet, dass die Gesundheitswirtschaft als zentraler Industriezweig aus zwei Gesundheitsmärkten besteht: einem klar definierten, rechtlich gesicherten und öffentlich definierten und einem privaten mit Spielräumen und Entscheidungsfeldern. Dieses neue Verständnis führte dazu, dass in den letzten Jahren auch die wirtschaftliche Berichterstattung über das Gesundheitsversorgungssystem auf- und ausgebaut wurde (Abbildung 12).

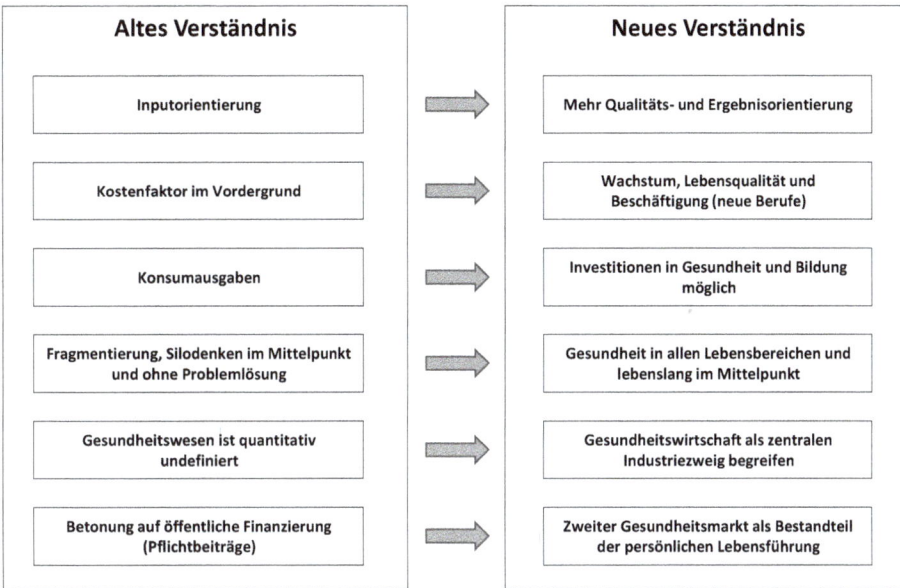

Altes Verständnis	**Neues Verständnis**
Inputorientierung	Mehr Qualitäts- und Ergebnisorientierung
Kostenfaktor im Vordergrund	Wachstum, Lebensqualität und Beschäftigung (neue Berufe)
Konsumausgaben	Investitionen in Gesundheit und Bildung möglich
Fragmentierung, Silodenken im Mittelpunkt und ohne Problemlösung	Gesundheit in allen Lebensbereichen und lebenslang im Mittelpunkt
Gesundheitswesen ist quantitativ undefiniert	Gesundheitswirtschaft als zentralen Industriezweig begreifen
Betonung auf öffentliche Finanzierung (Pflichtbeiträge)	Zweiter Gesundheitsmarkt als Bestandteil der persönlichen Lebensführung

Abbildung 11: Altes und neues Verständnis der Gesundheitswirtschaft (Bundesministerium für Wirtschaft und Energie (BMWi), 2018, S. 7).

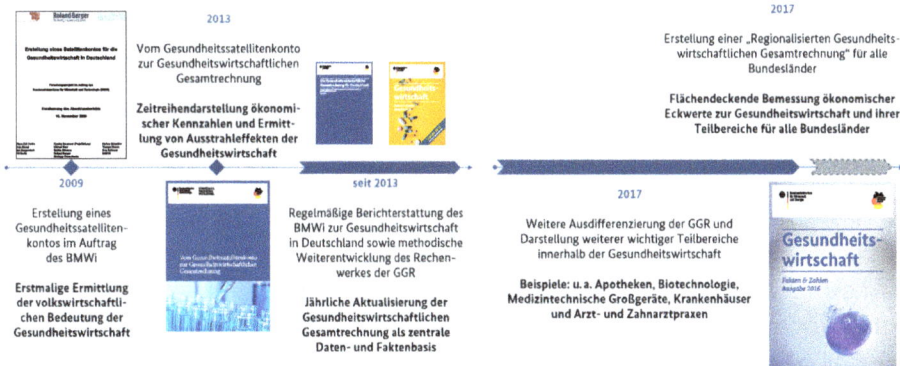

Abbildung 12: Meilensteine der wirtschaftlichen Gesundheitsberichterstattung in Deutschland von 2009 bis 2017 (Bundesministerium für Wirtschaft und Energie (BMWi), 2018, S. 9 und 11).

Die wirtschaftliche Gesundheitsberichterstattung begann mit der Erstellung eines Gesundheitssatellitenkontos im Jahr 2009 und entwickelte sich bis zum Jahr 2017 hin zur regionalisierten Gesundheitswirtschaftlichen Gesamtrechnung (Bundesministerium für Wirtschaft und Energie (BMWi), 2018, S. 9 und 11).

4.3.1 Entwicklung und Konzeption der Gesundheitswirtschaftlichen Gesamtrechnung

Nach dem Verständnis des Bundesministeriums für Wirtschaft und Energie (2018) „[...] umfasst die Gesundheitswirtschaft [...] die Erstellung und Vermarktung von Waren und Dienstleistungen, die der Bewahrung und Wiederherstellung von Gesundheit dienen" (Bundesministerium für Wirtschaft und Energie (BMWi), 2018, S. 16). Mit dieser Umschreibung wird nicht auf die Einrichtung abgestellt, sondern auf die güterseitige Erbringung von Gesundheitsdienstleistungen, Waren und Einrichtungen.

Zunächst sollen die Rechenwerke der Gesundheitswirtschaftlichen Gesamtrechnung (GGR) betrachtet werden. Der Ausgangspunkt ist das Gesundheitssatellitenkonto (GSK) zu den VGR. Dieses wurde entwickelt, um die Querschnittsbranche Gesundheitswirtschaft in den VGR als eigenständige Branche ausweisen zu können.

Der ökonomische Fußabdruck auf der Grundlage der GGR soll zeigen, welche ökonomischen Effekte die Gesundheitswirtschaft hervorbringt. Unter dem ökonomischen Fußabdruck (definiert als die Summe von direkten, indirekten und induzierten Wertschöpfungs- oder Erwerbstätigeneffekten) ist „[...] die gesamtwirtschaftliche Bedeutung der Gesundheitswirtschaft" zu verstehen (Bundesministerium für Wirtschaft und Energie (BMWi), 2018, S. 17).

Ergänzend dazu wurde die Sozialrechnungsmatrix (SAM) entwickelt, mittels der die Effekte von Einkommenstransaktionen verdeutlicht werden (Bundesministerium für Wirtschaft und Energie (BMWi), 2018, S. 18).

Ziel der Gesundheitswirtschaftlichen Gesamtrechnung ist es, die Wertschöpfung des Gesundheitswesens insgesamt und seiner Teilbereiche sowie dessen Finanzierung darzustellen. Bei der Berechnung der Wertschöpfung des Gesundheitssystems sind die Vorleistungen (d. h. die Leistungen (Waren und Dienstleistungen), die inländische Unternehmen von anderen Unternehmen bezogen haben, um sie bei der eigenen Produktion zu verbrauchen) in Abzug zu bringen. Von großer Bedeutung für die Wertschöpfung des Gesundheitssystems ist die Arbeitsproduktivität bzw. die Bruttowertschöpfung je eingesetzter Arbeitskraft. Bei der Darstellung der Finanzierung des Gesundheitswesens wird zwischen den kollektiv und den individuell finanzierten Gesundheitsleistungen getrennt.

Ausgangspunkt für die Analysen mit der Gesundheitswirtschaftlichen Gesamtrechnung ist der Datenbestand der Volkswirtschaftlichen Gesamtrechnungen (VGR) des Statistischen Bundesamts. Eine weitere wichtige Datenquelle ist die Gesundheitsausgabenrechnung (GAR) (vgl. Kapitel 4.4.1).

Die Gesundheitswirtschaftliche Gesamtrechnung umfasst mehrere Teilbereiche. Es wird getrennt zwischen dem Kernbereich und dem Erweiterten Bereich der Gesundheitswirtschaft. Zum Kernbereich zählen die folgenden sieben Güter- und Dienstleistungsgruppen (Bundesministerium für Wirtschaft und Energie (BMWi), 2018, S. 20 f.):

–   Humanarzneimittel
–   Medizinprodukte und medizintechnische Großgeräte

- Einzelhandelsleistungen des Kernbereichs
- Krankenversicherungen und öffentliche Verwaltung
- Dienstleistungen stationärer Einrichtungen
- Dienstleistungen von nicht-stationären Einrichtungen
- Großhandelsleistungen des Kernbereichs

Zum Erweiterten Bereich zählen die folgenden fünf Gütergruppen:
- Waren zur eigenständigen Gesundheitsversorgung
- Sport-, Wellness- und Tourismusdienstleistungen
- Sonstige Dienstleistungen der Gesundheitswirtschaft
- Investitionen
- E-Health

Mit der Analyse dieser Bereiche in der Gesundheitswirtschaftlichen Gesamtrechnung (vgl. Kapitel 4.3.2) wird deutlich, dass die Gesundheitswirtschaft schon jetzt differenziert dargestellt werden kann.

4.3.2 Daten zur Gesundheitswirtschaftlichen Gesamtrechnung

Die nachfolgenden Daten zur Gesundheitsgesamtrechnung sollen einen Einblick in einige zentrale Basisdaten liefern.

Die Bruttowertschöpfung ist die Differenz zwischen dem Produktionswert eines Produkts und den erforderlichen Inputs (Vorleistungen) von anderen Unternehmen und kann für einzelne Wirtschaftseinheiten (Unternehmen) oder aber für Wirtschaftsbereiche, Branchen oder geografische Einheiten (Länder) berechnet werden (Bundesministerium für Wirtschaft und Energie (BMWi), 2018, S. 29).

Die Entwicklung der dargestellten Bruttowertschöpfung ist ein Indikator für das Wachstum der Gesundheitswirtschaft. Im Zeitraum 2011–2019 konnte für die Gesundheitswirtschaft durchgehend ein nominales Wachstum verzeichnet werden, erst im Jahr 2020 erfolgte – bedingt durch die Corona-Pandemie – ein Rückgang (−3,7 %). Ebenso ist der Anteil der Gesundheitswirtschaft an der Gesamtwirtschaft in diesem Zeitraum von 11,2 % auf über 12 % gewachsen. Der Rückgang im Krisenjahr 2020 war mit −3,7 % grösser als jener der Gesamtwirtschaft (−3 %). Ein Grund dafür war die pandemiebedingte Zurückhaltung der Nachfrage nach Gesundheits- und Pflegeleistungen (Abbildung 13).

Die Bruttowertschöpfung der Pflege ist im Zeitraum von 2011–2019 sowohl in der ambulanten Pflege (2011: 10,2 Mrd. Euro; 2019: 18,9 Mrd. Euro) als auch der (teil-)stationären Pflege (2011: 16,2 Mrd. Euro; 2019: 23,6 Mrd. Euro) stark gestiegen, wobei „[...] eine deutliche strukturelle Verschiebung zugunsten des ambulanten Bereichs" zu verzeichnen war (Bundesministerium für Wirtschaft und Energie (BMWi), 2021, S. 36). Insbesondere die ambulante Pflege bleibt somit ein Treiber der wirtschaftlichen Entwicklung,

Bruttowertschöpfung (in Mrd. EUR) Anteil an Gesamtwirtschaft (in %)

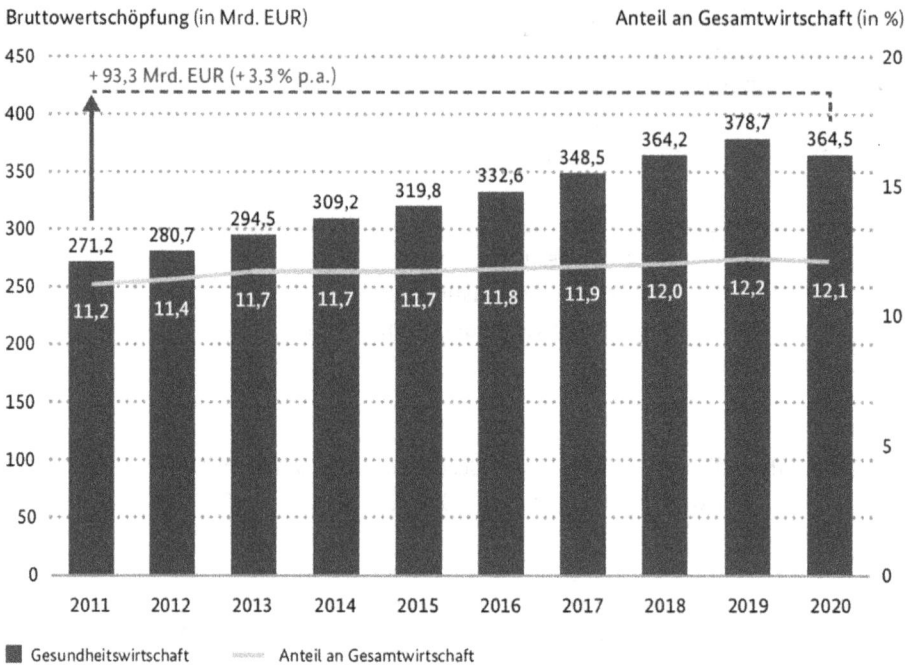

Abbildung 13: Bruttowertschöpfung in der Gesundheitswirtschaft und ihr Anteil an der Gesamtwirtschaft (Bundesministerium für Wirtschaft und Energie (BMWi), 2021, S. 9).

sowohl hinsichtlich des Wachstums bei der Bruttowertschöpfung, dem höheren Anstieg der Erwerbstätigenzahlen und der Versorgung von Pflegebedürftigen (Bundesministerium für Wirtschaft und Energie (BMWi), 2021, S. 36–38).

Die wirtschaftliche Bedeutung des Gesundheitssektors zeigt sich auch an der Anzahl der Erwerbstätigen. Dazu zählen alle Personen, die als Arbeitnehmer/-innen (Arbeiter/ -innen, Angestellte, verbeamtete Personen, geringfügig Beschäftigte, Soldat(inn)en) oder als Selbstständige sowie mithelfende Familienangehörige Pflege als wirtschaftliche Tätigkeit ausüben, unabhängig vom Umfang dieser Tätigkeit. Bei mehreren Beschäftigungsverhältnissen wird nur die Haupterwerbstätigkeit erfasst. Die Anzahl der Erwerbstätigen in der Gesundheitswirtschaft hat im Zeitraum von 2011–2019 von 15,3 Mio. auf 16,5 Mio. Beschäftigte zugenommen. Damit ist der Anteil der Gesundheitswirtschaft an der Gesamtbeschäftigung von 15,3 % auf 16,5 % ebenfalls angestiegen (Abbildung 14).

Die Unterscheidung in den Kernbereich und den Erweiterten Bereich sowie den kollektiv finanzierten und den individuell finanzierten Bereich der Gesundheitswirtschaft erlaubt eine differenziertere Analyse des Systems. Ein Vier-Felder-Schema zeigt diesen Aufbau der Gesundheitswirtschaft (Abbildung 15). Dabei entfallen sieben Gütergruppen der Branche auf den Kernbereich der Gesundheitswirtschaft (Humanarzneimittel, Medizinprodukte und medizintechnische Großgeräte, Einzelhandelsleistungen des Kernbereichs, Krankenversicherungen und öffentliche Verwaltung, Großhandelsbereich des

Erwerbstätige (in Mio.) Anteil an Gesamtwirtschaft (in %)

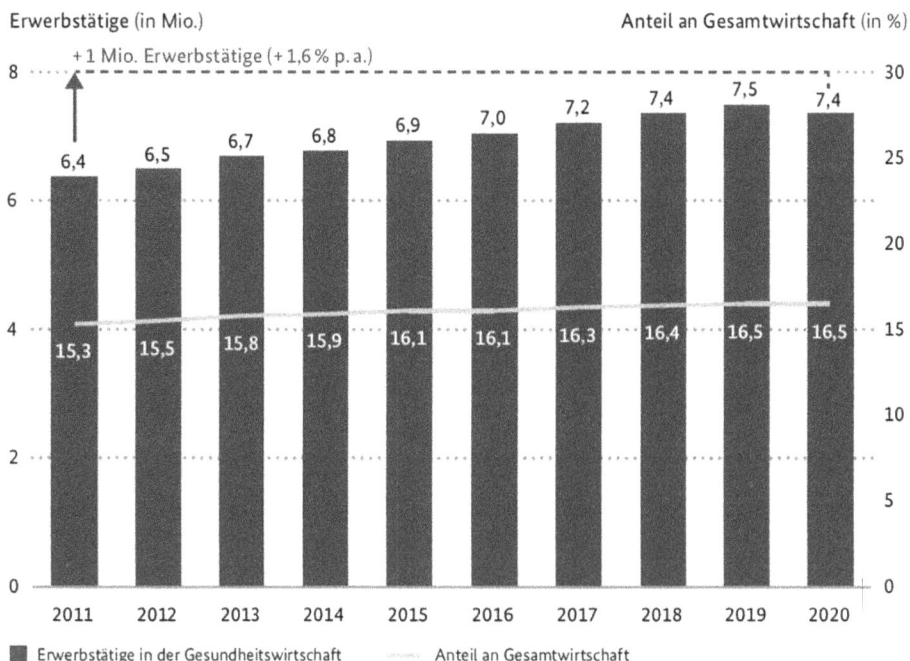

Abbildung 14: Erwerbstätige in der Gesundheitswirtschaft und Anteil an der Gesamtwirtschaft (Bundesministerium für Wirtschaft und Energie (BMWi), 2021, S. 15).

Kernbereichs, Dienstleistungen stationärer Einrichtungen, Dienstleistungen von nicht-stationären Einrichtungen) und fünf Gütergruppen auf den Erweiterten Bereich der Gesundheitswirtschaft (Waren zur eigenständigen Gesundheitsversorgung, Sport-, Wellness- und Tourismusdienstleistungen, Sonstige Dienstleistungen der Gesundheitswirtschaft, Investitionen, E-Health) (Bundesministerium für Wirtschaft und Energie (BMWi), 2021, S. 21).

Insgesamt ist die Nachfrage nach Leistungen der Gesundheitswirtschaft zwischen 2011 und 2020 von 355 Mrd. Euro auf 507 Mrd. Euro gestiegen. Dieses Wachstum von 152 Mrd. Euro entspricht einer jährlichen Wachstumsrate von 4 %. Der Wachstumstreiber ist insbesondere der Erweiterte Bereich der Gesundheitswirtschaft (EGW), mit jährlichen Wachstumsraten von 6,3 % (individuell finanzierte Gesundheitsleistungen) und 4,4 % (kollektiv finanzierte Gesundheitsleistungen). Der nominal größte Teil bezieht sich jedoch auf den kollektiv finanzierten Kernbereich der Gesundheitswirtschaft. Dieser Bereich der medizinisch-therapeutischen und pflegerischen Versorgung ist stark reguliert und weist eine jährliche Wachstumsrate von 3,7 % auf (Bundesministerium für Wirtschaft und Energie (BMWi), 2021, S. 20).

Mit der Gesundheitsausgabenrechnung wurde diese nach einer internationalen Abgrenzung („System of Health Accounts 2011" (Organisation for Economic Co-operation and Development (OECD) et al., 2017)) differenziert nach Ausgabenträgern (der Finanzierung), nach Leistungsarten sowie nach Einrichtungen dargestellt. Der Fokus liegt

		Kollektiv finanzierte Gesundheitsleistungen	Individuell finanzierte Gesundheitsleistungen	GESAMT
Kernbereich der Gesundheitswirtschaft	2020	327 Mrd. EUR (+3,7 % p. a.)	50 Mrd. EUR (+2,1 % p. a.)	377 Mrd. EUR (+3,5 % p. a.)
	2011	235 Mrd. EUR	41 Mrd. EUR	276 Mrd. EUR
Erweiterter Bereich der Gesundheitswirtschaft	2020	34 Mrd. EUR (+4,4 % p. a.)	97 Mrd. EUR (+6,3 % p. a.)	131 Mrd. EUR (+5,8 % p. a.)
	2011	23 Mrd. EUR	56 Mrd. EUR	79 Mrd. EUR
GESAMT	2020	361 Mrd. EUR (+3,8 % p. a.)	146 Mrd. EUR (+4,7 % p. a.)	507 Mrd. EUR (+4,0 % p. a.)
	2011	258 Mrd. EUR	97 Mrd. EUR	355 Mrd. EUR

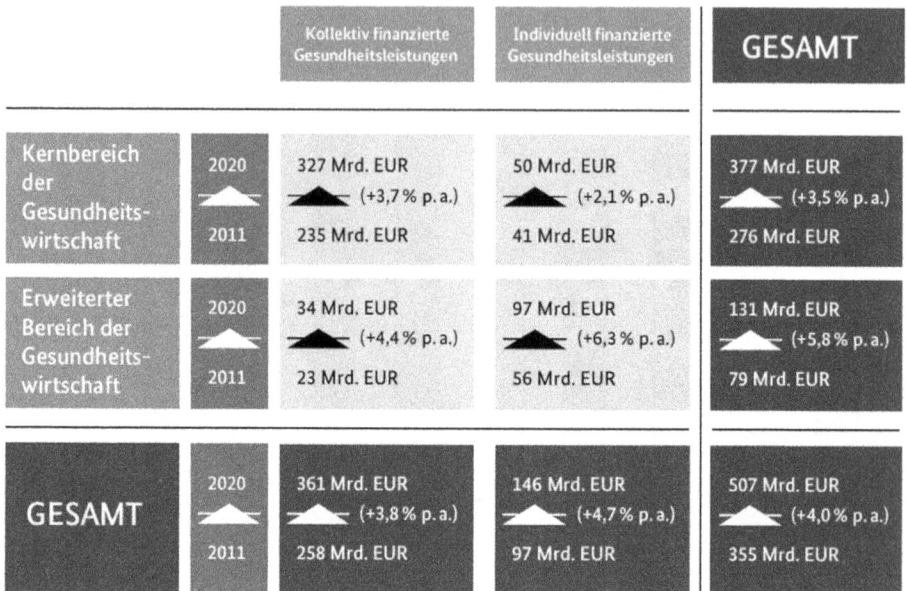

Abbildung 15: Kollektiv und individuell finanzierte Gesundheitsleistungen der Gesundheitswirtschaft im 4-Felder-Schema (Bundesministerium für Wirtschaft und Energie (BMWi), 2021, S. 20).

dabei auf dem Kernbereich der Gesundheitswirtschaft, dem ersten Gesundheitsmarkt. Der zweite Gesundheitsmarkt setzt sich aus den privat finanzierten Konsumausgaben der Bürger/-innen für gesundheitsrelevante Güter zusammen (Erweiterte Gesundheitswirtschaft). Insgesamt ergibt sich damit eine umfassende ökonomische Sicht auf die Gesundheitswirtschaft.

4.4 Gesundheitswirtschaft

Basierend auf der Gesundheitsausgabenrechnung (GAR) und der Gesundheitspersonalrechnung (GPR) sowie der Krankheitskostenrechnung (KKR) werden nun in einem weiteren Schritt die Bedeutung der verschiedenen Einrichtungen und Versorgungsbereiche des Gesundheitswesens aus einer quantitativen Perspektive dargestellt und die ökonomischen Wirkungen des Gesundheitswesens diskutiert.

Für die Gesundheitsausgabenrechnung (GAR) und für die Gesundheitspersonalrechnung (GPR) wurde die Abgrenzung nach der Gesundheitswirtschaftlichen Gesamtrechnung – Kernbereich der Gesundheitswirtschaft (KGW) – übernommen (BASYS Beratungsgesellschaft für angewandte Systemforschung mbH et al., 2015, S. 26–27). Damit sind die Konsumausgaben und die Erwerbstätigenzahlen des KGW mit den anderen Rechensystemen vergleichbar.

Allerdings zeigen sich einige methodische Unterschiede gegenüber den Regeln der VGR (BASYS Beratungsgesellschaft für angewandte Systemforschung mbH et al., 2015, S. 26). Anders als bei den VGR zählen in der GAR die Investitionen, die im Ausland erbrachten Leistungen, die betriebsärztlichen Leistungen sowie das Pflegegeld zu den Konsumausgaben. In den VGR werden sie dort nicht angeführt und sind damit auch bei der GGR dort nicht zu berücksichtigen. In der GGR zählen zu den Konsumausgaben auch die Güter der EGW (z. B. Gesundheitstourismus).

Ein weiteres methodisches Problem ergibt sich bei der Gesundheitspersonalrechnung (GPR). In den VGR und damit auch in der GGR werden Erwerbstätige nur einmal mit ihrer Haupterwerbstätigkeit erfasst, auch wenn sie gleichzeitig mehreren Beschäftigungsverhältnissen nachgehen. In der GPR werden die Beschäftigungsfälle ausgewiesen, so dass Personen mit mehreren Tätigkeiten in unterschiedlichen Einrichtungen mehrfach erfasst werden.

Diese methodischen Unterschiede führen dazu, dass die Daten zwischen GGR und GAR bzw. GPR nicht übereinstimmen und sie für eine Interpretation kritisch analysiert und entsprechend korrigiert werden müssen.

4.4.1 Gesundheitsausgabenrechnung

„Die Gesundheitsausgabenrechnung (GAR) ist ein sekundärstatistisches Rechenwerk, das im Bereich des Gesundheitswesens die verfügbaren Datenquellen zur Ermittlung der Gesundheitsausgaben zusammenfasst. Die vom Statistischen Bundesamt entwickelte Gesundheitsausgabenrechnung ist insofern ein Satellitensystem als es das Gesundheitswesen umfassender abgrenzt […] als der Wirtschaftsbereich […] nach den VGR und zusätzliche Klassifikationen einführt." (Henke et al., 2010, S. 48) Zu diesen zusätzlichen Klassifikationen zählt die Trennung zwischen Ausgabenträgern, Leistungsarten und Einrichtungen (Tabelle 9). Die Gesundheitsausgabenrechnung basiert auf dem System of Health Accounts 2011 (Organisation for Economic Co-operation and Development (OECD) et al., 2017), das „[…] einen einheitlichen Rahmen von Begriffsabgrenzungen, Gliederungsmerkmalen und Zuordnungskriterien bereitstellt und deren länderübergreifende Vergleiche erleichtert" (Statistisches Bundesamt (Destatis), 2021a, S. 4).

Die Gesundheitsausgabenrechnung basiert auf dem sogenannten Bottom-Up-Verfahren (alle Ausgabenträger mit Ausnahme der Privaten Haushalte/Privaten Organisationen ohne Erwerbszweck) und dem Residualwertverfahren (Ausgabenträger: Private Haushalte und private Organisationen ohne Erwerbszweck) (Mannschreck, 2015, S. 49 ff.). Sie weist ergänzend zu den Gesundheitsausgaben auch Ausgaben des sogenannten „erweiterten Leistungsbereiches des Gesundheitswesens" (Einkommensleistungen, Leistungen zum Ausgleich krankheitsbedingter Folgen, Leistungen für Forschung und Ausbildung im Gesundheitswesen) nachrichtlich aus, die jedoch nicht Bestandteil der aggregierten Größe der Gesundheitsausgaben sind (Statistisches Bundesamt (Destatis),

Tabelle 9: Gliederungsdimensionen der Gesundheitsausgabenrechnung (Eigene Darstellung in Anlehnung an Statistisches Bundesamt (Destatis), 2020a).

Ausgabenträger	Leistungsarten	Einrichtungen
– **Öffentliche Haushalte**	– **Prävention/Gesundheitsschutz**	– **Gesundheitsschutz**
– **Gesetzliche Krankenversicherung**	– Allgemeiner Gesundheitsschutz	– **Ambulante Einrichtungen**
– **Soziale Pflegeversicherung**	– Gesundheitsförderung	– Arztpraxen
– **Gesetzliche Rentenversicherung**	– Früherkennung von Krankheiten	– Zahnarztpraxen
– **Gesetzliche Unfallversicherung**	– Gutachten und Koordination	– Praxen sonstiger medizinscher Berufe
– **Private Krankenversicherung**	– **Ärztliche Leistungen**	– Apotheken
– **Arbeitgeber**	– Grundleistungen	– Gesundheitshandwerk/-einzelhandel
– **Private Haushalte/Private Organisationen**	– Sonderleistungen	– Ambulante Pflege
ohne Erwerbszweck	– Laborleistungen	– **Stationäre/teilstationäre Einrichtungen**
	– Strahlendiagnostische Leistungen	– Krankenhäuser
	– **Pflegerische/therapeutische Leistungen**	– Vorsorge-/Rehabilitationseinrichtungen
	– Pflegerische Leistungen	– Stationäre/teilstationäre Pflege
	– Therapeutische Leistungen	– **Rettungsdienste**
	– Mutterschaftsleistungen	– **Verwaltung**
	– **Unterkunft/Verpflegung**	– **Sonstige Einrichtungen und private**
	– **Waren**	– **Haushalte**
	– Arzneimittel	– **Ausland**
	– Hilfsmittel	– **Investitionen**
	– Zahnersatz (Material- und Laborkosten)	
	– Sonstiger medizinischer Bedarf	
	– **Transporte**	
	– **Verwaltungsleistungen**	
	– **Investitionen**	

2020a, S. 13). Die Gesundheitsausgaben bilden somit die Summe der laufenden Gesundheitsausgaben und der Investitionen.

Der Begriff der Ausgabenträger umschreibt diejenigen öffentlichen und privaten Institutionen, die zur Finanzierung der gesundheitlichen Leistungen beitragen. Was für Leistungen erbracht worden sind, wird mit dem Begriff der Leistungsarten umschrieben. In welchen Einrichtungen die jeweiligen Leistungen erbracht wurden, zeigt die Klassifikation der Einrichtungen. Zu den Einrichtungen „Investitionen" führt das Statistische Bundesamt aus: „Die fiktive Einrichtung Investition fasst die getätigten Investitionsleistungen zusammen. Dieses Vorgehen wurde gewählt, um die aggregierten Größen ‚Gesundheitsausgaben' und ‚laufende Gesundheitsausgaben' sowohl über die Klassifikation der Leistungsarten als auch über diejenige der Einrichtungen berechnen zu können." (Statistisches Bundesamt (Destatis), 2020a, S. 21) Die Gesundheitsausgaben 2019 in Mio. Euro nach Leistungsarten und Ausgabenträgern sind der nachfolgenden Übersicht zu entnehmen (Tabelle 10).

Für das Jahr 2019 beliefen sich die Gesundheitsausgaben auf 410,85 Mrd. Euro. Davon entfielen auf ärztliche Leistungen 103,11 Mrd. Euro, auf Waren 108,18 Mrd. Euro sowie auf pflegerische/therapeutische Leistungen 121,49 Mrd. Euro. Größter Ausgabenträger war die Gesetzliche Krankenversicherung mit 233,02 Mrd. Euro. Dann folgten die Privaten Haushalte/Privaten Organisationen ohne Erwerbszweck mit 54,84 Mrd. Euro, die Soziale Pflegeversicherung mit 42,12 Mrd. Euro sowie die private Krankenversicherung mit 34,63 Mrd. Euro (Gesundheitsberichterstattung des Bundes, 2021d).

Eine differenziertere Analyse aus der Perspektive der Pflege zeigt, dass die Ausgaben aller Ausgabenträger für pflegerische Leistungen mit 89,90 Mrd. Euro den größten Ausgabenblock der Gesundheitsausgabenrechnung darstellen. Die pflegerischen Leistungen umfassen hier insbesondere „[…] das gesamte Spektrum (Grund-, Behandlungs- und Intensivpflege) pflegerischen Handelns insbesondere auch im Bereich der Langzeitpflege. Während bei der Grundpflege die Unterstützung und Hilfestellung bei Tätigkeiten des täglichen Lebens im Vordergrund steht, schließt die ärztlich verordnete Behandlungspflege auch Maßnahmen wie Injektionen, Verbände, Medikamentengabe und Infusionen mit ein. […] Die im Rahmen der häuslichen Pflege erbrachte hauswirtschaftliche Versorgung wird ebenfalls als pflegerische Leistung angesehen." (Statistisches Bundesamt (Destatis), 2020a, S. 15) Dabei entfallen 39,09 Mrd. Euro (43,5 %) auf die Soziale Pflegeversicherung und knapp 30,40 Mrd. Euro (33,8 %) auf die Gesetzliche Krankenversicherung. Die Privaten Haushalte und Organisationen ohne Erwerbszweck sind mit 9,43 Mrd. Euro (10,5 %) an den Ausgaben für pflegerische Leistungen beteiligt. Unter dem Ausgabenträger „Private Haushalte und Organisation ohne Erwerbszweck" werden alle gesundheitsrelevanten Leistungen verbucht, die von diesen selbst zu tragen sind. Dabei handelt es sich beispielsweise um ambulante und stationäre Pflegeausgaben der Privaten Haushalte bzw. um den Eigenverbrauch der Privaten Organisationen ohne Erwerbszweck für ambulante und stationäre Pflege (Statistisches Bundesamt (Destatis), 2020a, S. 130 ff.). Dies schließt explizit „[…] auch Eigenleistungen pflegebedürftiger Personen, die die Leistungen der Pflegeversicherung überschreiten"

Tabelle 10: Gesundheitsausgaben 2019 nach Leistungsarten und Ausgabenträgern (in Mio. €) (Gesundheitsberichterstattung des Bundes, 2021d).

	Ausgabenträger insgesamt	Öffentliche Haushalte	Gesetzliche Krankenversicherung	Soziale Pflegeversicherung	Gesetzliche Rentenversicherung	Gesetzliche Unfallversicherung	Private Krankenversicherung	Arbeitgeber	Private Haushalte/ Private Organisationen ohne Erwerbszweck
Gesundheitsausgaben	410.849	17.595	233.018	42.124	5.027	6.377	34.632	17.234	54.841
Investitionen	7.405	6.765	2	517	87	–	23	10	–
Laufende Gesundheitsausgaben	403.444	10.830	233.016	41.608	4.940	6.377	34.609	17.224	54.841
Prävention/ Gesundheitsschutz	14.280	3.117	6.722	502	136	1.438	406	1.417	543
Allgemeiner Gesundheitsschutz	5.362	1.879	1.951	–	–	1.279	26	227	–
Gesundheitsförderung	4.981	1.136	1.940	13	38	70	184	1.100	499
Früherkennung von Krankheiten	2.527	15	2.240	–	–	–	144	86	43
Gutachten/Koordination	1.410	88	591	488	98	88	52	3	0
Ärztliche Leistungen	103.114	716	74.191	–	942	1.376	14.147	6.557	5.184
Grundleistungen	27.185	131	21.870	–	22	423	2.660	1.543	537
Sonderleistungen	54.491	469	37.455	–	820	663	7.612	3.239	4.231

Laborleistungen	11.234	69	7.420	–	82	138	2.265	1.045	216
Strahlendiagnostische Leistungen	10.205	48	7.447	–	18	152	1.610	730	200
Pflegerische/ therapeutische Leistungen	121.494	4.736	51.203	39.094	1.753	1.197	5.737	3.713	14.061
Pflegerische Leistungen	89.904	3.837	30.396	39.094	460	737	3.371	2.581	9.427
Therapeutische Leistungen	30.193	892	19.551	–	1.293	460	2.327	1.047	4.623
Mutterschaftsleistungen	1.397	7	1.256	–	–	–	39	84	11
Unterkunft und Verpflegung	29.798	1.403	11.255	–	1.476	266	1.592	1.200	12.606
Waren	108.183	502	71.243	670	211	838	8.379	4.131	22.210
Arzneimittel	63.876	293	46.065	–	95	293	4.442	2.529	10.160
Hilfsmittel	20.633	86	9.367	670	18	349	1.257	667	8.219
Zahnersatz (Material-/ Laborkosten)	7.992	14	2.282	–	2	9	1.737	376	3.572
Sonstiger medizinischer Bedarf	15.681	109	13.529	–	96	187	943	559	259
Transporte	8.706	81	7.285	–	114	337	444	206	238
Verwaltungsleistungen	17.870	274	11.116	1.342	308	926	3.904	–	–

mit ein (Arbeitsgruppe „Gesundheitsökonomische Gesamtrechnungen der Länder" im Auftrag der Statistischen Ämter der Länder, 2015, S. 74).

Weiter ist zu beachten, dass die GAR die abgerechneten Pflegeleistungen erfasst, jedoch nicht die im informellen Versorgungssystem erbrachte Pflege. Dies bedeutet einerseits, dass das Volumen an Pflegeleistungen im Verhältnis zu den Gesamtleistungen des Gesundheitssystems größer ist und andererseits, dass die privaten Haushalte zusätzlich belastet sind.

Etwa die Hälfte der Leistungen in Höhe von 410,85 Mrd. Euro wurde in ambulanten Einrichtungen (204,26 Mrd. Euro) erbracht. Dann folgten die (teil-)stationären Einrichtungen mit 149,41 Mrd. Euro. Von den Einrichtungen verursachten die Krankenhäuser die höchste Ausgabenposition mit 100,76 Mrd. Euro. Dann folgen die Arztpraxen mit 56,99 Mrd. Euro sowie die Apotheken mit 55,19 Mrd. Euro. Die weitere Zuordnung der Ausgaben auf die Einrichtungen ist der nachstehenden zu Übersicht entnehmen (Tabelle 11).

Auch hier zeigt sich die große ökonomische Bedeutung der Pflege. Für die ausgewiesenen ambulanten und stationären/teilstationären Pflegeeinrichtungen werden knapp über 60 Mrd. Euro aufgewendet (Gesundheitsberichterstattung des Bundes, 2021d). Dieser Betrag umfasst nicht nur den Aufwand für pflegerische Leistungen, sondern alle Aufwendungen einer Einrichtung (wie therapeutische Leistungen, Administration, Hotelleistungen, Unterhalt usw.). Pflegeleistungen werden allerdings auch in Krankenhäusern sowie in Vorsorge- und Rehabilitationseinrichtungen und im informellen Versorgungssystem erbracht.

4.4.2 Gesundheitspersonalrechnung

Wie bei der Gesundheitsausgabenrechnung handelt es sich auch bei der Gesundheitspersonalrechnung (GPR) um ein sekundärstatistisches Rechenwerk des Statistischen Bundesamts. Die GPR erfasst alle im deutschen Gesundheitswesen tätigen Personen nach Einrichtungen, unabhängig von deren Beruf oder Beschäftigungsgrad. Stehen Personen in mehreren Beschäftigungsverhältnissen, so werden diese auch mehrfach gezählt (Statistisches Bundesamt (Destatis), 2021b, S. 4).

Die Gesundheitspersonalrechnung trennt zwischen Gesundheitsdienstberufen, sozialen Berufen, Gesundheitshandwerker(inne)n und sonstigen Gesundheitsfachberufen. Innerhalb der Gruppe der Gesundheitsdienstberufe wird nochmals getrennt zwischen Ärztinnen und Ärzten sowie übrigen Gesundheitsdienstberufen. Dazu kommt noch die Gruppe der anderen Berufe im Gesundheitswesen. Unter anderem werden das Verwaltungspersonal, das Küchen- und Reinigungspersonal, die Kurierdienste der Apotheken etc. zu diesen anderen Berufen gezählt.

Im Jahr 2019 gab es im Bereich des Gesundheitspersonals 5,75 Mio. Beschäftigte in Deutschland, davon waren 1,41 Mio. Männer (24,5 %) und 4,34 Mio. Frauen (75,5 %). Der Anteil der Teilzeitbeschäftigten lag bei 52,6 % (Gesundheitsberichterstattung des Bun-

Tabelle 11: Gesundheitsausgaben 2019 nach Einrichtungen und Ausgabenträgern (in Mio. €) (Gesundheitsberichterstattung des Bundes, 2021d).

	Ausgabenträger insgesamt	Öffentliche Haushalte	Gesetzliche Krankenversicherung	Soziale Pflegeversicherung	Gesetzliche Rentenversicherung	Gesetzliche Unfallversicherung	Private Krankenversicherung	Arbeitgeber	Private Haushalte/ Private Organisationen ohne Erwerbszweck
Einrichtungen insgesamt	410.849	17.595	233.018	42.124	5.027	6.377	34.632	17.234	54.841
Gesundheitsschutz	2.999	2.886	96	–	–	–	–	–	17
Ambulante Einrichtungen	204.256	2.132	125.692	8.979	368	2.063	18.759	9.574	36.689
Arztpraxen	56.994	340	42.393	–	–	1.047	6.961	4.085	1.963
Zahnarztpraxen	28.343	89	14.993	–	205	43	4.683	1.735	6.795
Praxen sonstiger medizinischer Berufe	19.407	591	11.930	–	148	333	1.604	357	4.445
Apotheken	55.192	219	37.306	–	11	212	4.022	2.274	11.148
Gesundheitshandwerk/ -einzelhandel	22.246	98	12.183	670	0	344	1.177	658	7.116
Ambulante Pflege	22.074	794	6.888	8.309	–	84	312	465	5.223
Stationäre/teilstationäre Einrichtungen	149.406	5.229	87.252	16.589	4.169	1.567	10.468	6.216	17.914

(fortgesetzt)

Tabelle 11 (fortgesetzt)

	Ausgabenträger insgesamt	Öffentliche Haushalte	Gesetzliche Krankenversicherung	Soziale Pflegeversicherung	Gesetzliche Rentenversicherung	Gesetzliche Unfallversicherung	Private Krankenversicherung	Arbeitgeber	Private Haushalte/ Private Organisationen ohne Erwerbszweck
Krankenhäuser	100.763	487	83.783	–	–	1.225	9.683	3.873	1.711
Vorsorge-/Rehabilitationseinrichtungen	10.644	1.372	3.174	–	4.169	163	162	1.414	189
Stationäre/teilstationäre Pflege	38.000	3.370	295	16.589	–	179	623	929	16.015
Rettungsdienste	5.864	63	4.992	–	–	248	234	127	201
Verwaltung	20.249	274	11.621	1.844	308	2.278	3.924	–	–
Sonstige Einrichtungen und private Haushalte	18.812	247	2.132	14.183	95	222	606	1.307	20
Ausland	1.859	–	1.229	12	–	–	618	–	–
Investitionen	7.405	6.765	2	517	87	–	23	10	–

des, 2021e). Zur Gruppe der anderen Berufe im Gesundheitswesen werden ca. 1,68 Mio. Beschäftigte gezählt. Die folgenden Berufe weisen die höchste Anzahl der Beschäftigten aus (Gesundheitsberichterstattung des Bundes, 2022b):
- Gesundheits- und Krankenpflege, Rettungsdienst und Geburtshilfe: 1,12 Mio. Beschäftigte
- Arzt- und Praxishilfe: 687.000 Beschäftigte
- Altenpflege: 667.000 Beschäftigte

Das Gesundheitspersonal in Höhe von 5,75 Mio. Beschäftigten weist nach Altersgruppen sortiert folgende Differenzierung auf (Gesundheitsberichterstattung des Bundes, 2021e):
- Unter 30 Jahre: 873.000 Beschäftigte (15,2 %)
- 30 bis unter 60 Jahre: 4,1 Mio. Beschäftigte (71,8 %)
- 60 Jahre und älter: 748.000 Beschäftigte (13,0 %)

Die nächste Übersicht mit Einzelheiten zum Gesundheitspersonal stratifiziert nach der Gliederungsdimension der Einrichtungen zeigt, in welchen Einrichtungen das Gesundheitspersonal beschäftigt war. Es überrascht nicht, dass in den ambulanten Einrichtungen von den 5,75 Mio. Beschäftigten dort etwa 2,4 Mio. Menschen tätig waren. In den stationären und teilstationären Einrichtungen waren es 2,1 Mio. Beschäftigte. Der Anteil der Teilzeitbeschäftigten lag in den ambulanten Einrichtungen bei 59,2 % und den (teil-)stationären Einrichtungen bei 54,4 % (Tabelle 12). Der Frauenanteil lag in den ambulanten (81,3 %) wie in den stationären Einrichtungen (78,2 %) in etwa auf vergleichbarem Niveau (Gesundheitsberichterstattung des Bundes, 2021e).

Eine vertiefte Analyse aus Sicht der Pflege ist auf dieser Datenbasis nicht möglich, da es hier jeweils um alle Stellen der Gruppe der Gesundheitsberufe geht. Die Zahlen umfassen somit alle Pflegenden, Therapeut(inn)en, Hebammen, Medizinische Fachangestellte etc. Eine detailliertere Analyse der Pflegesituation erfolgt im Abschnitt zum Gesundheitspersonal in der Pflege (vgl. Kapitel 4.5.2).

4.4.3 Krankheitskostenrechnung

Die Krankheitskostenrechnung (KKR) knüpft an die Gesundheitsausgabenrechnung an, indem der pagatorische bzw. ausgabenorientierte Kostenbegriff zur Ermittlung der Krankheitskosten zugrunde gelegt wird. „Das Ziel der Krankheitskostenrechnung ist es, die Kosten einer bestimmten Krankheit oder aller Krankheiten auf nationaler Basis zu identifizieren und zu messen." (Henke et al., 2010, S. 66) Die Krankheitskostenrechnung gibt somit Aufschluss darüber, wie stark das Gesundheitswesen durch die verschiedenen Krankheitsgruppen belastet wird. Im Gegensatz zur Gesundheitsausgabenrechnung und zur Gesundheitspersonalrechnung erscheint die Krankheitskostenrechnung nicht jährlich, sondern unregelmäßig. Die letzten verfügbaren Daten stammen aus dem Jahr 2020 (Gesundheitsberichterstattung des Bundes, 2022d).

Tabelle 12: Gesundheitspersonal 2019 nach Einrichtungen (in 1.000) (Eigene Darstellung in Anlehnung an Gesundheitsberichterstattung des Bundes, 2021e).

	Insgesamt	Vollzeit	Teilzeit und geringfügig Beschäftigte
Einrichtungen insgesamt	5.749	2.726	3.024
Gesundheitsschutz	39	22	16
Ambulante Einrichtungen	2.364	964	1.400
Arztpraxen	708	310	398
Zahnarztpraxen	359	174	186
Praxen sonstiger medizinscher Berufe	532	202	330
Apotheken	229	82	147
Einzelhandel	128	78	50
Ambulante Pflege	407	118	289
Stationäre/teilstationäre Einrichtungen	2.055	938	1.118
Krankenhäuser	1.194	644	550
Vorsorge-/Rehabilitationseinrichtungen	122	57	66
Stationäre/teilstationäre Pflege	739	237	502
Rettungsdienste	75	51	24
Verwaltung	220	150	70
Sonstige Einrichtungen	428	179	248
Vorleistungsindustrien des Gesundheitswesens	569	422	147
Pharmazeutische Industrie	158	132	26
Medizintechnische/augenoptische Industrie	171	132	39
Großhandel/Handelsvermittlung	144	105	39
Medizinische und zahnmedizinische Laboratorien	95	52	43

Zur Darstellung der Krankheiten wird auf die Internationale statistische Klassifikation der Krankheiten und verwandter Gesundheitsprobleme, 10. Revision, German Modification (ICD-10-GM) zurückgegriffen. Dabei wird zwischen 21 Krankheitskapiteln getrennt. Im nächsten Schritt werden diese Krankheitskosten den jeweiligen Einrichtungen zugeordnet und entsprechend auf die bereits genannte Einrichtungsgliederung abgestellt.

Die Entwicklung der Struktur der Krankheitskosten für die Jahre 2015 und 2020 kann der nachfolgenden Darstellung entnommen werden (Tabelle 13). In diesem Kontext weist das Statistische Bundesamt darauf hin, dass die „[...] Krankheitskosten im Zusammenhang mit COVID-19 [...] nicht explizit in der Krankheitskostenrechnung 2020 auszuweisen (sind; d. V.), weil COVID-19 gemäß der Kodierempfehlung der WHO eine Nebendiagnose ist. In der Krankheitskostenrechnung beziehen sich die verwendeten Basisstatistiken jedoch vornehmlich auf Hauptdiagnosen. Daneben liegen die verfügbaren Daten mit wenigen Ausnahmen auf maximal der dritten Gliederungsebene der ICD vor, COVID-19 wird jedoch der vierten Gliederungsebene zugeordnet." (Statistisches Bundesamt (Destatis), 2022a, S. 11)

Tabelle 13: Struktur der Krankheitskosten 2015 und 2020 nach Geschlecht (in Mio. €) (Eigene Darstellung in Anlehnung an Gesundheitsberichterstattung des Bundes, 2022d).

ICD-10-GM-Kapitel	2015			2020		
	Gesamt	Männlich	Weiblich	Gesamt	Männlich	Weiblich
Alle Diagnosen	338.444	149.409	189.035	431.805	192.298	239.507
A00–T98 Alle Krankheiten und Folgen äußerer Ursachen	324.006	143.723	180.283	412.341	183.947	228.393
A00–B99 Bestimmte infektiöse und parasitäre Krankheiten	8.989	5.054	3.935	7.394	4.062	3.332
C00–D48 Neubildungen	26.080	12.911	13.169	43.792	21.852	21.940
D50–D90 Krankheiten des Blutes und der blutbildenden Organe sowie bestimmte Störungen mit Beteiligung des Immunsystems	4.024	2.117	1.908	5.347	2.907	2.439
E00–E90 Endokrine, Ernährungs- und Stoffwechselkrankheiten	14.231	6.576	7.654	17.435	8.317	9.118
F00–F99 Psychische und Verhaltensstörungen	42.745	16.059	26.686	56.392	21.971	34.421
G00–G99 Krankheiten des Nervensystems	17.642	7.890	9.752	23.478	10.803	12.675
H00–H59 Krankheiten des Auges und der Augenanhangsgebilde	13.581	5.870	7.711	13.831	5.905	7.926
H60–H95 Krankheiten des Ohres und des Warzenfortsatzes	2.901	1.378	1.523	3.289	1.523	1.766
I00–I99 Krankheiten des Kreislaufsystems	44.533	22.544	21.989	56.727	29.157	27.570
J00–J99 Krankheiten des Atmungssystems	15.578	8.057	7.521	18.816	9.893	8.923
K00–K93 Krankheiten des Verdauungssystems	40.910	19.242	21.668	47.061	22.567	24.494
L00–L99 Krankheiten der Haut und der Unterhaut	4.635	2.233	2.402	5.875	2.874	3.000
M00–M99 Krankheiten des Muskel-Skelett-Systems und des Bindegewebes	32.950	12.321	20.629	41.679	14.782	26.897
N00–N99 Krankheiten des Urogenitalsystems	12.057	5.845	6.213	14.149	6.809	7.340
O00–O99 Schwangerschaft, Geburt und Wochenbett	4.555	–	4.555	6.100	–	6.100

Tabelle 13 (fortgesetzt)

ICD-10-GM-Kapitel	2015			2020		
	Gesamt	Männlich	Weiblich	Gesamt	Männlich	Weiblich
P00–P96 Bestimmte Zustände, die ihren Ursprung in der Perinatalperiode haben	1.484	800	683	2.240	1.231	1.009
Q00–Q99 Angeborene Fehlbildungen, Deformitäten und Chromosomenanomalien	2.000	979	1.020	2.868	1.383	1.48
R00–R99 Symptome und abnorme klinische und Laborbefunde, die andernorts nicht klassifiziert sind	16.800	5.456	11.345	22.646	7.473	15.172
S00–T98 Verletzungen, Vergiftungen und bestimmte andere Folgen äußerer Ursachen	18.311	8.391	9.920	23.224	10.438	12.786
Z00–Z99 Faktoren, die den Gesundheitszustand beeinflussen und zur Inanspruchnahme des Gesundheitswesens führen	14.438	5.685	8.753	19.464	8.351	11.113

Von den Krankheitskosten in Höhe von 431,8 Mrd. Euro im Jahr 2020 entfielen auf Männer 192,3 Mrd. Euro (44,5 %) und auf Frauen 239,5 Mrd. Euro (55,5 %). Folgende Krankheiten verursachten 2020 nach dieser Berechnung die größten Kostenblöcke (Gesundheitsberichterstattung des Bundes, 2022d):
–   Krankheiten des Kreislaufsystems (I00–I99): 56,7 Mrd. Euro
–   Psychische und Verhaltensstörungen (F00–F99): 56,4 Mrd. Euro
–   Krankheiten des Verdauungssystems (K00–K93): 47,1 Mrd. Euro

Wie nicht anders zu erwarten, entfielen im Jahr 2020 mit 213,7 Mrd. Euro die meisten Kosten für ärztliche und pflegerische Leistungen auf die ambulanten Einrichtungen. In den stationären/teilstationären Einrichtungen wurden Leistungen für 164,8 Mrd. Euro erbracht (Gesundheitsberichterstattung des Bundes, 2022d). Die Krankheitskostenrechnung gibt damit einen Einblick in die Entwicklung und die Dimensionen der Kosten von Krankheiten in unserer Gesellschaft.

4.5 Pflegewirtschaft

Zunächst soll das Satellitensystem Gesundheitswirtschaft mit seinen Kernelementen der Gesundheitsausgaben- und Gesundheitspersonalrechnung aus der Perspektive der Pflege beleuchtet werden. Gemäß der deutschen Übersetzung der Definition des International Council of Nurses (ICN) umfasst die

> [...] Pflege (professionelle Pflege durch eine/n Altenpfleger/in, Gesundheits- und Kinderkranken-pfleger/in oder Gesundheits- und Krankenpfleger/-in) [...] die eigenverantwortliche Versorgung und Betreuung, allein oder in Kooperation mit anderen Berufsangehörigen, von Menschen aller Altersgruppen, von Familien oder Lebensgemeinschaften, sowie von Gruppen und sozialen Ge-meinschaften, ob krank oder gesund, in allen Lebenssituationen (Settings). Pflege schließt die För-derung der Gesundheit, Verhütung von Krankheiten und die Versorgung und Betreuung kranker, behinderter und sterbender Menschen ein. Weitere Schlüsselaufgaben der Pflege sind Wahrneh-mungen der Interessen und Bedürfnisse (Advocacy), Förderung einer sicheren Umgebung, Forschung, Mitwirkung in der Gestaltung der Gesundheitspolitik sowie im Management des Gesundheitswesens und in der Bildung. (Gesundheitsberichterstattung des Bundes, 2022e, o. S.)

4.5.1 Gesundheitsausgaben für pflegerische Leistungen

Um die Gesundheitsausgaben für pflegerische Leistungen abzubilden, soll zunächst unter Bezugnahme auf die Methodenbeschreibung des Statistischen Bundesamts er-läutert werden, wie pflegerische Leistungen in diesem Kontext definiert werden. Diese umfassen das

> [...] gesamte Spektrum (Grund-, Behandlungs- und Intensivpflege) pflegerischen Handelns insbe-sondere auch im Bereich der Langzeitpflege. Während beider Grundpflege die Unterstützung und Hilfestellung bei Tätigkeiten des täglichen Lebens im Vordergrund steht, schließt die ärztlich verordnete Behandlungspflege auch Maßnahmen wie Injektionen, Verbände, Medikamentengabe und Infusionen mit ein. Die Intensivpflege widmet sich insbesondere der Betreuung schwerst-kranker Patienten mit bedrohten oder stark beeinträchtigten Vitalfunktionen. Die im Rahmen der häuslichen Pflege erbrachte hauswirtschaftliche Versorgung wird ebenfalls als pflegerische Leistung angesehen. (Statistisches Bundesamt (Destatis), 2020a, S. 15)

Nach dieser Umschreibung zählen zu den pflegerischen Leistungen die Grund-, Be-handlungs- und Intensivpflege sowie die im Rahmen der häuslichen Pflege geleistete hauswirtschaftliche Versorgung. Mit dieser Definition sind alle Leistungen der Pflege im Krankenhaus, in den Pflegeeinrichtungen, in den Vorsorge- und Rehabilitations-einrichtungen und – soweit durch die Versicherungen vergütet – auch im häuslichen Bereich erfasst.

Aus der Perspektive der Pflege sind die Krankenhäuser nach wie vor die zentra-len Einrichtungen. Der Ausgabenanteil lag hier im Jahr 2019 bei 29,7 %. Es folgte dann die stationäre/teilstationäre Pflege in den Pflegeeinrichtungen (27,3 %) sowie die am-bulante Pflege (24,6 %). Im Vergleich zeigt sich eine starke Zunahme der Bedeutung der Pflege in sonstigen Einrichtungen und privaten Haushalten, die ein Wachstum von 89,6 % (7.247 Mio. €) gegenüber dem Jahr 2015 aufweist. Im Gegenzug sank die Bedeutung der Krankenhauspflege (2015: 33,9 %; 2019: 29,7 %). Dies dürfte vor allem

Tabelle 14: Ausgaben für pflegerische Leistungen nach Einrichtungen im Zeitraum 2015–2019 (in Mio. €) (Eigene Darstellung in Anlehnung an Gesundheitsberichterstattung des Bundes, 2021d).

Einrichtungen des Pflegesystems	Ausgaben für pflegerische Leistungen (in Mio. € / in %)		Veränderung (in Mio. € / in %)
	2015	**2019**	**2015–2019**
Ambulante Einrichtungen	16.906 (24,7)	22.074 (24,6)	5.168 (30,6)
Stationäre/teilstationäre Einrichtungen			
Krankenhäuser	23.219 (33,9)	26.680 (29,7)	3.461 (14,9)
Vorsorge-/Rehabilitationsreinrichtungen	942 (1,4)	1.086 (1,2)	144 (15,3)
Stationäre/teilstationäre Pflege	19.210 (28,0)	24.513 (27,3)	5.303 (27,6)
Sonstige Einrichtungen und private Haushalte	8.088 (11,8)	15.335 (17,1)	7.247 (89,6)
Ausland	170 (0,2)	215 (0,2)	45 (26,5)
Gesamt	68.536 (100,0)	89.904 (100,0)	21.368 (31,2)

auf die Zunahme der ambulanten Leistungserbringung und die Verkürzung der Aufenthaltsdauer im Krankenhaus zurückzuführen sein (Tabelle 14).

Eine Betrachtung der Ausgabenentwicklung für pflegerische Leistungen in Bezug auf die Gesetzliche Krankenversicherung und die Soziale Pflegeversicherung für die Jahre 2005 bis 2019 zeigt, dass die Ausgabenanteile der Gesetzlichen Krankenversicherung um das Niveau von rund 13 % schwanken. In der Sozialen Pflegeversicherung beträgt der Ausgabenanteil für die Pflege (Sach- und Geldleistungen) im Berichtszeitraum rund 93 % und verbleibt damit auf einem hohen Niveau (Tabelle 15).

Tabelle 15: Ausgaben für pflegerische Leistungen der Gesetzlichen Krankenversicherung und der Sozialen Pflegeversicherung im Zeitraum 2005–2019 (in Mio. €) (Eigene Darstellung in Anlehnung an Gesundheitsberichterstattung des Bundes, 2021d).

Jahr	Gesetzliche Krankenversicherung			Soziale Pflegeversicherung		
	Ausgaben insgesamt (in Mio. €)	Ausgaben für pfleg. Leistungen (in Mio. €)	in %	Ausgaben insgesamt (in Mio. €)	Ausgaben für pfleg. Leistungen (in Mio. €)	in %
2005	135.320	17.911	13,2	17.805	16.593	93,2
2010	165.138	20.690	12,5	21.428	19.957	93,1
2015	198.907	25.651	12,9	27.808	25.732	92,5
2019	233.018	30.396	13,0	42.124	39.094	92,8

Der überwiegende Teil der pflegerischen Leistungen wird durch zwei Ausgabenträger (Gesetzliche Krankenversicherung und Soziale Pflegeversicherung) finanziert. Die Entwicklung der Sozialabgaben und die Diskussion um deren Finanzierung sind daher für den Pflegebereich in Deutschland von zentraler Bedeutung. Wie die Finanzierung der Gesetzlichen Krankenversicherung knüpft auch jene der Sozialen Pflegeversicherung an die Beschäftigungsverhältnisse im Arbeitsmarkt an. Hinzu kommen noch die Ausgaben der privaten Haushalte für pflegerische Leistungen, d. h. „[...] Eigenleistungen pflegebedürftiger Personen, die die Leistungen der Pflegeversicherung überschreiten" (Arbeitsgruppe „Gesundheitsökonomische Gesamtrechnungen der Länder" im Auftrag der Statistischen Ämter der Länder, 2015, S. 74). Die ökonomische Sicherung durch den Markt ist in der Pflegeökonomik von größerer Bedeutung als in der Gesundheitsökonomik.

4.5.2 Gesundheitspersonal – Pflege

Im Rahmen der Gesundheitspersonalrechnung wird zwischen folgenden Berufsgruppen der Pflege unterschieden:
– Gesundheits- und Krankenpflegehelfer/-innen
– Gesundheits- und Krankenpfleger/-innen bzw. Hebammen
– Altenpfleger/-innen

Die genaue Umschreibung dieser Berufe ist an die Beschreibung der Bundesagentur für Arbeit angelehnt und in der nachfolgenden Übersicht zusammengefasst (Tabelle 16).

Die Gesundheitspersonalrechnung weist die Anzahl der Berufstätigen, die mit der Pflege von Patient(inn)en betraut sind, für das Bundesgebiet insgesamt aus. Die folgende Darstellung zeigt, dass im Zeitraum 2012 bis 2019 die Anzahl der Beschäftigten in der Pflege um knapp 20 % zugenommen hat (Tabelle 17).

Im Zeitraum von 2012 bis 2019 hat die Anzahl der Beschäftigten in der pflegerischen Versorgung um ca. 276.000 Personen zugenommen (+19,9 %). Der absolut stärkste Zuwachs war im Bereich der Altenpflege (Fachlich ausgerichtete Tätigkeiten + 86.000 (+34,3 %); Helfer-/Anlerntätigkeiten + 80.000 (+33,5 %)) zu verzeichnen. Dann folgen die Berufsgruppen der Gesundheits- und Krankenpflege (Fachkräfte + 72.000 (+11,8 %); Helfer-/Anlerntätigkeiten + 30.000 (+18 %)) (Gesundheitsberichterstattung des Bundes, 2022b).

Betrachtet man die Entwicklung der Personalzunahme differenziert nach Einrichtungen, so zeigt sich in vielen Bereichen ebenfalls eine deutliche Zunahme des pflegerischen Personals (Tabelle 18). In den ambulanten Pflegeeinrichtungen wuchs die Anzahl der beschäftigten Pflegekräfte von 2012 bis 2019 von 223.000 auf 304.000 (+ 36,3 %), in den Krankenhäusern von 429.000 auf 540.000 (+ 25,9 %), in den Vorsorge- und Rehabilitationseinrichtungen von 27.000 auf 29.000 (+ 7,4 %) und in den stationären und teilstationären Pflegeeinrichtungen von 395.000 auf 460.000 (+ 16,5 %) (Gesundheitsberichterstattung des Bundes, 2022b).

Tabelle 16: Beschreibung der pflegerischen Berufe in der Gesundheitspersonalrechnung (Eigene Darstellung in Anlehnung an Bundesagentur für Arbeit (BA), 2021, S. 1091 ff.).

Code	Bezeichnung	Beschreibung des Tätigkeitsfelds
81301	Gesundheits- und Krankenpflege (ohne Spezialisierung) – Helfer-/Anlerntätigkeiten	„[...] Berufe in der Gesundheits- und Krankenpflege, deren Tätigkeiten in der Regel keine speziellen Fachkenntnisse erfordern. Angehörige dieser Berufe unterstützen examinierte Pflegefachkräfte bei der Versorgung und Pflege von Patienten und Patientinnen."
81302	Gesundheits- und Krankenpflege (ohne Spezialisierung) – Fachlich ausgerichtete Tätigkeiten	„[...] Berufe in der Gesundheits- und Krankenpflege, deren Tätigkeiten fundierte fachliche Kenntnisse und Fertigkeiten erfordern. Angehörige dieser Berufe betreuen und versorgen kranke und pflegebedürftige Menschen, führen ärztlich veranlasste Maßnahmen durch und assistieren bei Untersuchungen und Behandlungen."
81313	Fachkrankenpflege – Komplexe Spezialistentätigkeiten	„[...] Berufe in der Fachkrankenpflege, deren Tätigkeiten Spezialkenntnisse und -fertigkeiten erfordern. Angehörige dieser Berufe sind mit der eigenständigen Pflege und mitverantwortlichen Betreuung von Patienten und Patientinnen in jeweils spezifischen medizinisch-pflegerischen Fachgebieten betraut."
81323	Fachkinderkrankenpflege – Komplexe Spezialistentätigkeiten	„[...] Berufe in der Fachkinderkrankenpflege, deren Tätigkeiten Spezialkenntnisse und -fertigkeiten erfordern. Angehörige dieser Berufe pflegen und betreuen eigenständig verletzte oder erkrankte Säuglinge, Kinder und Jugendliche in bestimmten medizinisch-pflegerischen Fachgebieten."
81352	Geburtshilfe und Entbindungspflege – Fachlich ausgerichtete Tätigkeiten	„[...] Berufe in der Geburtshilfe und Entbindungspflege, deren Tätigkeiten fundierte fachliche Kenntnisse und Fertigkeiten erfordern. Angehörige dieser Berufe sind unterstützend bei der Versorgung von werdenden Müttern und von Neugeborenen tätig und kümmern sich um das Wohlergehen von Mutter und Kind."

Tabelle 16 (fortgesetzt)

Code	Bezeichnung	Beschreibung des Tätigkeitsfelds
81353	Geburtshilfe und Entbindungspflege – Komplexe Spezialistentätigkeiten	„[...] Berufe in der Geburtshilfe und Entbindungspflege, deren Tätigkeiten fundierte fachliche Kenntnisse und Fertigkeiten erfordern. Angehörige dieser Berufe planen, organisieren und evaluieren Geburtshilfsdienste. Sie betreuen werdende Mütter während der Schwangerschaft und bei der Entbindung und versorgen Mutter und Kind nach der Geburt."
81382	Gesundheits- und Krankenpflege (Sonstige spezifische Tätigkeitsangabe) – Fachlich ausgerichtete Tätigkeiten	„[...] Berufe in der Gesundheits- und Krankenpflege, deren Tätigkeiten fundierte fachliche Kenntnisse und Fertigkeiten erfordern und die in der übergeordneten Systematikposition ‚813 Gesundheits- und Krankenpflege, Rettungsdienst und Geburtshilfe' nicht anderweitig erfasst sind. Angehörige dieser Berufe betreuen und versorgen unter der Anleitung von Ärzten und Ärztinnen kranke oder verletzte Menschen, z. B. in Betrieben und Gemeinden."
81383	Gesundheits- und Krankenpflege (Sonstige spezifische Tätigkeitsangabe) – Komplexe Spezialistentätigkeiten	„[...] Berufe in der Gesundheits- und Krankenpflege, deren Tätigkeiten Spezialkenntnisse und -fertigkeiten erfordern und die in der übergeordneten Systematikposition ‚813 Gesundheits- und Krankenpflege, Rettungsdienst und Geburtshilfe' nicht anderweitig erfasst sind. Angehörige dieser Berufe betreuen und versorgen entsprechend der ärztlichen Anweisungen z. B. Stomapatienten und -patientinnen vor und nach einer Operation."
82101	Berufe in der Altenpflege (Ohne Spezialisierung) – Helfer-/Anlerntätigkeiten	„[...] Berufe in der Altenpflege, deren Tätigkeiten in der Regel keine speziellen Fachkenntnisse erfordern. Angehörige dieser Berufe erledigen einfache zuarbeitende (Routine-)Tätigkeiten und unterstützen Pflegefachkräfte in Altenpflegeeinrichtungen, Krankenhäusern, Rehabilitationskliniken, bei sozialen Diensten und in privaten Haushalten."

Tabelle 16 (fortgesetzt)

Code	Bezeichnung	Beschreibung des Tätigkeitsfelds
82102	Berufe in der Altenpflege (Ohne Spezialisierung) – Fachlich ausgerichtete Tätigkeiten	„[…] Berufe in der Altenpflege, deren Tätigkeiten fundierte fachliche Kenntnisse und Fertigkeiten erfordern. Angehörige dieser Berufe betreuen und pflegen ältere Menschen und unterstützen sie bei alltäglichen Aufgaben."
82103	Berufe in der Altenpflege (Ohne Spezialisierung) – Komplexe Spezialistentätigkeiten	„[…] Berufe in der Altenpflege, deren Tätigkeiten Spezialkenntnisse und -fertigkeiten erfordern. Angehörige dieser Berufe betreuen und pflegen ältere Menschen und unterstützen sie bei alltäglichen Aufgaben."
82182	Berufe in der Altenpflege (Sonstige spezifische Tätigkeitsangabe) – Fachlich ausgerichtete Tätigkeiten	„[…] Berufe in der Altenpflege, deren Tätigkeiten fundierte fachliche Kenntnisse und Fertigkeiten erfordern und die in der übergeordneten Systematikposition ‚821 Altenpflege' nicht anderweitig erfasst sind. Angehörige dieser Berufe betreuen und pflegen ältere Menschen und haben sich auf ein Tätigkeitsfeld, z. B. auf Rehabilitationsmaßnahmen, spezialisiert."
82183	Berufe in der Altenpflege (Sonstige spezifische Tätigkeitsangabe) – Komplexe Spezialistentätigkeiten	„[…] Berufe in der Altenpflege, deren Tätigkeiten Spezialkenntnisse und -fertigkeiten, z. B. in der Onkologie oder Palliativ- und Hospizpflege, erfordern, und die in der übergeordneten Systematikposition ‚821 Altenpflege' nicht anderweitig erfasst sind. Angehörige dieser Berufe betreuen und pflegen ältere Menschen und haben sich auf ein Fachgebiet der Altenpflege spezialisiert."

Tabelle 17: Beschäftigte in der Pflege insgesamt 2012–2019; ohne Führungskräfte (in 1.000) (Eigene Darstellung in Anlehnung an Gesundheitsberichterstattung des Bundes, 2022b).

Code	Bezeichnung	Jahr							
		2012	2013	2014	2015	2016	2017	2018	2019
81301	Gesundheits- und Krankenpflege (ohne Spezialisierung) – Helfer-/ Anlerntätigkeiten	167	172	175	178	183	192	194	197
81302	Gesundheits- und Krankenpflege (ohne Spezialisierung) – Fachlich ausgerichtete Tätigkeiten	612	631	642	647	659	667	677	684

Tabelle 17 (fortgesetzt)

Code	Bezeichnung	Jahr							
		2012	**2013**	**2014**	**2015**	**2016**	**2017**	**2018**	**2019**
81313	Fachkrankenpflege – Komplexe Spezialistentätigkeiten	75	77	78	78	78	78	78	79
81323	Fachkinderkrankenpflege – Komplexe Spezialistentätigkeiten	5	6	6	6	6	6	6	6
81352	Geburtshilfe und Entbindungspflege – Fachlich ausgerichtete Tätigkeiten	1	1	1	1	1	1	1	1
81353	Geburtshilfe und Entbindungspflege – Komplexe Spezialistentätigkeiten	22	22	22	23	23	23	24	25
81382	Gesundheits- und Krankenpflege (Sonstige spezifische Tätigkeitsangabe) – Fachlich ausgerichtete Tätigkeiten	6	6	6	6	5	5	5	5
81383	Gesundheits- und Krankenpflege (Sonstige spezifische Tätigkeitsangabe) – Komplexe Spezialistentätigkeiten	1	1	1	1	1	1	1	1
82101	Berufe in der Altenpflege (Ohne Spezialisierung) – Helfer-/Anlerntätigkeiten	239	246	256	268	282	292	313	319
82102	Berufe in der Altenpflege (Ohne Spezialisierung) – Fachlich ausgerichtete Tätigkeiten	251	265	276	288	301	321	321	337
82103	Berufe in der Altenpflege (Ohne Spezialisierung) – Komplexe Spezialistentätigkeiten	2	2	2	3	3	3	3	3
82182	Berufe in der Altenpflege (Sonstige spezifische Tätigkeitsangabe) – Fachlich ausgerichtete Tätigkeiten	4	4	5	5	5	5	5	6
82183	Berufe in der Altenpflege (Sonstige spezifische Tätigkeitsangabe) – Komplexe Spezialistentätigkeiten	4	3	3	3	3	3	2	2
	Gesamt	**1.389**	**1.436**	**1.473**	**1.507**	**1.550**	**1.597**	**1.630**	**1.665**

Tabelle 18: Pflegekräfte nach Einrichtungen 2012–2019 (in 1.000) (Eigene Darstellung in Anlehnung an Gesundheitsberichterstattung des Bundes, 2022b).

	2012	2015	2019	Veränderung 2012–2019 (in Tsd. / in %)
Gesundheitsschutz	2	2	1	−1 (−50,0 %)
Ambulante Einrichtungen	292	329	374	82 (28,1 %)
Arztpraxen	18	20	22	4 (22,2 %)
Praxen sonstiger med. Berufe	49	47	45	−4 (−8,2 %)
Einzelhandel	1	1	1	0 (0,0 %)
Apotheken	0	0	0	0 (0,0 %)
Ambulante Pflege	223	260	304	81 (36,3 %)
Stationäre/teilstationäre Einrichtungen	851	906	1.027	176 (20,7 %)
Krankenhäuser	429	455	540	111 (25,9 %)
Vorsorge-/Rehabilitationseinrichtungen	27	27	29	2 (7,4 %)
Stationäre/teilstationäre Pflege	395	423	460	65 (16,5 %)
Rettungsdienst	0	0	0	0 (0,0 %)
Verwaltung	1	1	1	0 (0,0 %)
Sonstige Einrichtungen	243	270	260	17 (7,0 %)
Vorleistungsindustrien	2	2	3	1 (50,0 %)
Gesamt	1.391	1.510	1.666	275 (19,8 %)

5 Gesundheitsökonomik/Medizinökonomik

Als Fachdisziplin hat die Gesundheitsökonomik ihren Ursprung in der Analyse der Verteilung knapper Ressourcen auf die verschiedenen Versorgungsbereiche und in der Finanzierungs- und Versicherungsökonomik der späten 1950er Jahre (Campbell & Campbell, 1952, S. 1 ff.). (Neo-)klassische und neoinstitutionelle Ansätze bilden die theoretischen Grundlagen der Gesundheitsökonomik. Gesundheitsmärkte zeichnen sich jedoch durch eine Reihe von Besonderheiten aus, die letztlich zu einem Marktversagen bzw. zu einer gesellschaftlich oder sozialpolitisch nicht erwünschten Versorgung der Bevölkerung führen können. Daher sind in den meisten Gesundheitssystemen eine Fülle von staatlichen Vorgaben, gesetzlichen Regelungen und korporatistischen Vereinbarungen zu finden, um Ungleichheiten der Versorgung in einem gesellschaftlich akzeptierten Ausmaß zu halten. Das Ziel der Gesundheitsökonomik ist es, auf den verschiedenen Ebenen und für unterschiedliche Akteure entsprechende Entscheidungsgrundlagen für eine ökonomisch optimale Systemgestaltung zu erarbeiten, wobei allerdings oft – da an neoklassischen Marktvorstellungen festgehalten wird – wesentliche Rahmenbedingungen ausgeklammert bleiben.

Der Weg zu einer Pflegeökonomik führt über die Gesundheitsökonomik, die – wenn auch nur in Ansätzen – immer wieder einmal versucht hat, sich dem Risiko der Pflegebedürftigkeit anzunähern, eine systematische Auseinandersetzung jedoch vermissen lässt

5.1 Begriffsbestimmung

Ein wichtiger Mitbegründer der modernen Gesundheitsökonomik ist Kenneth J. Arrow (1921–2017). Seine Veröffentlichung „Uncertainty and the Welfare Economics of Medical Care" markierte den Ausgangspunkt für intensive Forschungsarbeiten in diesem Bereich (Arrow, 1963). In diesem Aufsatz arbeitete Arrow die Unsicherheit als entscheidendes Unterscheidungsmerkmal der Gesundheitsversorgung gegenüber anderen Märkten heraus. Bei den drei zentralen Akteursgruppen des Gesundheitssystems – Patient(inn)en, Leistungserbringer/-innen und Drittfinanzierer – bestehen aufgrund von Informationsasymmetrien große Unsicherheiten. Die Patient(inn)en sind unsicher bezüglich ihrer gesundheitlichen Beschwerden und suchen daher medizinischen Rat und Hilfe im Gesundheitssystem. Auch hier ist die Situation wiederum von Unsicherheit geprägt, ob sie die richtigen Leistungserbringer/-innen konsultiert haben, ob diese über die erforderlichen Kompetenzen zur Diagnosestellung verfügen, die richtige Indikation stellen und die Therapie evidenzbasiert und lege artis vornehmen bzw. die Patient(inn)en an die richtigen Ansprechpartner/-innen und Spezialist(inn)en im Gesundheitssystem überweisen. Die Leistungserbringer/-innen haben keine Sicherheit, dass sie von den Patient(inn)en alle erforderlichen Informationen erhalten, dass sie selbst über alle notwendigen diagnostischen und therapeutischen Mittel verfügen, sowie die aktuellen und relevanten Behandlungsstrategien kennen und anwenden können. Zudem haben sie auch keine Sicherheit bezüglich der Compliance und Adhärenz der Patient(inn)en. Die Versicherungen (Drittfinanzierer) sind

https://doi.org/10.1515/9783110770780-005

unsicher bezüglich des Erkrankungsrisikos ihrer Versicherten. In der Gesetzlichen Krankenversicherung ist es ihnen durch den Kontrahierungszwang (§ 175 Abs. 1 Satz 2 SGB V) untersagt, vor Vertragsabschluss eine Risikoabklärung hinsichtlich des individuellen Gesundheitsstatus vorzunehmen. Des Weiteren haben die Versicherungen keine Sicherheit darüber, dass die von den Leistungserbringer(inne)n gewählten Behandlungsstrategien zielgerichtet und kosteneffektiv sind und die Patient(inn)en ihre Rolle als Co-Produzent(inn)en der Gesundheit wahrnehmen, sowie sich compliant bzw. adhärent verhalten (Güntert, 2013, S. 13 ff.). Auch analysierte Arrow in seinem Aufsatz die Vorteile eines Krankenversicherungssystems und Modelle zur optimalen Versicherungsnachfrage sowie die Anreizprobleme von Krankenversicherungsangeboten mit vollständigem Versicherungsschutz auf Angebot und Nachfrage. Auch Arrow stützte sich dabei auf die theoretischen Grundlagen der Neoklassik. In der Folge entstanden zahlreiche Arbeiten verschiedener Autor(inn)en zur Existenz von Marktfehlern und der Rolle des Staates im Gesundheitsbereich, zur Produktion insbesondere ärztlicher Leistungen und zu versicherungsrelevanten Fragestellungen, wie z. B. die Analyse von Selbstbehalten im Rahmen des RAND Health Insurance Experiments (Ulrich, 2012, S. 604 f.). Im internationalen Vergleich ist der Startpunkt der Entwicklung der Gesundheitsökonomik in Deutschland deutlich später, in den 1980er Jahren, zu verankern. Erste Bestrebungen der Robert-Bosch-Stiftung ab 1978 gaben hier die initialen Impulse, die im Jahr 2008 mit der Gründung der Deutschen Gesellschaft für Gesundheitsökonomie (dggö) eine stärkere Sichtbarkeit der Gesundheitsökonomie in Deutschland fanden. Einen umfassenden Überblick zur Entwicklungsgeschichte der Gesundheitsökonomik findet sich im Beitrag „Entwicklung der Gesundheitsökonomie in Deutschland" von Volker Ulrich (Ulrich, 2012, S. 604 ff.). Eine aktuelle wissenschaftshistorische Einordnung der Gesundheitsökonomik bietet auch Martin Lengwiler in seinem Aufsatz „Gesundheit als Investment. Die doppelte Geschichte der Gesundheitsökonomie" (Lengwiler, 2020, S. 335 ff.).

Die beiden Begriffe „Gesundheitsökonomik" und „Medizinökonomik" werden in der wissenschaftlichen Literatur häufig synonym verwendet. Zu Beginn dieses Abschnitts soll vor diesem Hintergrund zuerst eine Abgrenzung zwischen den einzelnen Fachgebieten (auch zur Pflegeökonomik) erfolgen, bevor weitere inhaltliche Ausführungen anschließen. Folgt man einer Definition von Thielscher (2012), so wird unter Medizinökonomie „[...] die Anwendung ökonomischer Methoden auf die Medizin, insbesondere die medizinische Versorgung" verstanden (Thielscher, 2012, S. 21). Aus dieser Formulierung wird ersichtlich, dass beide Disziplinen somit weniger auf Gesundheit als vielmehr auf Krankheit und auf die Behandlung und Versorgung von kranken Menschen sowie die daraus entstehenden Ressourcenverbräuche und Kosten fokussieren. Sowohl die Medizinökonomik als auch die Gesundheitsökonomik befassen sich primär mit dem Lebensrisiko der „Krankheit" und den Leistungen nach SGB V als Betrachtungsgegenstand und kaum – wie im Kapitel zur Pflegeökonomik (vgl. Kapitel 6) noch ausgeführt werden wird – mit dem Lebensrisiko der „Pflegebedürftigkeit" und den Leistungen nach SGB XI, wenngleich eine trennscharfe Abgrenzung aus systemischer Sicht nicht möglich und nicht sinnvoll ist. Dies zeigt sich etwa auch in der Behandlung der Pflegebedürftigkeit und der pflegerischen Versorgung in den meisten Lehrbüchern zur Gesundheitsökonomik. So fehlen in diesen Lehrbüchern weitestgehend vertiefte Auseinandersetzungen mit den Problemen der Pflegebedürftigkeit, der Produktion und Finanzierung von Pflegeleistungen, mit Schnittstellen zwischen Medizin, Pflege und anderen Gesundheitsfachberufen oder mit situationsbezogenen Systemsteuerungen. Zum Teil werden auch die Begriffe „Pflege", „Pflegebedarf" oder „Pflegeabhängigkeit" kaum oder gar nicht erwähnt (u. a. Breyer et al., 2013; Fleßa & Greiner, 2020; Folland et al., 2017; Greß et al., 2022; Henderson, 2022; Lüngen & Büscher, 2015; Phelps, 2018; Stock et al., 2021). Damit bleibt jedoch ein wesentlicher Teil des Gesundheitssystems von der Gesundheitsökonomik unbeachtet und unbearbeitet.

Ebenso wie für den Krankheitsbegriff existiert keine einheitliche und allgemeingültige Definition der Gesundheitsökonomie bzw. der Gesundheitsökonomik. Deshalb werden hier (ohne Anspruch auf Vollständigkeit) gleichberechtigt drei ausgewählte Definitionen vorgestellt, die als Basis für weitere Betrachtungen dienen:

1. „Gesundheitsökonomie ist die Beschreibung und Analyse des Gesundheitssektors und seiner Teilnehmer mit Hilfe des ökonomischen Instrumentariums." (van der Beek & van der Beek, 2011, S. 20)
2. „Die Gesundheitsökonomie widmet sich den ökonomischen Auswirkungen der medizinischen Dienstleistungen und beschäftigt sich mit der Frage nach dem verantwortbaren und gerechten Einsatz der knappen finanziellen Ressourcen im Gesundheitswesen. [...] Die Gesundheitsökonomie (Gesundheitsökonomik) verbindet Medizin und Wirtschaftswissenschaften." (Furmaniak & Brunner, 2013, S. 22)
3. „Gesundheitsökonomie ist die Analyse der wirtschaftlichen Aspekte des Gesundheitswesens unter Verwendung von Konzepten der ökonomischen Theorie." (Graf von der Schulenburg, 2012, S. 14)

Liest man die drei exemplarisch ausgewählten Definitionen, so werden in der vergleichenden Betrachtungsweise die Elemente ersichtlich, welche für die Disziplin der Gesundheitsökonomik charakteristisch sind. So handelt es sich um eine interdisziplinäre Wissenschaft („Bindestrichökonomik"), die sich mittels deskriptiver und analytischer Methoden im Spannungsbogen zwischen medizinischer Effektivität (medizinische Leistungen bzw. „Gesundheits ...") und Wirtschaftlichkeit („... ökonomie") mit Fragen wie der optimalen Allokation begrenzter Gesundheitsbudgets und Ressourcen oder der gerechten Verwendung von Gesundheitsgütern beschäftigt. Es geht als nicht – wie von Kritiker(inne)n oft angeführt – darum, ausschließlich vorhandene Budgets bzw. monetäre Ressourcen zu kürzen, sondern die existierenden Ressourcen im Gesundheitssystem effizient und effektiv zur Produktion von Gesundheitsleistungen einzusetzen. Daraus erschließt sich auch, dass ineffiziente oder ineffektive Leistungen nicht Bestandteil des medizinischen Leistungskatalogs eines Krankenversicherungssystems sein sollten.

5.2 Ziele der Gesundheitsökonomik

Bereits in den Ausführungen zu den Aspekten der sozialen Sicherung wurden die Final- und Instrumentalziele der sozialen Sicherung erläutert (vgl. Kapitel 3.1). Nach dem Prinzip der Folgerichtigkeit (Galbraith, 1968, S. 181 ff.) sind in diesen „Zielkanon" auch die Ziele der Gesundheitsökonomik einzuordnen. Dabei gilt aber die folgende Einschränkung: „Ökonomik kann die Ziele nicht, wohl aber die Mittel bestimmen, indem sie ein Optimierungskalkül vornimmt." (van Aaken, 2002, S. 86)

In Bezug auf die Gesundheitsökonomik wurde bereits ausgeführt, dass sich diese primär mit dem Lebensrisiko der „Krankheit" auseinandersetzt. Die sozialrechtliche Verankerung dazu findet sich im Sozialgesetzbuch V, das das Recht der Gesetzlichen Krankenversicherung zum Gegenstand hat. Es bildet damit auch einen rechtswissenschaftlichen Anknüpfungspunkt für die Gesundheitsökonomik. Gemäß § 1 Satz 1 SGB V verfolgt die Krankenversicherung als Solidargemeinschaft das Ziel, „[...] die Gesundheit der Versicherten zu erhalten, wiederherzustellen oder ihren Gesundheitszustand zu bessern. Das umfasst auch die Förderung der gesundheitlichen Eigenkompetenz und Eigenverantwortung der Versicherten." Das Solidarprinzip weist den Versicherten somit auch eine klare Mitverantwortung für ihre Gesundheit zu, d. h. die Versicherten sollen durch eine „[...] gesundheitsbewußte Lebensführung, durch frühzeitige Beteiligung an gesundheitlichen Vorsorgemaßnahmen sowie durch aktive Mitwirkung an Krankenbehandlung und Rehabilitation dazu beitragen, den Eintritt von Krankheit und Behinderung zu vermeiden oder ihre Folgen zu überwinden" (§ 1 Satz 2 SGB V). Auch wenn klare Mechanismen zur Kontrolle und Durchsetzung dieser Eigenverantwortung im deutschen Gesundheitssystem nicht institutionalisiert sind, so ist hier nicht von einer reinen Anspruchshaltung gegenüber der Solidargemeinschaft ohne eigenes Mitwirken auszugehen.

Somit entsteht ein sozialrechtliches Dreiecksverhältnis, das sich wie folgt beschreiben lässt: Die Sozialversicherten zahlen monatlich einen einkommensabhängigen Beitrag (gemäß § 223 Abs. 2 SGB V) an die Sozialversicherungen (in diesem Fall an die Krankenkassen). Dafür erhalten sie z. B. im Krankheitsfall einen Anspruch auf Sachleistungen (§ 2 SGB V). Die entstehenden Kosten für die medizinische Behandlung übernehmen dann die entsprechenden Krankenkassen (Abbildung 16).

Zwischen den drei Akteuren (Versicherte, Krankenkassen sowie Leistungserbringer/-innen) bestehen somit besondere Rechtsbeziehungen. Um deren Ausgestaltung wird insbesondere seit der Veröffentlichung des zwölften Hauptgutachtens der Monopolkommission „Marktöffnung umfassend verwirklichen" (Monopolkommission, 1998) diskutiert, insbesondere um die Frage, ob diese Beziehungen mehr wettbewerblich auszugestalten sind, oder wie bisher, eher korporatistisch. „In der Sichtweise der Monopolkommission wird das Sozialrechtliche Dreiecksverhältnis durch ein enges Kooperations- und Austauschgeflecht zwischen den Leistungs- und Kostenträgern auf der einen und den Leistungserbringern auf der anderen Seite beherrscht, der Bereich der sozialen Dienstleistungen sei damit abseits

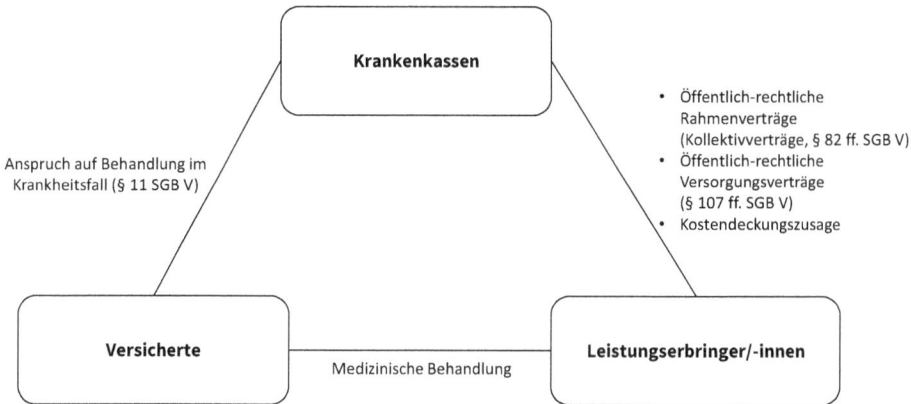

Abbildung 16: Sozialrechtliches Dreiecksverhältnis im Gesundheitssystem (Eigene Darstellung in Anlehnung an Waltermann, 2009, S. 99).

der wettbewerblichen Marktordnung in ‚neokorporatistischen' Strukturen koordiniert." (Cremer et al., 2013, S. 125)

Aus Sicht der Gesundheitsökonomik findet sich die zentrale rechtliche Grundlage für die medizinische Versorgung in Deutschland in § 12 Abs. 1 SGB V („Wirtschaftlich-keitsgebot"): „Die Leistungen müssen ausreichend, zweckmäßig und wirtschaftlich sein; sie dürfen das Maß des Notwendigen nicht überschreiten. Leistungen, die nicht notwendig oder unwirtschaftlich sind, können Versicherte nicht beanspruchen, dürfen die Leistungserbringer nicht bewirken und die Krankenkassen nicht bewilligen." Die Verantwortung für die Einhaltung des Wirtschaftlichkeitsgebots wird somit zu gleichen Teilen den Versicherten, den Leistungserbringer(inne)n und den Kranken-kassen zugewiesen. Engelhard (2008) weist darauf hin, dass die in § 12 Abs. 1 SGB V genannten Leistungsvoraussetzungen in „untrennbarem inneren Zusammenhang" zu-einander stehen und somit bei der Bewertung medizinischer Technologien in ihrer Gesamtheit berücksichtigt werden müssen. Das Ziel des Wirtschaftlichkeitsgebots ist neben der Sicherstellung einer medizinischen Versorgung mit qualitativ hochwerti-gen sowie wirksamen Leistungen entsprechend dem allgemein anerkannten Stand der medizinischen Erkenntnisse auch der Schutz des GKV-Systems vor einer finanziel-ler Überlastung („Maß des Notwendigen") (Engelhard, 2008, S. 198 ff.).

Eine zentrale Rolle bei der Bewertung von medizinischen Leistungen vor diesem Hintergrund spielt der Gemeinsame Bundesausschuss (G-BA), der als oberstes Be-schlussgremium der Selbstverwaltung die gesetzlichen Vorgaben der Bundesregie-rung in Richtlinien konkretisiert. Diese Handlungsvorschriften entsprechen de facto gesetzlichen Normen und sind für alle Akteure im Gesundheitswesen somit von bin-dendem Charakter.

Somit ergeben sich die Ziele der Gesundheitsökonomik neben den grundgesetzli-chen Bestimmungen zum überwiegenden Teil aus den gesetzlichen Bestimmungen des Fünften Sozialgesetzbuchs (SGB V). Die Gesundheitsökonomik setzt sich davon ausgehend mit der Frage auseinander, wie diese Ziele aus ökonomischer Sicht am besten erreicht werden können. Dies kommt z. B. in der Fragestellung zum Ausdruck, wie ein Finanzierungssystem auszugestalten ist, um wirtschaftliches Handeln der Leistungserbringer/-innen zu erreichen.

Das Ziel von gesundheitsökonomischen Analysen bzw. von Health Technology Assessment ist die ökonomische Bewertung von medizinischen und präventiven Maßnahmen, um daraus entsprechende Handlungsempfehlungen für private, staatliche und parastaatliche Entscheidungsträger/-innen ableiten zu können. Als zentrale Parameter dienen dabei die Effekte („outcomes") einer medizinischen Technologie oder Methode sowie die Kosten, die durch diese verursacht werden. Bei der Abgrenzung des Untersuchungsgegenstands und den Bewertungen sollte immer die gesellschaftliche Perspektive eingenommen werden (Greiner & Schöffski, 2012, S. 157 ff.).

Die vielfältigen Themenbereiche, welche in der Gesundheitsökonomik untersucht werden, befassen sich insbesondere mit folgenden Aspekten:
- Optimale Allokation von Gesundheitsgütern und -dienstleistungen, d. h. Gestaltung des Einsatzes der knappen Ressourcen bzw. Produktionsfaktoren zur Erzielung eines größtmöglichen gesellschaftlichen Nutzens.
- Effizienz der Produktion von Gesundheitsgütern und -dienstleistungen, d. h. Leistungserstellung mit einem möglichst günstigen Kosten-Nutzen-Verhältnis.
- Distribution von Gesundheitsgütern und -dienstleistungen, d. h. die Verteilung konkreter Gesundheitsleistungen dergestalt, dass gesundheitliche Benachteiligungen möglichst ausgeglichen und ein optimaler Gesundheitszustand der Bevölkerung erreicht wird.

Die Behandlung von Krankheiten und deren Folgen steht folglich im Mittelpunkt der wirtschaftswissenschaftlichen Disziplin der Gesundheitsökonomik. In Bezug auf die Anwendung der allgemeinen ökonomischen Theorie auf das Gesundheitswesen bleibt Folgendes festzuhalten: „Die ökonomische Theorie geht davon aus, dass alle Menschen ihre Entscheidungen durch Maximierung des Nettonutzens (Nutzen – Kosten) angesichts der von ihnen empfundenen Begrenzungen – auch häufig als Nebenbedingungen bezeichnet – und angesichts ihres Informationsstandes treffen [...]. Dies gilt auch im Gesundheitswesen. Das Besondere am Gesundheitswesen kann deshalb nicht sein, dass man dafür eine neue Theorie entwickeln müsste. Sondern vielmehr machen die besonderen Handlungsbegrenzungen aufgrund einer speziellen Marktordnung, für diesen Sektor typische Transaktionskosten und Informationsstrukturen eine spezielle Adaption der allgemeinen Theorien notwendig, wenn sie zur Analyse des Gesundheitswesens angewendet werden soll." (Graf von der Schulenburg & Greiner, 2000, S. 1)

Nach diesen Ausführungen ist die Gesundheitsökonomik folglich keine eigenständige ökonomische Theorie, sondern orientiert sich am Grundkonzept der (neo-)klassischen ökonomischen Theorie, dem Marktmodell. Allerdings weist der Gesundheitsmarkt einige charakteristische Besonderheiten auf, die es im nächsten Schritt zu definieren gilt, um dann notwendige Anpassungen der ökonomischen Theorie zu diskutieren. Folgt man dieser nicht unumstrittenen Auffassung, so ist zunächst das Marktmodell im Gesundheitswesen mit seinen Besonderheiten vorzustellen.

5.3 Analyse von Gesundheitsmärkten

Die moderne Ökonomik greift zur Beschreibung und Analyse des wirtschaftlichen Handelns auf Marktmodelle zurück. Diese Modelle stellen eine vereinfachte Abbildung der Wirklichkeit dar. Sie sollen zeigen, wie sich Angebot und Nachfrage in einem „konstruierten Markt" verhalten. Insbesondere die Vertreter/-innen der Verhaltensökonomik („Behavioural Economics") kritisieren die durch den starken Einfluss der Neoklassik geprägte moderne Wirtschaftstheorie, da deren Annahmen nur ansatzweise dem wirtschaftlichen Handeln in der Realität entsprechen (Kolmar, 2021, S. 299 ff.). Gegenwärtig ist es sehr umstritten, ob es mithilfe dieser Modelle und deren Annahmen gelingen kann, die Realität ausreichend zu erfassen oder ob diese Modelle in ihrer „Konstruktion" wohl elegant, aber ansonsten irrelevant sind. Fernab der Realität hat sich das ökonomische Modell des vollkommenen Marktes jedoch in der akademischen Lehre über Jahrzehnte etabliert und Eingang in fast alle ökonomischen Lehrbücher gefunden, so auch in jenen zur Gesundheitsökonomik (vgl. hierzu unter anderem Breyer et al., 2013; Hajen et al., 2008).

5.3.1 Modelle und Abgrenzung der Märkte im Gesundheitswesen

Grundsätzlich handelt es sich bei den Märkten für Gesundheitsleistungen und -güter um mittels verschiedener Kriterien relativ gut abgrenzbare Märkte mit zum Teil unterschiedlichen Rahmenbedingungen und Akteuren.

Ausgangsbasis für die weiteren Betrachtungen ist der bereits auf Adam Smith (1723–1790) zurückgehende „vollkommene Markt", für den die folgenden Voraussetzungen gelten (Erlei et al., 2007, S. 2 ff.; Göbel, 2013, S. 58 ff.; van der Beek & van der Beek, 2011, S. 42 f.):

- Das Menschenbild des „Homo oeconomicus", d. h. der Mensch handelt stets vollkommen rational, nimmt Kosten-Nutzen-Überlegungen vor und ist darauf bedacht, den individuellen Nutzen zu maximieren.
- Das Konzept des methodologischen Individualismus, d. h. der Mensch sieht sich eher nicht als gesellschaftliches Mitglied, sondern nur als Individuum, das seine Vorteile nutzen will und autonom handelt.
- Preis als einziger entscheidungsrelevanter Faktor bei vergleichbaren bzw. homogenen Gütern und Leistungen, d. h. die Marktteilnehmer/-innen verfügen über keine sachlichen oder persönlichen Präferenzen.

- Vollständiges Informationsniveau, d. h. Nachfrager/-innen und Anbieter/-innen sind vollständig über alle Eigenschaften der auf den Märkten gehandelten Güter oder Dienstleistungen informiert und können unendlich schnell auf Veränderungen reagieren.
- Unabhängiges Handeln der Marktteilnehmer/-innen, d. h. kein(e) Marktteilnehmer/-in verfügt über eine Preissetzungsmacht und es finden keine Absprachen statt.
- Unbeschränkter Marktzutritt für alle Anbieter/-innen und Nachfrager/-innen, d. h. es bestehen keine Marktzutrittsbarrieren (z. B. gesetzliche Voraussetzungen) und es fallen keine Kosten im Zusammenhang mit der Markthandlung an, auch nicht bei Dritten (sog. Transaktionskosten).
- Große Anzahl von Anbieter/-innen und Nachfrager/-innen (Polypol, vollständige Konkurrenz).
- Auf dem Markt werden homogene Güter gehandelt.
- Es sind keine externen Effekte vorhanden, d. h. der Leistungskonsum und die Leistungserbringung haben keine Auswirkungen auf Dritte.

Abhängig von den Präferenzen und den verfügbaren Mitteln der Nachfrager/-innen und den Preisen bildet sich auf vollkommenen Märkten für die verschiedenen Güter und Leistungen eine entsprechende Nachfragekurve (vgl. Abbildung 17: N). Die Angebotskurve (A) ergibt sich aus den Fähigkeiten und Möglichkeiten der Anbieter/-innen zur Produktion, den Material- und Produktionskosten und den erzielbaren Verkaufspreisen.

Unter den Bedingungen des „vollkommenen Marktes" treffen sich Anbieter/-innen und Nachfrager/-innen. Am Schnittpunkt der Angebots- und Nachfragekurve entsteht das sogenannte Marktgleichgewicht mit dem Gleichgewichtspreis (p_G) und der Gleichgewichtsmenge (x_G). Wenn jetzt Anbieter/-innen einen höheren Preis für ihr Produkt erzielen möchten, wird dies nicht möglich sein, denn es gilt ja die vollständige Information aller Marktteilnehmer/-innen.

Der oben beschriebene „vollkommene Markt" ist ein rein theoretisches Konstrukt. Eine vollständige Umsetzung der zuvor erwähnten Voraussetzungen kann man in ihrer Gesamtheit in der realen Welt nicht finden. Ökonom(inn)en sprechen daher auch häufig von „Marktversagen" in der Praxis. Moderne ökonomische Theorien relativieren die Bedingungen des vollkommenen Marktes in verschiedenen Punkten. Die wirtschaftswissenschaftliche Forschung untersucht daher auch die Auswirkungen von Abweichungen (wie z. B. Bildung von Monopolen oder Oligopolen, Präferenzen der Marteilnehmer/-innen, Markenbildung, zeitliche Verzögerungen für Preis- oder Marktanpassungen, Entscheidungen bei unvollkommener Information, Knappheit und Überfluss, langfristige Perspektive bei Entscheidungen, gesellschaftliche vs. individualistische Perspektive usw.) (Akerlof & Shiller, 2009; Felber, 2019; Sedlacek, 2012; Ulrich, 2002).

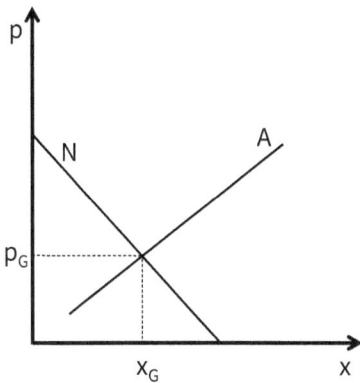

p: Preis; x: Menge; N: Nachfrage; A: Angebot

Abbildung 17: Marktmodell mit Preisbildung (Eigene Darstellung).

Überprüft man die oben angegebenen Voraussetzungen des „vollkommenen Marktes" mit der Praxis im Gesundheitswesen und berücksichtigt man die von Arrow festgestellten Unsicherheiten bei den verschiedenen Akteuren, so zeigen sich mehrere entscheidende Abweichungen. Patient(inn)en mit gesundheitlichen Problemen, begleitet von Schmerzen und Ängsten, werden sich – im ökonomischen Sinne – wenig rational verhalten. Je nach Ausprägung der individuellen Gesundheitskompetenz („health literacy") verfügen sie über mehr oder weniger Informationen zu diagnostischen, therapeutischen oder pflegerischen Möglichkeiten und über Zugänge zu den entsprechenden Anbieter(inne)n. Die Vorstellung der vollständigen Information wird im Gesundheitswesen immer eine Fiktion bleiben. Das Wissen um Gesundheit, Krankheit, Heilung und Betreuung ist sehr komplex und unterliegt einem kontinuierlichen Wandel. Patient(inn)en werden fast immer Expert(inn)en benötigen, die sie aufgrund der – trotz aller Maßnahmen zu „Patient Empowerment" verbleibenden – Wissensasymmetrie durch das Gesundheitssystem lotsen oder begleiten (z. B. Hausärztinnen und -ärzte, Case Manager/-innen oder Care Manager/-innen). Die Produkte oder Leistungen sind sowohl in Tarifsystemen als auch in professionellen Guidelines und Standards definiert, lassen aber im konkreten Fall den Leistungserbringer(inne)n Spielräume offen. Dies trifft gerade auch in Zusammenhang mit pflegerischen Leistungen zu. Ein Großteil der im Gesundheitssystem erbrachten Leistungen wird in Zeiteinheiten in Verbindung mit einer formalen Qualifikation der leistungserbringenden Person definiert. Die formale Qualifikation ist somit – neben weiteren – eine entscheidende Marktzutrittsbarriere. Die Qualität der Leistungen im Gesundheitswesen hat jedoch nicht nur eine fachliche Dimension. Sie ist immer auch abhängig von der kommunikativen und sozialen Kompetenz der Leistungsanbieter/-innen. Da bei vielen Gesundheitsleistungen – insbesondere auch bei Leistungen der Pflege – die Beziehung zwischen Patient(inn)en und Health Professionals ein wichtiger Teil der Leistung ist, kann man nicht von einem homogenen Gut sprechen.

Obwohl durch die Ausbildungssysteme, die professionellen Standards und durch die Regeln der Gesundheitseinrichtungen versucht wird, ein Maß an Standardisierung zu erreichen, bleibt immer ein Teil kaum normierbarer „individueller Beziehungsleistung" bestehen. Zudem muss man sich im Rahmen der Gesundheitsversorgung immer auch die Frage nach den komplexen und wechselnden Rollen der Akteure stellen. So sind Patient(inn)en sowohl Nachfrager/-innen wie auch Co-Produzent(inn)en der Gesundheitsleistungen und damit am Behandlungserfolg mitverantwortlich.

Die Rolle von Hausärzt(inn)en wechselt durch Überweisung an Spezialist(inn)en bzw. an Krankenhäuser sehr schnell von Anbieter(inne)n zu Nachfrager(inne)n für Informationen oder spezialisierte diagnostische Leistungen und Befunde sowie für therapeutische Leistungen für ihre Patient(inn)en. Neben Angebot und Nachfrage kommt im Gesundheitswesen die Rolle der Drittfinanzierer, d. h. die Versicherungen oder der Staat, hinzu. Auch die Rolle der Finanzierer ist nicht einfach zu definieren, verfolgen diese doch sehr unterschiedliche Ziele wie die Sicherstellung der notwendigen Leistungen für ihre Versicherten und Bürger/-innen, die Sicherstellung der Finanzierbarkeit der gesellschaftlichen Gesundheitsversorgung sowie die finanzielle Sicherung der eigenen Situation.

Der Gesundheitsmarkt in Deutschland lässt sich (wie in Abbildung 18 visualisiert) zunächst in drei Teilmärkte differenzieren (Cassel & Jacobs, 2006):

1. Markt für medizinische Behandlungen („Behandlungsmarkt"), mit Wettbewerb zwischen den Leistungserbringer(inne)n um Patient(inn)en.
2. Markt für Versicherungsleistungen („Versicherungsmarkt") mit Wettbewerb zwischen den Krankenversicherungen um Versicherte, wobei neben Satzungsleistungen (§ 11 Abs. 6 SGB V) insbesondere auch der kassenindividuelle Zusatzbeitrag (§ 242 SGB V) einen entscheidenden Parameter darstellt.
3. Markt für Gesundheitsleistungen („Leistungsmarkt") mit Wettbewerb zwischen den Leistungserbringer(inne)n um selektive Leistungsverträge mit den Kostenträgern, d. h. den Krankenkassen. Der Großteil der Leistungen ist jedoch mittels Kollektivverträgen geregelt, so dass ein Wettbewerb hier de facto nicht stattfindet.

Dieses Modell – oft als gesundheitsökonomisches Dreieck bezeichnet – unterscheidet sich deutlich von der klassischen Marktstruktur mit Nachfrager(inne)n und Anbieter(inne)n und ist auf den ersten Blick identisch mit dem sozialrechtlichen Dreieck (vgl. Kapitel 5.2; Abbildung 16). Allerdings geht es dort um die Darstellung der rechtlich-vertraglichen Beziehungen zwischen den Akteuren. Das gesundheitsökonomische Dreieck zeigt hingegen die Marktstrukturen.

Dieses Marktmodell muss jedoch in zweifacher Hinsicht erweitert werden. Einerseits werden die Rahmenbedingungen der drei Teilmärkte durch die in der Selbstverwaltung verhandelten Regelungen, wie auch über gesetzliche Vorgaben stark reglementiert (vgl. Kapitel 5.2). Eine erste Modellerweiterung ergibt sich somit aus diesem „regulatorischen Überbau" (vgl. hierzu auch Abbildung 25), welcher den Rahmen setzt und die Spielräume der Marktakteure einschränkt. Andererseits gilt es,

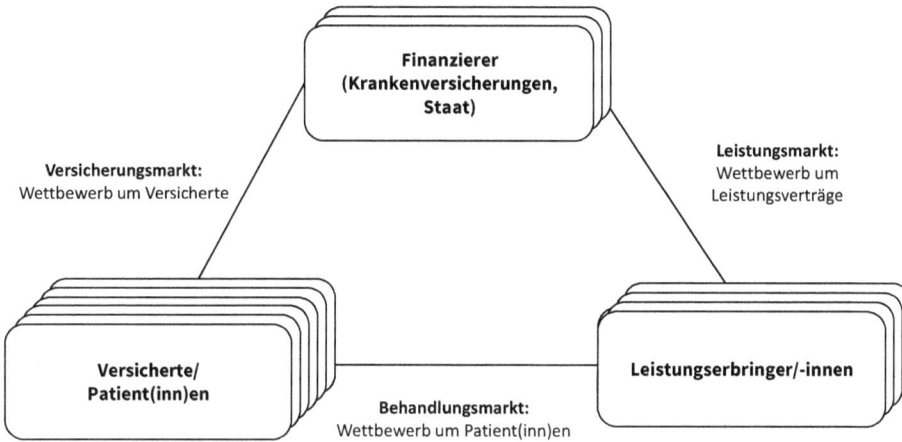

Abbildung 18: Teilmärkte im Gesundheitswesen (Eigene Darstellung in Anlehnung an Cassel & Jacobs, 2006, S. 285).

den Fokus über das SGB V hinaus auszuweiten und Gesundheitsleistungen aus anderen gesetzlichen Verpflichtungen (z. B. SGB XI) mit in die Betrachtungen einzubeziehen.

Der Markt für Gesundheitsleistungen kann mittels zweier Dimensionen weiter unterteilt werden. Diese Differenzierung unterscheidet einerseits zwischen dem ersten und dem zweiten Gesundheitsmarkt sowie dem Kernbereich und dem erweiterten Bereich der Gesundheitswirtschaft. Der erste Gesundheitsmarkt fokussiert auf die oben beschriebenen drei Teilmärkte, „[...] den Kernbereich der Gesundheitswirtschaft in Deutschland. Er zeichnet sich durch die ‚klassische' Gesundheitsversorgung aus, welche hauptsächlich durch die Gesetzliche Krankenversicherung, die private Krankenversicherung, aber auch durch Arbeitgeber und den Staat geprägt wird." (Matusiewicz, 2020, S. 2). In diesen ersten Gesundheitsmarkt fallen auch die im Rahmen der Sozialen Pflegeversicherung abgedeckten Pflegeleistungen. Der zweite Gesundheitsmarkt hingegen umfasst „[...] alle privatfinanzierten Gesundheitsdienstleistungen und Produkte [...]" (Matusiewicz, 2020, S. 2). Beispiele für privatfinanzierte Gesundheitsdienstleistungen sind neben Individuellen Gesundheitsleistungen (IGeL), deren Nutzen nicht ausreichend nachgewiesen ist und die somit nicht Bestandteil des GKV-Leistungskatalogs sind, auch freiverkäufliche Arzneimittel, Medizinprodukte oder rein ästhetisch-chirurgische Eingriffe (wie z. B. Schönheitsoperationen). In die erweiterte Gesundheitswirtschaft (Abbildung 19) fallen einerseits Leistungen, die wohl eine Beziehung zum ersten Markt im Kernbereich aber doch einen anderen Charakter haben, wie z. B. Ausbildungen im Gesundheitsbereich, Präventionskurse, Zuschüsse usw. Andererseits gehören Leistungen und Güter mit einem Gesundheitsbezug (wie Nahrung, Kleidung, Wellness, Gesundheitstourismus usw). in die erweiterte Gesundheitswirtschaft (vgl. hierzu auch Kapitel 4.3; Abbildung 15).

Abgrenzung durch FINANZIERUNG

	Kollektive Finanzierung (z. B. GKV/PKV) im Rahmen der Vollversicherung bzw. staatlicher Mittel	Individuelle Finanzierung durch private Mittel (Konsumausgaben)
Güterbezogene Abgrenzung	**ERSTER MARKT**	**ZWEITER MARKT**
Güter nach Abgrenzung der Gesundheits- ausgabenrechnung / **KERNBEREICH** der Gesund- heitswirtschaft (KGW)	z. B. erstattungsfähige Arzneimittel, ärztliche und Krankenhausbehandlungen, Therapien	z. B. OTC-Präparate, individuelle Gesundheitsleistungen, Schönheitsoperationen
„Neue" Güter mit subjektivem Kaufentscheid / **ERWEITERTER BEREICH** der Gesundheits- wirtschaft (EGW)	z. B. Zuschüsse, Berufsausbildungen, Gesundheitsinformatik, Infrastruktur, Ausrüstung	z. B. Sportausrüstung, Wellness, Nahrung, Kleidung etc. mit Gesundheitsbezug

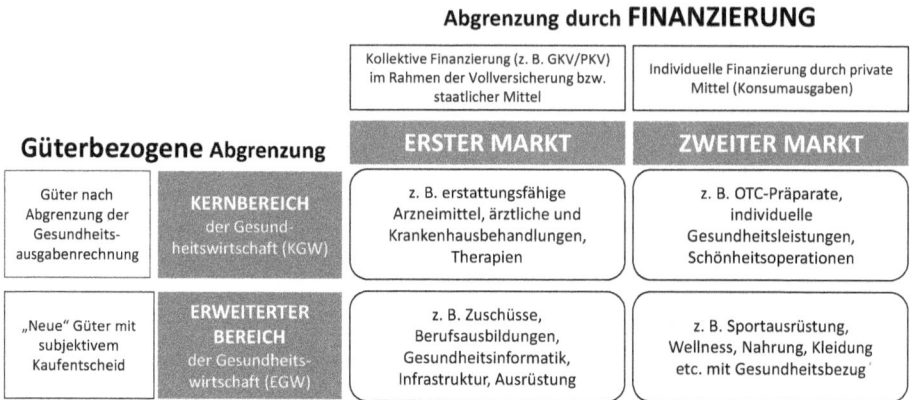

Abbildung 19: Differenzierung der Gesundheitswirtschaft (Eigene Darstellung in Anlehnung an Bundesministerium für Wirtschaft und Energie (BMWi), 2018, S. 24).

Die bereits von Arrow thematisierten großen Unsicherheiten der Marktakteure im Gesundheitswesen führen zu einer ganzen Reihe von Phänomenen, die auf anderen Märkten nicht bzw. nicht in dieser Fülle zu beobachten sind (vgl. Kapitel 5.1). Diese Phänomene werden für das Marktversagen im Gesundheitswesen verantwortlich gemacht und haben dazu geführt, dass der Staat vielfach in das System eingegriffen hat. Die staatlichen Eingriffe dienen einerseits dazu, die Patient(inn)en vor den finanziellen Folgen von Krankheit sowie vor schlechter Leistungsqualität zu schützen und andererseits um die notwendige Versorgung mit Gesundheitsgütern langfristig und für alle in einem politisch gewollten Ausmaß sicherzustellen. Allerdings greifen nicht nur der Staat, sondern auch Organe der Selbstverwaltung und weitere Verbände oder Organisationen wie Fachgesellschaften mit Vorgaben oder Empfehlungen in das System ein. Im Kernbereich des ersten Marktes findet man die größte Dichte an diesen typischen Phänomenen des Gesundheitsmarkts aber auch an staatlichen Eingriffen. Im erweiterten zweiten Gesundheitsmarkt ist die Regelungsdichte weitaus geringer und es finden sich eher Elemente des vollkommenen Marktes. Auf einige wichtige Phänomene in Gesundheitsmärkten, die untereinander oft mehrfach miteinander verbunden sind, soll nun vertieft eingegangen werden.

5.3.2 Informationsasymmetrien

Bereits Arrow hat in seinem Aufsatz „Uncertainty and the Welfare Economics of Medical Care" (Arrow, 1963) die Unsicherheit der verschiedenen Marktakteure zum zentralen Thema gemacht (vgl. Kapitel 5.1). Dabei wies er auf die Unsicherheit der Kostenträger bezüglich des konkreten Erkrankungsrisikos der Versicherten und deren Beitrag für die individuelle Gesunderhaltung bzw. für die Wiederherstellung der Gesundheit hin. Hier kann eine erste Informationsasymmetrie festgehalten werden, da die Versicherten über ihre Gesundheit und ihren Lebensstil meist besser Bescheid wissen, als sie den Versicherungen gegenüber preisgeben (wollen). Die Leistungserbringer/-innen sind verunsichert, da sie nicht wissen, ob sie von den Patient(inn)en alle relevanten Informationen erhalten, oder ob diese etwas zurückhalten. Der medizinische Fortschritt verläuft in vielen Fachgebieten sehr schnell, so dass die Leistungserbringer/-innen andererseits unsicher sind, ob sie auch immer über das aktuelle Wissen und über aktuelle diagnostische und therapeutische Methoden verfügen. Dies trägt wiederum zur Unsicherheit der Patient(inn)en bei, die meist nicht über das notwendige medizinische Wissen verfügen, um eigenständig Marktentscheidungen treffen zu können. Dieses letzte Beispiel dominiert die Diskussion um Informationsasymmetrien weitestgehend.

Es ist eine bekannte Tatsache, dass in der Gesundheitsversorgung zwischen den Ärzt(inn)en oder auch anderen Gesundheitsberufen und den Patient(inn)en meist sehr ungleiche Informationsniveaus und Wissensstände über Krankheiten und deren Behandlungsmöglichkeiten bestehen, welche das Verhalten der Akteure beeinflussen. Die Ursachen liegen im ungleichen Bildungsstand über Gesundheit und Krankheit zwischen diesen Akteursgruppen. In der Gesundheitsökonomik spricht man daher von einer Informationsasymmetrie zwischen Health Professionals und Patient(inn)en (Breyer et al., 2013, S. 200 ff.). Die Informationsasymmetrie führt im Gesundheitsmarkt dazu, dass die leistungsnachfragenden Patient(inn)en nicht in der Lage sind, autonom sinnvolle Marktentscheidungen zu treffen, sondern von den Health Professionals abhängig sind. Um das Problem der Informationsasymmetrien zu lösen und zu marktähnlichen Strukturen und Ergebnissen zu kommen, wurden in der Ökonomik verschiedene Strategien entwickelt. Einerseits wird vorgeschlagen, über Information und Bildung die Nachfrager/-innen zu befähigen, Entscheidungen zu treffen bzw. durch Gestaltung von Entscheidungsprozessen die Mitwirkung der Patient(inn)en zu ermöglichen („Patient Empowerment"). Andererseits beauftragt im Prinzipal-Agenten-Modell der Auftraggeber („Prinzipal") einen Agenten, das eigene Informationsdefizit auszugleichen, um ihn bei Marktentscheidungen zu unterstützen bzw. um diese für ihn zu treffen (Kiener, 1990, S. 63 ff.). Dieses Modell lässt sich auch auf den Behandlungsmarkt, insbesondere den Kernbereich der Gesundheitswirtschaft übertragen. Patient(inn)en sind „Prinzipale" und Ärzt(inn)e(n) bzw. andere Gesundheitsberufe, z. B. auch Pflegende, agieren als „Agenten". Diese Rolle wird aus ökonomischer Sicht eher kritisch betrachtet, da die Health Professionals selbst Beteiligte und Anbieter/-innen von Behandlungs- und Betreuungsleistungen sind. Immer häufiger werden die beteiligten Leistungserbringer/-innen daher durch andere Expert(inn)en in der Rolle der Agenten abgelöst, etwa durch von Krankenversicherern eingesetzte Case Manager/-innen oder Care Manager/-innen. Von unbeteiligten externen Expert(inn)en wird erwartet, dass diese die Interessen ihrer Prinzipale uneingeschränkt wahrnehmen und nicht eigene Ziele verfolgen. Ob dies allerdings auch für die Agenten der Krankenversicherer zutrifft, wird seitens der behandelnden Health Professionals und auch seitens der Patient(inn)en immer wieder bezweifelt (Bodenheimer & Berry-Millett, 2009).

Das Problem der Informationsasymmetrie lässt sich auch mit dem Einsatz von Agenten nicht vollends lösen, da in dieser Sachwalterbeziehung ein „[...] Auftraggeber (Prinzipal) einen Agenten mit der Wahrnehmung bestimmter Aufgaben beauftragt, aber nicht genau kontrollieren kann, mit welcher Energie und Zielstrebigkeit dieser die Interessen des Auftraggebers vertritt" (Hajen et al., 2008, S. 58). Somit kann man sich mit dem Prinzipal-Agenten-Modell den Bedingungen des vollkommenen Marktes – dass die Akteure ihre Marktentscheidungen auf der Basis vollständiger Information autonom treffen – lediglich annähern.

5.3.3 Anbieterdominanz und Marktmacht

Der Gesundheitsmarkt wird, wie bereits erwähnt, maßgeblich von der Angebotsseite bestimmt. Diese Anbieterdominanz wird von verschiedenen Faktoren beeinflusst. So ist sie einerseits auf die oben beschriebenen Informationsasymmetrien zurückzuführen, die es insbesondere Ärzt(inn)en erlaubt, Einfluss auf die nachgefragten Leistungen zu nehmen („angebotsinduzierte Nachfrage"). Andererseits wird die Anbieterdominanz auch durch lokale und regionale Marktstrukturen beeinflusst. In urbanen Gebieten sind häufig polypolistische Marktstrukturen zu finden, d. h. es existieren viele Leistungsanbieter/-innen und Nachfrager/-innen und damit Auswahlmöglichkeiten für die Nachfrager/-innen. Im ländlichen Raum hingegen bestehen in der stationären Versorgung häufig regionale Monopole. Dies trifft – aufgrund des aktuellen Mangels an Ärzt(inn)en und anderen Gesundheitsberufen – immer mehr auch auf das ambulante Versorgungssystem zu, insbesondere für die hausärztliche Versorgung, aber auch für die ambulante Pflege. Deshalb entstehen auch in urbanen Regionen durch Zusammenschlüsse und Kooperationsverträge von Leistungsanbieter/-innen immer häufiger monopol- oder oligopolähnliche Strukturen, welche die Marktstellung der Anbieter/-innen verstärken.

In den letzten Jahren hat sich in Deutschland auch die Monopolkommission (Monopolkommission, 2008, 2010, 2018, 2020) wiederholt mit dem Gesundheitswesen und dem nicht ausreichend vorhandenen Wettbewerb im ersten Gesundheitsmarkt, insbesondere im Kernbereich der Gesundheitsversorgung (vgl. hierzu Abbildung 19), auseinandergesetzt. Die Monopolkommission spricht sich in ihren Gutachten für mehr Wettbewerb und wenige(r) Ausnahmeregelungen aus. So empfiehlt sie nach intensiver Diskussion der Vorteile von Zusammenschlüssen bezüglich Effizienz- und Qualitätssteigerung eine Fusionskontrolle durch das Bundeskartellamt im Krankenhaussektor. Durch Zusammenschlüsse und Fusionen können die Krankenhäuser regional oder auch überregional Marktmacht ausüben und andere Anbieter/-innen stationärer aber auch ambulanter Leistungen in der Weiterentwicklung behindern bzw. beeinträchtigen (Monopolkommission, 2020, S. 53 ff.).

Gefördert wird die Anbieterdominanz zudem durch die sehr restriktiven staatlichen Zulassungsbedingungen für viele Anbieter/-innen von Gesundheitsleistungen. Grundvoraussetzung für die Zulassung der Leistungsanbieter/-innen sind u. a. hohe Anforderungen an die Ausbildung und eine Verpflichtung zu regelmäßiger Fortbildung

(§ 95d SGB V). Damit sollen Bevölkerung und Patient(inn)en geschützt und die Qualität der Leistungen sichergestellt werden. So ist die ärztliche Berufsausübung an eine Approbation gebunden bzw. ist die Abrechnung zu Lasten der GKV nur im Rahmen der vertragsärztlichen Versorgung möglich (§ 95 Abs. 2 SGB V, § 103 SGB V). Ähnliches gilt für viele andere Gesundheitsberufe oder für den Betrieb von Krankenhäusern und anderen Einrichtungen.

Eine aus ökonomischer Sicht schwerwiegende Folge von Informationsasymmetrie und Anbieterdominanz ist die Gefahr der sogenannten „angebotsinduzierten Nachfrage". Damit wird das Phänomen beschrieben, dass z. B. Ärztinnen und Ärzte die oft sehr unbestimmte Primärnachfrage der Patient(inn)en selbst konkretisieren, gleichzeitig aber auch Anbieter/-innen von Leistungen sind. Mit dieser Sekundärnachfrage definieren die Leistungserbringer/-innen den Inhalt und die Menge der diagnostischen und therapeutischen Leistungen für die Behandlung. Da die Patient(inn)en aufgrund fehlender Informationen meist nicht in der Lage sind, ihre Nachfrage konkret zu definieren, können die Health Professionals die Sekundärnachfrage entsprechend ihrer eigenen Angebotsmöglichkeit und (ökonomischer und anderer) Anreize festzulegen. Aufgrund der Informationsasymmetrie können sie auch ihre Patient(inn)en so beeinflussen, dass diese in einer „beständigen Nachfrage" verbleiben. Mit dieser Entscheidungsmacht bestimmen sie maßgeblich den Ressourcenkonsum und die Kosten. In mehreren Studien wurde dieser Umstand nachgewiesen (Braun et al., 2006, S. 10). Je mehr Ärztinnen und Ärzte in einer Region zugelassen werden, umso größer ist die Nachfrage nach ärztlichen Leistungen, meist ohne dass dies mit Bevölkerungs- oder Umweltparametern (Größe, Alter, Umweltbelastung usw.) erklärt werden könnte oder sich bemerkbar auf den Gesundheitszustand der Bevölkerung auswirken würde. Angebotsinduzierte Nachfrage führt damit oft auch zu einer Überversorgung. Aus ökonomischer Sicht gilt es jedoch eine Überversorgung zu vermeiden, da der dazu notwendige Ressourcenverbrauch keinen zusätzlichen gesellschaftlichen Nutzen stiftet. Instrumente, um der angebotsinduzierten Nachfrage zu begegnen, sind einerseits eine bewusste Planung der vertragsärztlichen Sitze der GKV (§ 95 SGB V, § 103 SGB V) und andererseits die Verfügung von Praxisbudgets, aber auch die Krankenhaus- bzw. Einrichtungsplanung der Länder oder leistungserbringer- und patientenbezogene Messungen der erbrachten und verrechneten Leistungen mit entsprechenden Controllingmechanismen (Sachverständigenrat zur Begutachtung der Entwicklung im Gesundheitswesen, 2018, S. 71 ff.).

Nicht nur Ärztinnen und Ärzte oder Krankenhäuser bedürfen, um aktiv werden zu können, einer Zulassung und eines Vertrags mit den Krankenversicherungen, auch die Inverkehrbringung von Arzneimitteln ist an vorhergehende nationale oder europäische Zulassungsverfahren gebunden. Die Zulassungsverfahren sind entscheidende Marktzutrittsbarrieren, nicht nur inhaltlicher Art, sondern auch weil die Forschung und die Prüfverfahren sehr kostenintensiv sind. Auch daraus ergeben sich Situationen des Marktversagens. Ist die Zulassung erreicht, können während des Patentschutzes oder auch später bei neuen Indikationsgebieten (im Rahmen von Indikationserweiterungen), für die es keine Konkurrenzpräparate gibt, innovative Produkte zu hohen Preisen angeboten werden (Watzek, 2022, S. 53 ff.).

5.3.4 Einfluss der Versicherung

Wie bereits oben diskutiert, wird in der Gesundheitsökonomik nicht von einem ökonomisch rationalen Nachfrageverhalten der Patient(inn)en ausgegangen. Dieses unterscheidet sich je nach Gesundheitszustand, der Gesundheitskompetenz („health literacy") und dem Vorhandensein einer Versicherung signifikant (Breyer et al., 2013, S. 98 ff.; Henderson, 2022, S. 169 ff.; Phelps, 2018, S. 93 ff.). Bei Fehlen einer Krankenversicherung werden gesunde Menschen in der Regel nur wenige Gesundheitsleistungen (maximal bis Menge x_1) nachfragen und sie werden auf Preisveränderungen der Gesundheitsgüter stark reagieren (Abbildung 20 a). Dies bedeutet, dass ihre Nachfragekurve relativ flach (hohe Preiselastizität) und eher nahe am Nullpunkt (Nachfragekurve D_1) verlaufen wird. Bei Vorliegen einer Krankheit werden jedoch Gesundheitsleistungen nachgefragt und die Nachfragekurve verschiebt sich nach rechts. Mit zunehmendem Schweregrad der Krankheit nimmt die Abhängigkeit von ärztlichen und pflegerischen Leistungen zu und die Patient(inn)en werden den Preis der Leistungen nicht mehr stark gewichten (und sich notfalls sogar verschulden), um fatale Folgen wie Tod oder dauerhafte Beeinträchtigungen, aber auch um akutes Leid und Schmerz abzuwenden. Die Nachfrage wird – auch ohne Versicherung – eher preisunelastisch, d. h. die Nachfragekurve hat einen steileren Verlauf (D_2).

Bei Vorliegen einer Krankenversicherung mit voller Kostenübernahme (Abbildung 20 b) werden sich bei Auftreten einer Krankheit Form und Lage der Nachfragekurven ebenfalls verändern. Für gesunde Menschen gilt wiederum, dass die Nachfrage nach Gesundheitsleistungen gering sein wird. Hingegen spielen die Preise der Leistungen de facto keine Rolle für die Konsumentscheidung, d. h. die Nachfragekurve verläuft praktisch senkrecht (D_1). Liegt eine Krankheit vor, verschiebt sich die Nachfragekurve wiederum nach rechts und bleibt senkrecht (x_2, D_2). Überlegungen, dass durch jeden Leistungskonsum der Krankenversicherung auch Kosten entstehen und sich damit die Krankenversicherungsbeiträge für alle Versicherten erhöhen könnten, werden – zumindest bei Vorliegen einer schweren Erkrankung – bei der aktuellen Ausgestaltung des Finanzierungssystems mit politisch festgelegten, lohnabhängigen Beitragssätzen wohl kaum angestellt. Etwas anders stellt sich die Situation bei der PKV und im zweiten Gesundheitsmarkt (bei dem die Patient(inn)en als Selbstzahler/-innen auftreten) dar. Dort sind die Zusammenhänge zwischen Konsum und Versicherungsbeiträgen bzw. Kosten der in Anspruch genommenen medizinischen Leistungen direkter. Zudem werden in verschiedenen Selbstbeteiligungsmodellen, die über die gesetzlichen Zuzahlungen der GKV (§ 61 SGB V) hinausgehen, finanzielle Anreizsysteme geschaffen, um bei den Versicherten bzw. Patient(inn)en ein gewisses Maß an Kostenbewusstsein zu schaffen und eine gewisse Preiselastizität zu erhalten.

a) **ohne** Krankenversicherung,
   d. h. keine Kostenübernahme durch
   Dritte

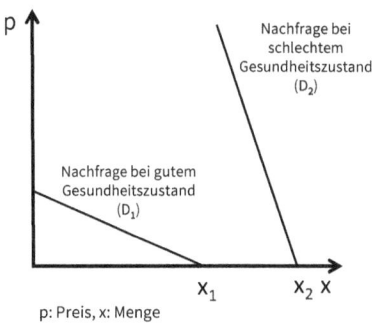

b) **mit** Krankenversicherung,
   d. h. Kostenübernahme durch
   Dritte (Bsp. Vollversicherung)

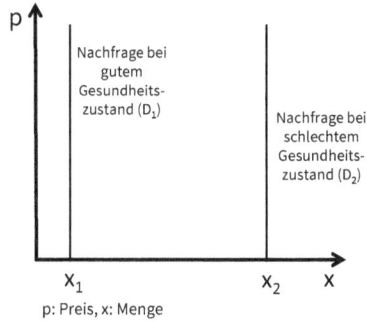

Abbildung 20: Nachfrageverhalten der Patient(inn)en: a) ohne Krankenversicherung; b) mit Krankenversicherung (Eigene Darstellung in Anlehnung an van der Beek & van der Beek, 2011, S. 52 f.).

Eine weitere Folge des Vorhandenseins der Krankenversicherung ist das sogenannte moralische Risiko („moral hazard"). Dieses Verhalten wird oft den Versicherten in der Gesetzlichen Krankenversicherung unterstellt. Es wird davon ausgegangen, dass Patient(inn)en über den medizinisch erforderlichen Bedarf hinaus Leistungen in Anspruch nehmen, da die Nachfrage für sie nicht mit direkten Kosten verbunden ist („ex-post moral hazard"). Fehlende Gesundheitskompetenz kann dabei eine Rolle spielen und zu unnötigem Leistungskonsum führen (unnötige patienteninduzierte Nachfrage). Fehlende Gesundheitskompetenz kann ex-ante ebenfalls mit ein Grund dafür sein, dass solidarisches Verhalten im Sinne der Risikovermeidung durch Prävention und gesundheitsorientiertem Lebensstil nicht umgesetzt wird. Dies wäre anders – so wird aus ökonomischer Sicht oft unterstellt – wenn die Patient(inn)en die Krankheitskosten direkt selbst bezahlen müssten. Um dem moralischen Risiko der Versicherten entgegenzuwirken, können im Rahmen der Krankenversicherung entsprechende Selbstbeteiligungen (Selbstbehalte, Zuzahlungen) eingeführt werden, wie dies vor allem in der PKV zu beobachten ist.

Das Vorhandensein der Krankenversicherung wirkt sich auch auf die Leistungsanbieter/-innen aus. Einerseits wissen sie, dass die Patient(inn)en nur im Rahmen der Zuzahlungen direkt an den Kosten konkret erbrachter Leistungen beteiligt sind. Damit fällt es ihnen leichter, den Patient(inn)en auch Leistungen anzubieten, die nicht zwingend notwendig sind. Die Höhe der Preise der abrechenbaren Leistungen kann zudem ein Anreiz für die Auswahl von Behandlungsalternativen sein und zu angebotsinduzierter Nachfrage aber auch zu Über-, Unter- und Fehlversorgung führen (Sachverständigenrat für die Konzertierte Aktion im Gesundheitswesen, 2002; Wächter et al., 2019, S. 17 ff.).

In Zusammenhang mit der Krankenversicherung wird auch immer wieder das Phänomen der „Adversen Selektion" („negative Selektion") diskutiert. Darunter wird ein ökonomisch rationales Verhalten von Versicherten verstanden, welches am Beispiel des privaten Krankenversicherungsmarkts dargestellt werden kann. Wenn eine private Versicherungsgesellschaft von allen Versicherten eine Einheitsprämie verlangen würde, da sie nicht einschätzen könnte, welche Gesundheitsrisiken auf sie zukommen, würden Versicherte, die sich als „gute Risiken" einschätzen oder der Auffassung sind, dass sie eine zu hohe Prämie zahlen, möglicherweise deshalb keine Versicherung abschließen: „Die schlechten Risiken werden ihre Verträge behalten, sodass sich die Risikostruktur der Versichertengemeinschaft verschlechtert und die Beiträge steigen müssen. Dann werden weitere relativ gute Risiken ihre Verträge aufgeben, und der Prozess setzt sich fort, bis nur noch schlechte Risiken übrigbleiben, die zum Teil dann die gestiegene Prämie nicht mehr zahlen können." (Hajen et al., 2008, S. 68) Damit wird der Versicherungsgedanke ausgehöhlt und das politisch gewollte Gut „Schutz der Bevölkerung vor den wirtschaftlichen Folgen von Krankheit" verunmöglicht. Um der „Adversen Selektion" entgegenzuwirken, wurden in vielen Ländern Versicherungsobligatorien (Pflichtversicherung) eingeführt, so auch in Deutschland für einen großen Teil der Bevölkerung in der Gesetzlichen Krankenversicherung oder für alle Menschen in der Sozialen Pflegeversicherung (Versicherungspflicht durch Kontrahierungszwang).

5.3.5 Externe Effekte

Mit dem Begriff des „externen Effekts" wird das Phänomen umschrieben, dass bei einer Markttransaktion auch außerhalb der Zweierbeziehung zwischen Käufer/-in und Verkäufer/-in Wirkungen bei Dritten entstehen. Diese Wirkungen fließen jedoch meist nicht in die Preisbildung ein.

Im Gesundheitsbereich treten positive externe Effekte für Dritte beispielsweise bei einer Schutzimpfung auf. Die Menschen werden aufgefordert, sich gegen eine bestimmte Krankheit (z. B. COVID-19) impfen zu lassen. Viele bzw. die meisten Personen kommen dieser Aufforderung nach. Durch diese Massenimpfung sind im Endeffekt auch diejenigen Menschen geschützt, die sich nicht haben impfen lassen („Herdenimmunität"). Ein weiteres Beispiel ist etwa die stationäre Durchführung von Operationen mit minimal-invasiver Technik. Maßgebend für die Preisfestsetzung der Leistung im DRG-System sind die kalkulierbaren Kosten der Krankenhäuser in der Kalkulationsstichprobe des Instituts für das Entgeltsystem im Krankenhaus GmbH (InEK) (Institut für das Entgeltsystem im Krankenhaus GmbH, 2023). Mit der moderneren Eingriffsart verkürzen sich in der Regel die Heilungsdauern, d. h. die Patient(inn)en sind schneller wieder arbeitsfähig. Man kann deshalb in diesem Fall auch von positiven externen Effekten für Dritte sprechen. Derartige Effekte fließen bisher kaum in die Preisbildung ein. Erst in jüngster Zeit kommen Ansätze wie Pay-for-Performance (P4P) bei sehr teuren, innovativen Arzneimitteln zum Einsatz, welche z. B. lebenslange Einsparungen herkömmlicher Behandlungsmethoden berücksichtigen (Henke, 2015, S. 33 ff.).

Negative externe Effekte liegen z. B. im Zusammenhang mit Umweltschädigungen, etwa bei der Produktion pharmazeutischer Produkte oder bei der Lagerung von radioaktivem medizinischen Material, vor. Die Bevölkerung wird durch Umweltverschmutzung geschädigt. Bei der Preiskalkulation einzelner Medikamente oder von medizinischem Material werden die dadurch verursachten Kosten meist nicht oder nur teilweise berücksichtigt. Es entstehen negative externe Effekte, die außerhalb der Marktbeziehung (Verkauf und Kauf) für Dritte anfallen.

Ein anderes Beispiel für externe Effekte ist die Verlagerung von chirurgischen Leistungen vom stationären in den ambulanten Sektor. Mit der ambulanten Chirurgie werden Patient(inn)en nach dem Eingriff in die Häuslichkeit entlassen. Die Nachbetreuung wird damit zu einem großen Teil der Familie oder dem privaten sozialen System übertragen. Daraus folgt, dass das private soziale System belastet wird und – je nach Intensität – die betreuenden Personen eventuell Ferientage aufwenden müssen („negativer externer Effekt"). Damit entfaltet diese Leistungsverschiebung auch Wirkungen außerhalb des Gesundheitssystems. Die Arbeitsbelastung im Gesundheitswesen nimmt ab und die Kosten im System werden reduziert. Dies kann durchaus als positiver Effekt für den stationären Versorgungsbereich und damit schlussendlich auch für die Gemeinschaft der Versicherten gesehen werden. Dies zeigt aber, dass je nach Perspektive die Beurteilung von externen Effekten völlig unterschiedlich ausfallen kann.

5.4 Finanzierungsinstrumente

Als Instrumente der ökonomischen Sicherungspolitik wurden zu Beginn die Vermögenspolitik, der Markt sowie der Staat genannt (vgl. Kapitel 2.2). Im Hinblick auf die Gesundheitsökonomik kann festgestellt werden, dass zur Finanzierung der Gesundheitsausgaben der Produktionsfaktor Arbeit die entscheidende Rolle spielt. Die Arbeitnehmer/-innen und Arbeitgeber/-innen tragen paritätisch je zur Hälfte zur Finanzierung der Gesetzlichen Krankenversicherung bei. Über den Arbeitsmarkt bzw. die Beschäftigungsverhältnisse haben sie zwangsweise Sozialabgaben zu leisten. Daneben trägt der Staat zur Steuerfinanzierung der Gesundheitsausgaben bei.

Mit der Einführung des Gesundheitsfonds zum 01. Januar 2009 wurde die Finanzierung der Krankenversicherungen auf eine neue Basis gestellt. Dabei legt die Politik den allgemeinen Beitragssatz für die Arbeitgeber/-innen und Arbeitnehmer/-innen einheitlich fest (§ 241 SGB V). Zusätzlich haben die Krankenkassen die Möglichkeit, kassenindividuelle Zusatzbeiträge, die durch den jeweiligen Verwaltungsrat festgelegt werden, zu erheben (§ 242 SGB V). Auch diese Zusatzbeiträge werden je zur Hälfte von den Arbeitgeber(inne)n und den Arbeitnehmer(inne)n getragen. Die Zuweisung der finanziellen Mittel über den Fonds an die jeweiligen Krankenkassen erfolgt nach Anzahl der Versicherten, gewichtet nach dem Morbiditätsrisiko (Abbildung 21).

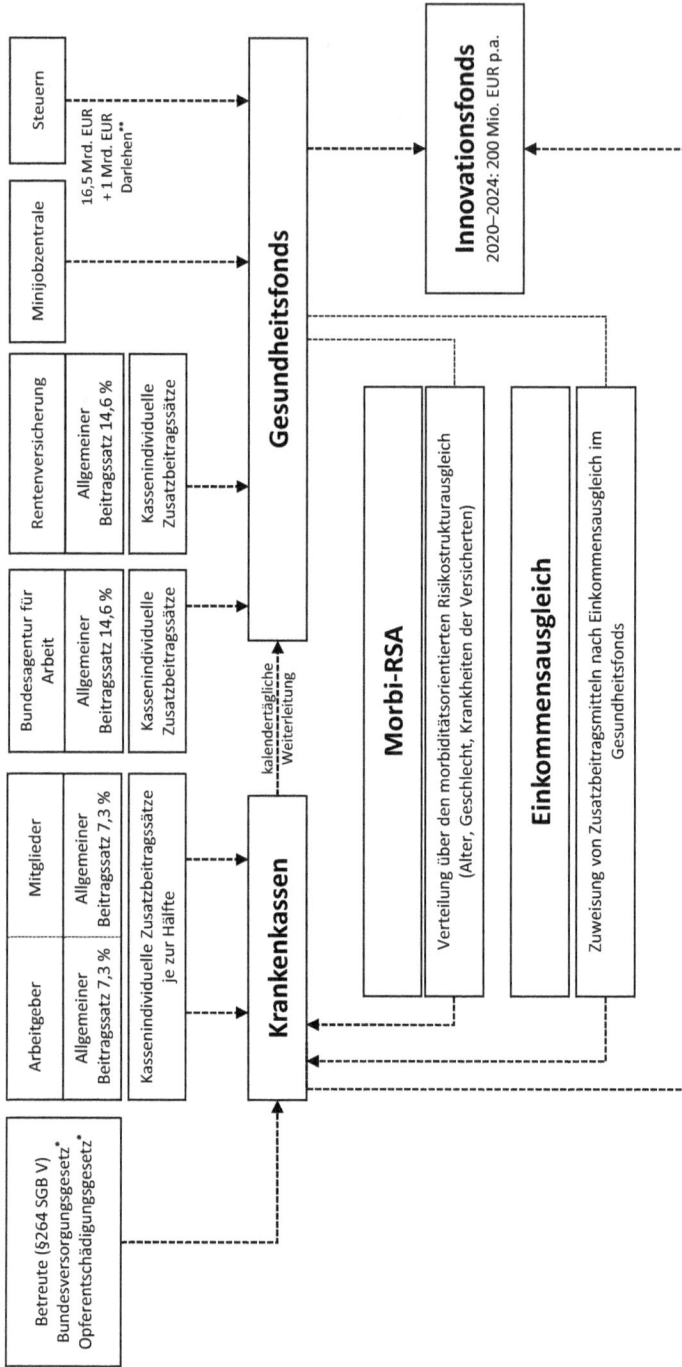

Abbildung 21: Struktur des GKV-Gesundheitsfonds (Verband der Ersatzkassen e. V. (vdek), 2023, S. 22).

„Die Funktionsfähigkeit eines arbeitseinkommensbezogenen sozialen Sicherungssystems ist also nur dann gewährleistet, wenn dem Faktor Arbeit auch bei zurückgehendem Stundenvolumen zumindest ein real konstanter Anteil am Volkseinkommen zufließt. Deutlicher ausgedrückt könnte man sagen, dass der Sozialstaat existenziell davon abhängt, ob der Faktor Arbeit seinen durch den Produktivitätsfortschritt bedingten Bedeutungsrückgang kontinuierlich wertmäßig auszugleichen vermag. Die Entwicklung in reifen Volkswirtschaften mit hohem Produktivitätsfortschritt zeigt aber, dass dies immer schlechter gelingt." (Reuter, 1997, S. 136)

Für die Bundesrepublik Deutschland kann festgehalten werden, dass in den letzten Jahren hohe Produktivitätsfortschritte erzielt wurden (Brümmerhoff & Grömling, 2015, S. 186 ff.). Hinzu kommt der globale Wettbewerb um die günstigsten Produktionsstandorte, der zu einer Verlagerung von Arbeitsplätzen ins Ausland führt. Dies bedeutet nach den obigen Ausführungen, dass es immer weniger tragfähig wird, die Finanzierung des sozialen Sicherungssystems lediglich auf den Faktor Arbeit zu beschränken. Eine Ausweitung der Finanzierungsbasis im Rahmen der viel diskutierten Bürgerversicherung, z. B. durch die Einbeziehung von weiteren gutverdienenden Beschäftigtengruppen (z. B. verbeamtete Personen, Selbstständige) sowie eine Ausweitung auf verschiedene Einkunftsarten, wäre ein möglicher Ansatz zur Sicherstellung der Aufgaben der sozialen Sicherung und deren Finanzierung. Allerdings sind hier auch mögliche Kritikpunkte zu nennen: Auch eine Bürgerversicherung (vgl. hierzu auch Kapitel 5.5.2) würde die erkennbaren grundsätzlichen Finanzierungsprobleme der sozialen Sicherungssysteme (Stichwort: Umlageverfahren) in Folge des demografischen Wandels nicht beheben (Wilke, 2020, S. 3 ff.), vielmehr ist nur von einer eher kurzfristigen Absenkung der Lohnnebenkosten und somit mittel- bis langfristig weiterhin von der Gefährdung von Arbeitsplätzen auszugehen (Störmann, 2019, S. 182).

Ein weiteres Finanzierungsinstrument für den Kernbereich des ersten Gesundheitsmarktes sind – wie bereits oben diskutiert – die Zuzahlungen der Patient(inn)en zu ihrem konkreten Leistungskonsum. Hier stellt sich die Frage nach dem Ziel der Zuzahlungen. Wenn es vor allem um die Beschaffung weiterer finanzieller Mittel für das Gesundheitssystem geht, dürften sie zu hoch sein, um eine gesellschaftlich optimale Nachfrage zu erlauben. Fehlen Zuzahlungen oder sind sie zu niedrig, besteht die Gefahr der Überversorgung und damit einer suboptimalen Verwendung der verfügbaren Ressourcen. Zudem widerspricht dies dem Solidaritätsprinzip der Gesetzlichen Krankenversicherung (Hajen et al., 2017, S. 239; Phelps, 2018, S. 147 f.).

Während in der erweiterten Gesundheitswirtschaft des ersten Marktes die Krankenversicherungen (u. a. Prävention), vor allem aber der Staat (u. a. Prävention, Ausbildung), d. h. Länder und Kommunen (v. a. Infrastruktur, Ausrüstung), an der Finanzierung beteiligt sind, trifft dies für den zweiten Markt nicht zu. Im Kernbereich finden sich wohl noch viele staatliche Regelungen und Vorschriften zu den Gesundheitsgütern, den Leistungserbringer(inne)n oder zu den Preisen. Der zweite Markt in der erweiterten Gesundheitswirtschaft ist dadurch gekennzeichnet, dass eine Finanzierung durch die Gesetzliche Krankenversicherung oder mittels Steuern praktisch inexistent sind. Die Nachfrager/

-innen finanzieren ihren Leistungskonsum weitestgehend selbst. Dies ist mit der Gefahr verbunden, dass wirtschaftlich schwache Bevölkerungsschichten nur wenige Leistungen des zweiten Marktes der erweiterten Gesundheitswirtschaft nachfragen werden und damit wahrscheinlich das Potenzial gesundheitsförderlicher Verhaltensweisen weniger nutzen können.

5.5 Ökonomische Überlegungen bei der Systemgestaltung

Im politischen Prozess der Systemgestaltung sind neben dem obersten Ziel („möglichst gute Gesundheit der Bevölkerung") immer auch ökonomische Ziele zu verfolgen. Diese beziehen sich einerseits auf eine gesellschaftlich und ökonomisch optimale Allokation der Ressourcen auf die verschiedenen Gesellschafts- und Politikbereiche. Andererseits geht es um die Fragen, wie und für wen die Leistungen erbracht werden, d. h. ob mit den vorhandenen personellen und sachlichen Ressourcen Gesundheitsleistungen effizient erbracht werden und damit die größtmögliche gesellschaftliche Wirkung erreicht wird. Eine weitere damit verbundene wichtige und dringend zu beachtende Dimension ist die Stabilität des Systems.

5.5.1 Allokation

Eine aus ökonomischer Sicht zentrale Frage ist die Allokation, d. h. die Zuteilung der Mittel bzw. der personellen, materiellen und finanziellen Ressourcen auf verschiedene Bereiche und/oder Regionen. Derartige Entscheidungen sind auf mehreren Ebenen zu treffen. So wird zwischen vier Entscheidungsebenen unterschieden (Abbildung 22). Auf der obersten Ebene (Makroebene) geht es um die Makroeffizienz: „Makroeffizienz zielt auf die effiziente Verteilung verfügbarer Ressourcen auf unterschiedliche gesellschaftliche Anliegen. Dahinter steht also die Frage, in welchem Umfang gesellschaftliche Mittel für Bereiche wie Kultur, Bildung, Sicherheit oder Soziales ausgegeben werden sollen. Das Effizienzziel verlangt, die Mittel dort einzusetzen, wo der größte Nutzenzuwachs erreicht werden kann." (Badelt & Österle, 1998, S. 73) Der Bundestag und die Landtage sowie die Sozialversicherungsträger müssen entscheiden, welche und wieviel Ressourcen für den Bereich der Gesundheit zur Verfügung gestellt werden. Da die Endpunkte der verschiedenen Politikbereiche unterschiedlich sind, lässt sich das Nutzenoptimum meist nicht objektiv ermitteln, sondern wird im politischen Prozess ausgehandelt. Auf der zweiten Ebene geht es auch um die Frage, in welche Sektoren des Gesundheitswesens die Ressourcen prioritär fließen sollen (z. B. vorbeugende Maßnahmen, Behandlung, Krankheitsfolgeleistungen usw.). Auch auf dieser Ebene gibt es nur ansatzweise objektive Entscheidungshilfen. Die Entscheidungen folgen eher einer politischen als einer ökonomischen Rationalität. So kann etwa festgestellt werden, dass die Finanzmittel der Gesetzlichen Krankenversicherung (als größter Ausgabenträger) zur Deckung

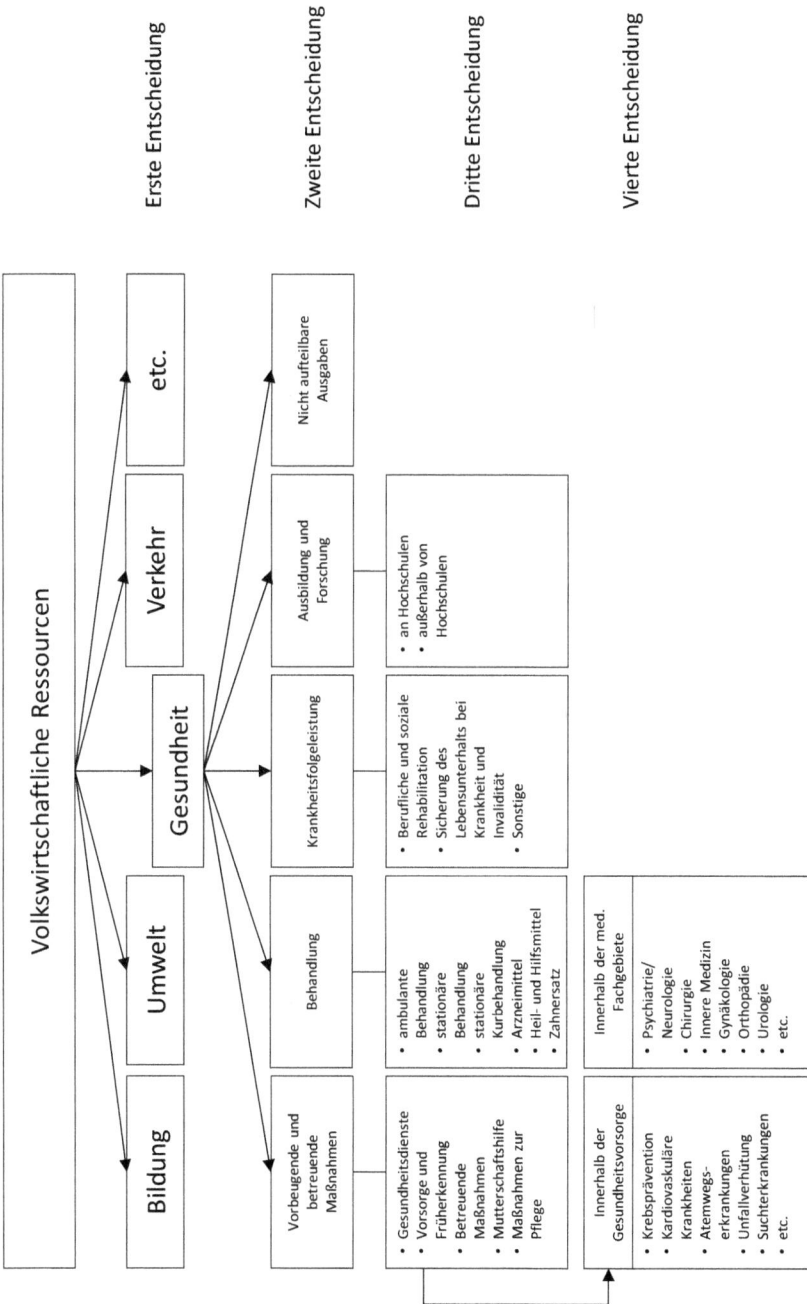

Abbildung 22: Ressourcenallokation auf Makro-, Meso- und Mikroebene (Eigene Darstellung in Anlehnung an Finis Siegler, 2009, S. 95).

der ärztlichen, pflegerischen und therapeutischen Leistungen genutzt werden und somit also eher für den Bereich der Behandlung und nur zu einem geringen Teil für Prävention und Gesundheitsförderung.

Auf der dritten Ebene ist die Frage zu klären, in welchen Bereichen die Leistungen erbracht werden? Es geht somit um die Mikroeffizienz im Bereich der Gesundheitsversorgung: „Aufgrund der Knappheit der Ressourcen ist es ein sozial- wie auch fiskalpolitisches Ziel, Gesundheitsleistungen möglichst kostengünstig zu erbringen. Für den Gesundheitsökonomen stellt sich dann z. B. die Frage, ob eine bestimmte Operation anstatt in einer Krankenanstalt ohne Einschränkung der Qualität auch ambulant durchgeführt werden könnte." (Badelt & Österle, 1998, S. 73 f.) Es geht hierbei um die Institutionenwahl, etwa um die Frage, ob die Leistung im stationären oder im ambulanten Setting erbracht werden soll oder ob sie effektiver und/oder effizienter in allgemeinen oder in spezialisierten Einrichtungen erbracht wird. Bei verschiedenen Fragestellungen kann selbst die Frage nach der Trägerschaft wichtig sein. So ist z. B. zu fragen, ob die Aufgaben von Krankenhäusern oder Pflegediensten in öffentlicher, freigemeinnütziger oder privater Trägerschaft wahrgenommen werden sollen. Gegenwärtig wird davon ausgegangen, dass Einrichtungen in privater Trägerschaft eher zu einer effizienteren Leistungserstellung in der Lage sind. Auf dieser Ebene liegen in vielen, insbesondere medizinischen, Bereichen objektive Entscheidungshilfen in Form von Studien, Meta-Analysen, Health Technology Assessments oder sozio-ökonomischen Analysen vor. Diese erlauben es neben politischen Überlegungen auch, objektive Studienergebnisse in die Entscheidungen einfließen zu lassen (Drummond et al., 2015; Pfaff et al., 2017; Widrig, 2015).

Schließlich hat auf der vierten Ebene ein Träger oder ein Akteur der Leistungserstellung zu entscheiden, welche Leistungen durch wen erbracht werden sollen. Allerdings sind die Akteure in der Entscheidung auf dieser Ebene nicht frei. Vielmehr wird der Entscheidungsraum durch unzählige gesetzliche Regelungen und vertragliche Vereinbarungen im Rahmen der Selbstverwaltung eingeschränkt, beispielsweise die Aufgabenverteilung zwischen den verschiedenen Berufsgruppen (Achterfeld, 2014, S. 18 ff.). Auch die Aufgabenverteilungen zwischen stationären und ambulanten Versorgungseinrichtungen können nicht frei vereinbart werden, sondern sind weitgehend geregelt sowie über die Leistungskataloge und das Vergütungssystem umgesetzt. Krankenhäuser können nicht frei über ihre Fachabteilungen und damit über das Leistungsangebot entscheiden, sondern bedürfen dazu einer Genehmigung im Landeskrankenhausplan. Damit erfolgt automatisch auch die Zulassung zur Krankenhausversorgung und zur Erstattung der Behandlungskosten durch die Krankenkassen. Die rechtlichen Grundlagen bilden das Krankenhausfinanzierungsgesetz (KHG) sowie die Krankenhausgesetze der einzelnen Bundesländer (Hergeth, 2015, S. 390 f.). Das betriebliche und finanzielle Risiko verbleibt allerdings bei den Trägern.

Da die Krankenhausversorgung wohl wichtig, aber doch nur ein Teil der gesamten Gesundheitsversorgung ist, genügen Landeskrankenhauspläne (mit dem internen Fokus auf Fachabteilungen, Betten und Großgeräte) nicht mehr. Die Allokation von

Gesundheitsgütern muss heute umfassender getroffen werden und sowohl die stationäre und ambulante, die somatische und psychiatrische, die ärztliche, pflegerische und therapeutische, die spezialisierte und integrierte, die Akut- und Langzeitversorgung sowie qualitative und quantitative Aspekte umfassen. Verschiedene Betreuungskonzepte wie etwa das „Chronic Care Model" (Solberg et al., 2006, S. 310 ff.) gehen noch weiter und fordern, dass auch Ressourcen und Leistungen aus dem Sozial- und Bildungswesen in Allokationsentscheidungen zur Gesundheitsversorgung miteinbezogen werden. In verschiedenen Ländern findet man denn auch entsprechende Ansätze, so etwa in skandinavischen Ländern (Ministry of Health, 2017; Sperre Saunes et al., 2020; Vrangbæk, 2020) oder in Österreich (Bundesministerium für Soziales, 2022). Aber auch in Deutschland gibt es verschiedene Planungsmodelle, welche die Gesundheitsversorgung sehr umfassend angehen (Albrich et al., 2017; Hildebrandt et al., 2015, S. 383 ff.).

5.5.2 Distribution

Aus sozialpolitischer und aus Public-Health-Perspektive stellt sich die Frage der Distribution von Gesundheitsleistungen, d. h. nach ihrer konkreten Verteilung innerhalb der verschiedenen Bevölkerungsgruppen. Die Distribution von Gesundheitsleistungen wird oft kritisch diskutiert, da doch immer wieder festzustellen ist, dass einzelne Bevölkerungsgruppen nicht oder nur eingeschränkt Zugang zu benötigten Leistungen haben. Die Gründe dafür können vielfältig sein. Neben räumlichen Distanzen, z. B. zu spezialisierten Leistungen aber auch zur Grundversorgung im ländlichen Raum, werden häufig finanzielle Hürden (z. B. fehlender oder unzureichender Versicherungsschutz) oder auch soziale Barrieren (z. B. Sprache, fehlende Systemkenntnisse) genannt. In internationalen Gesundheitssystemvergleichen räumt man der Frage von „equity in health care" bzw. „inequity" oder „inequality" großen Raum ein (Culyer & Wagstaff, 1993, S. 431 ff.; Oliver & Mossialos, 2004, S. 655 ff.). Dabei wird meist zwischen horizontaler und vertikaler Ungleichheit unterschieden. Horizontale Ungleichheit liegt dann vor, wenn Bevölkerungsgruppen mit demselben Bedarf an medizinischen oder pflegerischen Behandlungs- und Betreuungsleistungen keinen Zugang zu diesen Ressourcen haben. Vertikale Ungleichheit bedeutet, dass Menschen mit großen gesundheitlichen Problemen nicht auf einen angemessen großen Anteil an Gesundheitsleistungen zugreifen können (Starfield, 2011, S. 1 ff.). In verschiedenen Studien wurde festgestellt, dass in Gesundheitssystemen mit Steuerfinanzierung oder Krankenversicherungen wohl finanzielle Hürden abgebaut oder eliminiert wurden, die Leistungen aber dennoch nicht immer bei den Bevölkerungsschichten mit den größten Bedarfen ankommen (van Doorslaer & van Ourti, 2012, S. 837 ff.).

Auch in Deutschland wird immer wieder Ungleichheit angemerkt und betont, dass eine Zweiklassenmedizin existiert: „Das System der Zweiklassenmedizin [...] ist zudem höchst ungerecht finanziert. Die Beiträge werden fast nur von abhängig Beschäftigten und von Rentnern erbracht. Das sogenannte Solidarsystem wird bei näherer Betrachtung völlig unsolidarisch bezahlt, weil Einkommen aus Kapitalvermögen, Vermietung und Verpachtung und aus selbstständiger Tätigkeit nicht oder nur zu einem geringen Anteil berücksichtigt werden." (Lauterbach, 2007, S. 89) Allerdings sollte eine mögliche Abschaffung der Privaten Krankenversicherung zu Gunsten einer Bürgerversicherung kritisch betrachtet werden. Häufig wird argumentiert, dass letztere eine gerechtere Alternative darstellt, da sich privilegierte Bevölkerungsgruppen nicht der solidarischen Finanzierung des Gesundheitssystems durch einen Wechsel in die PKV entziehen können. In der Regel wechseln insbesondere junge und gutverdienende Versicherte in die PKV und somit ein Kollektiv, das auch zur Stärkung der finanziellen Basis der GKV dringend benötigt wird. Zwar ließe sich nach einer empirischen Simulation des Instituts der Deutschen Wirtschaft e. V. der GKV-Beitragssatz durch die Bürgerversicherung um ca. 0,8 % bis 1,0 % senken, allerdings handelt es sich vor dem Hintergrund der aktuellen Probleme im deutschen Gesundheitssystem um einen temporär begrenzten Effekt von nur wenigen Jahren, bis das ursprüngliche Beitragssatzniveau wieder erreicht wird. Auch würde sich durch eine Bürgerversicherung der Anteil der solidarisch finanzierten Ausgaben nicht erhöhen, das Ergebnis wäre lediglich ein veränderter Lastenausgleich innerhalb des neuen Versichertenkollektivs. Somit erfüllt sich das politische Postulat nach einer Stärkung des Solidarprinzips nicht, vielmehr leiste die „[...] Bürgerversicherung keinen substanziellen Beitrag, den überproportional starken Ausgabenanstieg zu begrenzen. Denn Treiber wie die Bevölkerungsalterung, der medizinisch-technische Fortschritt sowie institutionell bedingte Fehlanreize wirken unverändert fort. Vielmehr würde der steuerähnliche Charakter der lohnbezogenen Beitragsfinanzierung auf weitere Bevölkerungsteile ausgeweitet, statt verhaltenssteuernde Anreize in der GKV zu implementieren, die eine effiziente Versorgung begünstigen." (Beznoska et al., 2021, S. 62)

Darüber hinaus gibt es auch weitere kritische Stimmen hinsichtlich eines abrupten Systemwechsels: Neben verfassungsrechtlichen Bedenken würde dies auch einen signifikanten Einkommensverlust für die an der Versorgung beteiligten niedergelassenen Ärztinnen und Ärzte bedeuten. Um die Versorgungsdichte und -qualität konstant zu halten und die Umsatzverluste der Praxen auszugleichen, müsste im Gegenzug die Honorarvergütung auf Basis des Einheitlichen Bewertungsmaßstabs (EBM) angehoben werden, was die GKV-Leistungsausgaben für die ambulante Versorgung wieder erhöhen und somit nur zu einer geringen Entlastung des GKV-Beitragssatzes (oder des Zusatzbeitrags) führen dürfte (Ochmann et al., 2020, S. 37 ff.; Wissenschaftliche Dienste des Deutschen Bundestages, 2018, S. 4 ff.).

5.5.3 Stabilität

Aufgrund der großen sozialpolitischen Bedeutung und der Relevanz für die Gesellschaft müssen Gesundheitsversorgungssysteme krisensicher konzipiert sein, um die Nachfrage nach Gesundheitsleistungen auch langfristig im gesellschaftlich erwünschten Maße abdecken zu können. Dabei kann zwischen einer internen Stabilität (Systemstabilität) und einer externen Stabilität, bzw. einer stabilisierenden Wirkung auf andere Gesellschaftsbereiche, unterschieden werden.

Die systeminterne Stabilität bedingt einerseits, dass ausreichend ökonomische Ressourcen für das Gesundheitssystem zur Verfügung stehen. Dies ist auf lange Sicht notwendig, damit die benötigten personellen und infrastrukturellen Ressourcen bereitgestellt werden können. Dazu sind politische Entscheidungen auf der ersten Systemebene (vgl. hierzu Abbildung 22) sowie entsprechende Finanzierungsmechanismen notwendig. Der fortschreitende demografische Wandel sowie die Finanzmarkt- und Wirtschaftskrise 2008 haben gezeigt, dass das im internationalen Vergleich weitgehend auf Arbeitseinkommen (in Form von einkommensabhängigen Versicherungsbeiträgen in der GKV) abgestützte Finanzierungssystem in Deutschland ein Risiko für die interne (und externe) ökonomische Stabilität des Systems sein kann (vgl. Kapitel 4.2). Zukünftig wäre eine breitere Finanzierungsbasis erforderlich, um eine Erhöhung der finanziellen Mittel im Bereich des SGB V zu erreichen und die Leistungsausgaben zu refinanzieren.

Eine weitere Voraussetzung für die interne Stabilität des Gesundheitsversorgungssystems ist, dass die benötigten personellen, sachlichen und infrastrukturellen Ressourcen in ausreichender Menge, in der erforderlichen Qualität und zum richtigen Zeitpunkt zur Verfügung stehen. Hierzu kann die Gesundheitsökonomik auch Grundlagen sowohl für politische Entscheidungen auf der ersten und zweiten Systemebene und für Managemententscheidungen entwickeln, etwa in Form von sozioökonomischen Evaluationen, Health Technology Assessments oder als Teil der Versorgungsforschung. Aufgrund der zum Teil rasch wechselnden Bedarfe muss die Produktion von Gesundheitsleistungen auch eine hohe Flexibilität aufweisen, d. h. die verfügbaren Ressourcen müssen im Bedarfsfall anders eingesetzt, Reserven genutzt oder auch Leistungen aufgeschoben werden können. Die Bewältigung der COVID-19-Pandemie hat die Notwendigkeit eines flexiblen Ressourceneinsatzes und der flexiblen Produktion von Gesundheitsleistungen eindrücklich gezeigt.

Neben der internen Stabilität muss auch die stabilisierende Wirkung sozialer Sicherungssysteme auf den Konjunkturverlauf und die Gesellschaft beachtet werden. Diese externe Stabilität hat mehrere Dimensionen. Einerseits sichert ein gut funktionierendes Gesundheitssystem die gesellschaftliche Stabilität, fördert die Attraktivität als Wirtschaftsstandort und sichert die Arbeitsproduktivität. Damit ist das Gesundheitssystem ein wichtiger Faktor zur Unterstützung langfristiger volkswirtschaftlicher Wachstumsziele.

Auch ist das Gesundheitsversorgungssystem selbst mit einem Anteil von rund 11 % (Kernbereich des ersten Gesundheitsmarkts) bzw. die gesamte Gesundheitswirtschaft mit rund 15 % des BIP (vgl. Kapitel 4.3.2) ein wichtiger, relativ krisensicherer Wirtschaftsfaktor und trägt so auch selbst zur Stabilisierung der Wirtschaft bei. Allerdings hängt die Leistungsfähigkeit des Gesundheitsversorgungssystems auch stark von der Verfügbarkeit der personellen Ressourcen (d. h. von der generellen Arbeitsmarktsituation des Landes und von der speziellen Arbeitsmarktsituation für Health Professionals) ab, wie dies etwa die Personalknappheit im deutschen Gesundheitswesen oder die Krisen des britischen National Health Service (NHS) nach dem Brexit (Anderson et al., 2022; Ciupijus et al., 2022, S. 87 ff.) oder im französischen Gesundheitssystem im Winter 2022/2023 deutlich zeigen (Balmer, 2023).

5.6 Kritik an der medizin-orientierten Gesundheitsökonomik

Aussagen wie „Gesundheit ist das höchste Gut der Menschen" versuchen das Gesundheitswesen ökonomischen Analysen zu entziehen. Schon die Aussage von Arthur Schopenhauer vor 150 Jahren: „Gesundheit ist nicht alles, aber ohne Gesundheit ist alles nichts" (Smith, 2010) weist auf den Wert der Gesundheit hin. Dies trifft nicht nur auf die individuelle Gesundheit und Lebensqualität, sondern – wie jüngst gerade die Corona-Pandemie gezeigt hat – auch auf die Gesellschaft und Wirtschaft als Ganzes zu. Gesundheit ist als Wert in das öffentliche Bewusstsein gerückt und die Rolle eines gut funktionierenden Gesundheitsversorgungssystems ist unumstritten. Allerdings ist man sich der Kosten und der limitierten gesellschaftlichen Ressourcen auch bewusst. Die ökonomische Perspektive bei der Beurteilung der Gesundheitsversorgung und -vorsorge ist daher nicht verwerflich, sondern mit Blick auf das Gesellschaftssystem angebracht und notwendig.

Wie bereits zuvor ausgeführt (vgl. Kapitel 5.3), entwickelte sich die Gesundheitsökonomik überwiegend in der Tradition der neoklassischen Ökonomik. Die ökonomischen Modelle wurden weitgehend übernommen, jedoch aufgrund der speziellen Situation im Gesundheitswesen adaptiert. Dies zeigt sich etwa in der Erweiterung des Marktstrukturmodells um den Akteur „Finanzierer" (vgl. hierzu Abbildung 18). Zur Erklärung des Verhaltens der Akteure „Patient(inn)en" (Nachfrager/-innen) und „Leistungserbringer/-innen" (Anbieter/-innen) wird allerdings meist deduktiv mit dem neoklassischen Marktmodell und dem ökonomisch rationalen Verhalten der Akteure argumentiert und davon ausgehend werden Anomalitäten wie Informationsasymmetrie oder angebotsinduzierte Nachfrage diskutiert. Diese Erklärungs- und Gestaltungsmodelle sind jedoch nicht in der Lage, die Phänomene des Gesundheitswesens hinreichend zu erklären und langfristig tragfähige Lösungen zur Systemsteuerung vorzuschlagen. Im Folgenden werden nun die wichtigsten Kritikpunkte an der herkömmlichen Gesundheitsökonomik kurz diskutiert.

5.6.1 Einschränkung des Untersuchungsgegenstandes

Bereits Kenneth J. Arrow stellte in seinem wegweisenden Beitrag zur Gesundheitsökonomik im Jahr 1963 deutlich fest: „It should be noted, that the subject is the medical-care industry, not health." (Arrow, 1963, S. 941) Dieser Fokus hat sich in der weiteren

Entwicklung der Gesundheitsökonomik gehalten. Selbst Kritiker der Ökonomisierung des Gesundheitssystems bleiben oft bei dieser medizin- und versorgungslastigen Perspektive (Maio, 2014). Das Geschäftsmodell ist nicht die Gesundheit, sondern die Krankheit bzw. die Versorgung und Heilung von kranken Menschen. Daraus ergeben sich verschiedene Dimensionen der Einschränkung des Untersuchungsgegenstands:

– Im Zentrum stehen die Maßnahmen zur Behandlung und Linderung von Krankheiten. Ein großes Gewicht haben dabei ärztliche Leistungen. Die Leistungen und Beiträge anderer Gesundheitsberufe wie Pflege, Physio- oder Ergotherapie usw. werden darunter subsumiert. Dies kann u. a. damit erklärt werden, dass viele Leistungen anderer Gesundheitsberufe erst auf Anordnungen von Ärzt(inn)en erbracht werden dürfen und abgerechnet werden können.

– Damit dominiert eine pathogenetische Sichtweise auf Gesundheit und Krankheit. Die Salutogenese spielt eine untergeordnete Rolle. Verhältnis- und Verhaltensprävention oder Gesundheitsförderung und -bildung werden meist erst dann wichtig, wenn nach deren Kosten und Nutzen gefragt wird. Auch sind die Leistungen zur Stärkung der Salutogenese nur begrenzt Krankenversicherungsleistungen und damit kaum abrechenbar.

– Naturgemäß legen ökonomische Analysen den Fokus auf die Kosten (und den Nutzen) der Gesundheitsversorgung, d. h. auf die bei den Versicherungen abrechenbaren Leistungen im Kernbereich des ersten Gesundheitsmarktes (vgl. hierzu Abbildung 19). Die Ausweitung der Perspektive auf den zweiten Markt und auf die erweiterte Gesundheitswirtschaft kann erst seit etwa 15 Jahren beobachtet werden. Damit gelingt es, die volkswirtschaftliche Relevanz des Gesundheitssektors darzustellen. Viel schwieriger ist noch die Darstellung des Nutzens der Gesundheitsversorgung, da nicht-monetäre Dimensionen zu berücksichtigen sind.

– Ein spezielles Merkmal der Gesundheitsökonomik in Deutschland ist die häufig beobachtete Beschränkung des Untersuchungsgegenstands auf den durch das SGB V abgedeckten Bereich der Krankenversicherungen. Andere Bereiche des Gesundheitswesens, wie auch der große Bereich der Pflegeversicherung (SGB XI), werden oft nicht mit analysiert und sind in Lehrbüchern meist nicht berücksichtigt (vgl. Kapitel 5.1).

5.6.2 Nicht-Markt-Charakteristika der Leistungen im Gesundheitswesen

Wie bereits diskutiert, sind Angebot und Nachfrage im Gesundheitswesen weit von den Vorstellungen des „vollkommenen Wettbewerbsmarkts" entfernt. Ökonomisch rationales Verhalten ist bei den Marktakteuren nur eingeschränkt zu finden. Einerseits, weil die Leistungen der Gesundheitsversorgung ganz andere Charakteristika aufweisen als die üblichen marktgängigen Güter. So handelt es sich nicht um beliebig teilbare homogene Güter, sondern meist um Dienstleistungen, die sich – trotz großer Professionalisierungsbemühungen der Medizin- und Gesundheitsberufe – sehr wohl zwischen den verschiedenen Anbieter(inne)n unterscheiden. Anderseits finden sich zwischen Anbieter(inne)n und Nachfrager(inne)n ausgeprägte Informationsasymmetrien, die ökonomisch-rationale Entscheidungen erschweren würden und zu Abhängigkeiten der Patient(inn)en von den Leistungserbringer(inne)n führen. Die Preise der Leistungen spielen für Nachfrageentscheidungen eine weniger wichtige Rolle als in anderen Märkten. Schmerzen, Unsicherheiten und Ängste, Verfügbarkeit und Zugang sowie weitere kulturelle und soziale Einflüsse haben eine größere Bedeutung auf die Entscheidung. Zudem ist die Preisbildung über die Marktkräfte im Gesundheitswesen weitgehend ausgehebelt, da der Großteil der notwendigen Leistungen durch die Kranken- oder Pflegeversicherung abgedeckt ist. Auch die Krankenversicherungen können nicht als ökonomisch rational handelnde Leistungseinkäufer für ihre Versicherten auftreten. Nachfrage- und Angebotsentscheidungen liegen nicht bei ihnen und die Preise werden verhandelt oder politisch vorgegeben. Auf der Angebotsseite spielen Preise und Kosten eher eine Rolle. Aber auch das Angebot wird stark durch Regulierungen und professionelle oder institutionelle Standards bestimmt.

Auch wenn Lengwiler (2020) darauf hinweist, dass es sich bei der Verwendung klassischer ökonomischer Modelle nicht explizit um eine „[…] hegemoniale Intervention der Wirtschaftswissenschaften in die Hoheitsgebiete der Medizin oder gar als verkappter neoliberaler Angriff auf die Grundwerte des Gesundheitswesens […]" handelt (Lengwiler, 2020, S. 347), ist es doch erstaunlich, dass diese Modelle immer wieder als grundlegende Basis für die Erklärung der Gesundheitssysteme und für die Suche nach Verbesserungs- und Optimierungsansätze dienen.

5.6.3 Nicht-Markt-Steuerung

Im internationalen Vergleich findet man unterschiedliche Vorstellungen, wie Gesundheitssysteme gesteuert werden können (vgl. Kapitel 2.3). Neben marktlichen Steuerungsansätzen existieren auch zentralistische Steuerungsmodelle im Rahmen von staatlichen Gesundheitsdiensten (z. B. im Vereinigten Königreich (Anderson et al., 2022, S. 15 ff.)) sowie eine – wie im deutschen Gesundheitswesen vorkommende – Struktur mit korporatistischen Elementen. Die dualistische Ordnungstheorie trennte zwischen Markt- und Zentralverwaltungswirtschaft (Andreas, 1994, S. 123 ff.). Für die klassische Gesundheitsökonomik kam die Marktökonomie mit Angebot und Nachfrage infrage. An diesem „Bild" hat sich die Gesundheitsökonomik „abzuarbeiten", mit all den oben erwähnten Besonderheiten sowie dem Marktversagen.

Neben diesen Steuerungsmodellen aus marktökonomischer Sicht verdient die Steuerung aus der pluralistischen Ordnungstheorie (Herder-Dorneich, 1994) mit den Institutionen der Selbstverwaltung auf der Mesoebene des Gesundheitssystems eine besondere Beachtung. „Die pluralistische Ordnungstheorie, die unter der Bezeichnung Neue Politische Ökonomie Eingang in den wissenschaftlichen Sprachgebrauch gefunden hat, gründet auf dem Pluralismus der Systeme. Sie unterscheidet neben Märkten

z. B. Wahlen, Gruppenverhandlungen und Bürokratien als komplementäre Steuerungs-systeme. [...] Gegenstand der Betrachtung von Neuer Politischer Ökonomie sind immer kombinierte politisch-ökonomische Systeme. Der Staat, der bei den Dualisten außerhalb des ökonomischen Systems und dann auch außerhalb der Analyse bleibt, wird bei den Pluralisten in die Analyse einbezogen. Die rechtlich-soziale Ordnung bleibt nicht länger Datum, sondern wird zur Variable des sozialen Prozesses." (Andreas, 1994, S. 124 f.)

Aus dieser pluralistischen Perspektive muss in der Gesundheitsökonomik von einem Nicht-Markt-System ausgegangen werden, mit der Trennung zwischen drei Marktfunktionen: Nachfrage, Konsum und Zahlung. Diese sind auf drei unterschiedli-che Gruppen aufgeteilt, die untereinander keine ökonomischen Verbindungen im Sinne eines vollkommenen Marktes aufweisen. Die Leistungen werden an den und mit den Konsument(inn)en erbracht, die Zahler bezahlen die zugelassenen Anbieter/-innen, die Anbieter/-innen definieren unter Beteiligung der Konsument(inn)en (und der Zahler) die konkrete Nachfrage. Alle Akteure sind untereinander organisiert, sind dauernd mit-einander in Verhandlungen und haben dazu notwendige Strukturen und Prozesse defi-niert, die vom Staat genehmigt sind und deren Einhaltung vom Staat überprüft wird (Zdrowomyslaw & Dürig, 1999, S. 55).

5.6.4 Gesundheitsökonomik und Sozialrecht

Das Verhältnis zwischen der Gesundheitsökonomik und dem Sozialrecht ist zunächst einmal kritisch zu beleuchten. In unserem Sozialstaat wird durch verfassungsrechtli-che bzw. gesetzliche Bestimmungen vorgegeben, wie bestimmte Lebenssachverhalte zu gestalten sind. So wird im Pflegeversicherungsrecht in § 11 Abs. 1 Satz 2 SGB XI Fol-gendes ausgeführt: „Inhalt und Organisation der Leistungen haben eine humane und aktivierende Pflege unter Achtung der Menschenwürde zu gewährleisten." Kaum eine Pflegeeinrichtung dürfte unter den aktuellen finanziellen, personellen und zeitlichen Rahmenbedingungen in der Lage sein, diesen gesetzlichen Anspruch zu erfüllen (Medi-zinischer Dienst des Spitzenverbandes Bund der Krankenkassen e.V., 2020). So werden z. B. in der gesundheitsökonomischen Diskussion Probleme der Krankenhausfinanzie-rung diskutiert, ohne dass sozialrechtliche oder verfassungsrechtliche Vorgaben mit einbezogen werden (Pitschas, 2003, S. 264 ff.). In der gegenwärtigen Reformkommission zur Krankenhausfinanzierung ist dies erfreulicherweise anders, denn dort wirken auch Personen mit sozial- und verfassungsrechtlichen Hintergründen mit (Bundesministe-rium für Gesundheit (BMG), 2023).

6 Pflegeökonomik

Ziel dieses Kapitels ist es einerseits aufzuzeigen, dass die Pflegeökonomik den Pflegebereich umfassend betrachten muss. Eine Beschränkung auf die Pflege unter SGB V (wie in der Gesundheitsökonomie noch immer üblich) bzw. auf die Pflege unter SGB XI sowie das Ausblenden des informellen Pflegesystems ist ungenügend und erlaubt es nicht, Analysen und Empfehlungen für die Weiterentwicklung der Pflege zu machen. In einem zweiten Schritt wird aufgezeigt, dass das klassische Marktmodell zur Analyse der Pflege nicht ausreichend ist. Es bedarf einer Modellerweiterung, um den Charakteristika personenbezogener Dienstleistungen gerecht zu werden. Die vorgeschlagene Erweiterung bezieht die Pflegenden selbst in das Modell mit ein und eröffnet so einen neuen Blick auf die Leistungserstellung, auf die Arbeitssituation und auf die Motivation der Pflegenden. Diese Vorstellungen werden nicht nur mit Bezug auf die professionelle und bezahlte Pflege diskutiert, sondern auch auf die informelle Pflege durch Angehörige und Bekannte bezogen. Die Bedeutung der informellen Pflege als Basis für das gesamte Pflegesystem wird kurz erläutert. Das Kapitel schließt mit den Erwartungen an die Pflegeökonomik und an die Beiträge, die sie zur Gestaltung und Weiterentwicklung des Gesundheits- und Pflegesystems leisten muss.

6.1 Begriffsbestimmung und Abgrenzung

Betrachtet man die Entwicklung der Gesundheitsökonomik im Zeitablauf, so zeigt sich, dass sie sich fast ausschließlich mit dem Lebensrisiko der „Krankheit" auseinandergesetzt hat, wenngleich das Lebensrisiko der „Pflegebedürftigkeit" sowohl in Fachkreisen, im System der sozialen Sicherung und in der politischen Diskussion sukzessiv an Bedeutung gewonnen hat. Vor diesem Hintergrund wird in diesem Kapitel eine eigenständige Teildisziplin „Pflegeökonomik" skizziert.

Während die herkömmliche Gesundheitsökonomik auf eine rund 50-jährige Historie zurückblicken kann (vgl. Kapitel 5.1), steht die ökonomische Analyse der Pflege noch an den Anfängen. Im Gegensatz zur Gesundheitsökonomik mit einer Fülle von Analysen verschiedenster Problembereiche, Lehrbüchern und Fachzeitschriften sucht man in der ökonomischen Literatur fast vergebens nach umfassenden und vertieften ökonomischen Auseinandersetzungen mit der Pflege. Eine frühe Ausnahme bildet etwa das bereits im Jahr 1990 erschienene Buch „The Economics of Nursing" von Virgina S. Cleland. Die Autorin geht dabei unter anderem auf folgende Aspekte ein (Cleland, 1990):

- Economic Markets and Nursing
- The Economics of Employment in Nursing
- Financing Health Care, Provider Payments, and Nursing Costs
- An Overall View of the Economics of Health Care and Nursing

Die Ausführungen beziehen sich auf die gesamte Profession Pflege, d. h. wie auch nach unserem Verständnis, auf den Bereich der Langzeitpflege („long-term nursing")

https://doi.org/10.1515/9783110770780-006

und der Kurzzeitpflege („short-term nursing"). Ebenso wird der Zusammenhang zwischen dem Marktsystem und der Pflege erörtert, bevor im Anschluss eine Betrachtung des Pflegearbeitsmarkts erfolgt. Schließlich werden die finanziellen Aspekte im Zusammenhang mit der Pflege diskutiert. Ihre Analyse fand jedoch zu dieser Zeit, da gerade eine sehr intensive Diskussion um die Gesundheitsökonomik stattfand, wenig Anerkennung und wurde kaum weiterverfolgt.

Die Plattform für ökonomische Betrachtungen der Pflegewissenschaften sind in der Regel Fachzeitschriften der Gesundheitsökonomik, der Pflege- oder der Gesundheitswissenschaften. Eine Analyse gesundheitsökonomischer Zeitschriften zeigt jedoch deutlich, dass die Pflege und das Pflegesystem nur selten zum Thema gemacht werden. So finden sich etwa im „Journal of Health Economics" (https://www.sciencedirect.com/journal/journal-of-health-economics) über die Jahre hinweg vereinzelte Beiträge zur Versorgung in der stationären Langzeitversorgung („nursing homes"), jedoch kaum ökonomische Analysen zur Pflege über diesen Sektor hinaus. Ähnlich verhält es sich mit gesundheitsökonomischen Fachzeitschriften im deutschen Sprachraum (z. B. „Gesundheitsökonomie & Qualitätsmanagement" oder „Das Gesundheitswesen"). Wenn überhaupt – und dies sehr selten – dann werden etwa Themen zur personellen Ausstattung und Pflegequalität oder zur Bezahlung der Pflegenden diskutiert.

Ein interessantes Beispiel dafür ist etwa die heute etwas befremdlich anmutende Diskussion um die Bezahlung der Pflegenden im „Journal of Health Economics", basierend auf der These von Heyes, wonach Pflege eine Berufung sei und sich berufen fühlende Pflegende auch zu einem tiefen Gehalt bereit seien, qualitativ hochstehende Pflegearbeit zu leisten (Heyes, 2005, S. 561 ff.; Nelson & Folbre, 2006, S. 127 ff.; Taylor, 2007, S. 1027 ff.). Immerhin wurden in dieser Kontroverse die zentrale Rolle der Pflegepersonen, ihre Ausbildung, Berufung und Motivation sowie ihre Beziehung zu ihren Patient(inn)en in die Diskussion gebracht.

Eine andere Perspektive in die Diskussion um die Pflege im deutschen Sprachraum bringt etwa die monatlich erscheinende Zeitschrift „Sozialer Fortschritt" (https://elibrary.duncker-humblot.com/journal/21/sozialer-fortschritt). Das breite Feld der sozialen Sicherung, darunter auch die pflegerische Versorgung, wird aus der gesellschaftlichen Perspektive (d. h. der Sozialpolitik, der gesellschaftlichen Entwicklung und der sozialen Gerechtigkeit) analysiert und Reformvorschläge zur Diskussion gestellt (Czaplicki, 2019, S. 903 ff.; Dangel & Korporal, 2022, S. 579 ff.; Tezcan-Güntekin & Stern, 2020, S. 147 ff.).

Ähnlich wie in den medizinischen Fachzeitschriften werden auch in den Fachzeitschriften für Pflege (wie: „Pflege – die wissenschaftliche Zeitschrift für Pflegeberufe", „PflegeZeitschrift" oder „Die Schwester/Der Pfleger") nur sehr selten (pflege-)ökonomische Themen behandelt. Ihr Schwerpunkt liegt vielmehr auf inhaltlichen Themen der Pflege oder Themen der Aus- und Weiterbildung, der politischen Interessensvertretung oder des Managements der Pflege in den verschiedenen Pflegesettings.

In der zweimonatlich erscheinenden US-amerikanischen Fachzeitschrift „Nursing Economic$" (http://www.nursingeconomics.net) liegt der Fokus vor allem auf neuen und innovativen Best-Practice-Ansätzen für das Pflegemanagement, der Interessensvertretung der Pflege im US-amerikanischen Gesundheitssystem, der Analyse des amerikanischen Arbeitsmarktes für Pflegefachkräfte, sowie der Ausbildung von Pflegefachkräften. In seiner nunmehr 40-jährigen Geschichte hat sich die Zeitschrift eher aus einer betriebswirtschaftlichen Perspektive mit Aspekten der Professionalisierung und Weiterentwicklung der Pflege als Disziplin auf der Basis neuer evidenzorientierter Erkenntnisse befasst, um Pflegefachkräfte mit Führungsverantwortung zur Partizipation an Entscheidungsfindungsprozessen im Rahmen von Shared-Governance-Strukturen zu befähigen. Zusätzlich wurden ausgewählte und aktuelle Schwerpunktthemen (z. B. COVID-19-Pandemie, Klimawandel oder globale Gesundheit) behandelt. Somit konnte das gesamte Kontinuum der Pflege (insbesondere Pflegestandards, Case Management und komplexe Pflege) abgedeckt werden (Nickitas et al., 2022, S. 266 f.). Das Konzept einer wertorientierten Pflege (Buerhaus & Yakusheva, 2022, S. 8 f.) stellt nach Ansicht der Herausgeber/-innen eine der größten Herausforderungen für die Zukunft dar: „While we have made great strides, we need nurse economists who can lead us through this new era and make the business case for caring through excellence in value, costs, and quality. [...] We are in the middle (hopefully) of a very significant change as we move to value-based health care focused on outcomes from procedure-based care." (Nickitas et al., 2022, S. 267) Zukünftig gewinnen somit auch Aspekte der gesundheitsökonomischen Evaluation von pflegerischen Interventionen, ein methodisch komplexer und bislang wenig untersuchter Themenbereich, an Bedeutung (Doss, 2022, S. 73 ff.).

Eine der ersten Arbeiten zum Thema Pflege und Ökonomik im deutschsprachigen Raum war wohl die Analyse von Günter Thiele mit dem Titel „Ökonomik des Pflegesystems", in welcher ein Versuch unternommen wurde, die ökonomische Bedeutung der Pflege aufzuzeigen (Thiele, 2004). Neben der Frage, welcher ökonomische Ansatz für eine Pflegeökonomik zur Anwendung kommen kann, wurde anhand der Gesundheitsausgaben- und Gesundheitspersonalrechnung die volkswirtschaftliche Bedeutung der Pflege empirisch dokumentiert. Gezeigt werden konnte, dass die wirtschaftliche Leistung der Pflege bei ca. 2,0 % des Bruttoinlandsprodukts in Deutschland lag (Thiele, 2004, S. 124 f.). Thiele und Güntert haben in ihrem im Jahr 2014 erschienenen Buch „Sozialökonomik" der Pflege ein eigenes Kapitel gewidmet und neben der Darstellung der volkswirtschaftlichen Bedeutung der Pflege und der pflegerischen Leistungen auch erste Anforderungen an eine spezifische Pflegeökonomik mit ihren engen Verbindungen zu den Modellen der Sorge- und Versorgungsökonomik sowie zum Sozialrecht und zum Institutionalismus skizziert (Thiele & Güntert, 2014, S. 133–135).

Im Jahr 2019 ist das Buch „Pflegeökonomie" von Michael Wessels erschienen (Wessels, 2019). Der Autor fokussiert in seiner Analyse auf den Bereich der Sozialen Pflegeversicherung (SGB XI). Damit lenkt er den Blick auf den, in der gesundheitsökonomischen Diskussion lange vernachlässigten, jedoch gesellschaftlich und ökonomisch wichtigen Bereich der Pflegeversicherung. Die Analysen basieren auf den gängigen, auf der neoklassischen Theorie beruhenden, gesundheitsökonomischen Marktvorstellungen (vgl. Kapitel 3.3.1 und Kapitel 5.3), die auf Pflegesituationen übertragen werden (Wessels, 2019, S. 41 ff.). Damit werden diese Analysen jedoch weder dem breiten Feld der Pflege (SGB V, SGB XI und informelle Pflege), den Strukturen und Mechanismen in denen die Pflegeleistungen erbracht werden, noch den Charakteristika der Pflegeleistungen oder der Rolle der Pflegenden gerecht.

Seit wenigen Jahren wird auch der Bereich der informellen Pflege bzw. der Pflege im häuslichen Bereich durch Angehörige (vgl. auch Kapitel 6.4) untersucht. Beispielsweise wurde 2017 von der Hans-Böckler-Stiftung eine qualitative Studie zu Zeitaufwand und Kosten der „Pflege in den eigenen vier Wänden" herausgegeben. Die Befragung von über 1.000 Pflegehaushalten hatte gezeigt (Hielscher et al., 2017, S. 10 ff.), dass

- meist eine nicht-professionelle Hauptpflegeperson das Pflegesetting organisierte,
- die Belastung (oft verteilt auf mehrere Personen) in der Regel ein volles Arbeitspensum umfasste,
- jüngere Hauptpflegepersonen eher professionelle Hilfsangebote nutzten,
- Hauptpflegepersonen reduziert erwerbstätig waren,
- Pflegeleistungen nur partiell von der Pflegeversicherung finanziert wurden,
- rund 90 % des Zeitaufwands für die Versorgung durch das soziale Netz und nur 10 % von professionellen Diensten abgedeckt wurde und
- die finanziellen Belastungen der Haushalte durch Zuzahlungen, private Eigenleistungen Medikamente, Hilfsmittel und Umbauten erheblich waren.

Eine ökonomische Analyse beschäftigte sich mit den Effekten der informellen Pflege auf die Sozialversicherungen (Rebeggiani & Stöwhase, 2018, S. 79 ff.). Dabei wurde versucht, die den Sozialversicherungen durch Reduktion der Erwerbstätigkeit von pflegenden Angehörigen entgangenen Beitragszahlungen den Kosteneinsparungen durch die Vermeidung professioneller ambulanter und stationärer Pflege gegenüberzustellen, sowie die Umverteilung zwischen Krankenversicherung und Pflegeversicherung zu schätzen. Unter den getroffenen Annahmen ergab sich durch die Angehörigenpflege bei der Krankenversicherung eine Einsparung, für die Pflegeversicherung allerdings ein Verlust. Da sich verschiedene Rahmenbedingungen (z. B. Wiedereinführung der paritätischen Finanzierung in der GKV im Rahmen des GKV-Versichertenentlastungsgesetzes zum 1. Januar 2019) jedoch stark verändert haben, dürfte diese Aussage heute so nicht mehr zutreffend sein.

Auch der „Pflegereport 2022" geht auf die häusliche Pflege ein und bezeichnet diese als „Rückgrat der Pflege in Deutschland" oder als „[...] größten Pflegedienst der Nation, [...] der eben kein Pflegedienst" ist (Klie, 2023, S. 1). Angehörige sowie andere informelle Pflegepersonen übernehmen Pflegeaufgaben aus verschiedensten Gründen: soziale Verbundenheit, moralische Verpflichtung, Alternativlosigkeit bzw. fehlende Verfügbarkeit oder fehlende Akzeptanz von professionellen Pflegeangeboten.

Jede Wissenschaft nutzt Modelle zur Analyse, Erklärung und Weiterentwicklung ihres Untersuchungsgegenstands. Diese Modelle sind bewusste Vereinfachungen der Realität, reduzieren die Komplexität, bilden die Grundlagen für Bezugsrahmen und Kriterien der wissenschaftlichen Analysen und ermöglichen so eine fokussierte Erklärung und Analyse der Realität sowie die Ausarbeitung von Vorschlägen zur Weiterentwicklung der untersuchten Bereiche (Diaz-Bone & Weischer, 2015, S. 276 f.; Eisend & Kuß, 2021, S. 45 f.). Auch die Pflegeökonomik bedient sich Modellvorstellungen. Der Anspruch an wissenschaftliche Modelle ist, dass sie nur soweit vereinfachen, dass die relevanten Faktoren und Einflüsse trotz Abgrenzung, Dekompensation und Reduktion enthalten bleiben, damit die Realität sinnvoll beschrieben, analysiert und modelliert werden kann (Mahr, 2009, S. 113 ff.). Aus diesem Anspruch heraus lassen sich folgende Anforderungen an die Pflegeökonomik ableiten:

–   Pflegerelevante Abgrenzung des Untersuchungsfeldes: Weder die in der Gesundheitsökonomik häufig vorgefundene Fokussierung auf den Bereich der durch die Krankenversicherung vergüteten Pflege (SGB V; Lebensrisiko „Krankheit"), noch die Eingrenzung auf die Soziale Pflegeversicherung (SGB XI; Lebensrisiko „Pflegebedürftigkeit") reicht aus, um Angebot und Nachfrage pflegerischer Leistungen zu erklären. Dazu ist es unabdingbar, beide Bereiche gemeinsam sowie den insgesamt noch wenig erforschten Bereich der informell erbrachten Pflege im Zusammenhang zu sehen.

–   Adaption der ökonomischen Modelle an die Charakteristika der pflegerischen Leistungen: Viele der in der Gesundheitsökonomik verwendeten Modelle gehen meist auf neoklassische Marktvorstellungen zurück. Für die Allokation von Gütern und Leistungen werden auch im Gesundheitswesen möglichst funktionierende Märkte mit Preismechanismen und Wettbewerb angestrebt. Dabei wird unterstellt, dass die Güter und Leistungen weitgehend homogen sind und kaum externe Effekte existieren (vgl. Kapitel 5.3). Dies bedeutet, dass Pflegeleistungen fachlich-professionell mit gleichbleibend hoher Qualität erbracht werden, d. h. weitgehend unabhängig von der konkreten Beziehung zwischen Patient(inn)en und Pflegenden. Diese Annahmen entsprechen jedoch nicht der Pflegerealität. Der Pflegeerfolg ist nicht nur abhängig von der fachlichen Leistung, sondern auch immer von den sozialen und kommunikativen Kompetenzen der Pflegenden, den Gesundheitskompetenzen der Patient(inn)en und dem Gelingen der Interaktion zwischen den beiden. Dies bedeutet, dass die Produktion derartiger personaler Dienstleistungen angemessen abgebildet sein muss.

–   Zudem wirken sich Krankheit und Pflegebedürftigkeit (und auch die damit verbundenen Leistungen) immer auch auf das Umfeld der Leistungserbringer/-innen oder – in Bezug auf die finanziellen Folgen – auf die Versichertengemeinschaft oder die Gesellschaft aus. Die Modelle der Pflegeökonomik müssen diese Komplexität zumindest in den Grundzügen abbilden können.

–   Berücksichtigung der gesellschaftlichen und politischen Rahmenbedingungen: Nachfrage, Angebot und Produktion von Gesundheits- und Pflegeleistungen sind in entwickelten Ländern an gesellschaftliche Werte, eine Vielzahl von politischen Mechanis-men, gesetzliche Regelungen, Entscheidungen der Selbstverwaltung, Standards der Professionen und Guidelines der Einrichtungen usw. gebunden. Modellvorstellungen, die sich an vollkommenen Märkten anlehnen, werden diesem institutionellen Rahmen nicht gerecht. Die Erklärungs- und Gestaltungsmodelle der Pflegeökonomik müssen daher diese gesellschaftlichen und gesetzlichen Rahmenbedingungen, die pluralisti-sche Ordnung der Selbstverwaltung, die Anreize der Finanzierungssysteme und die institutionellen Bedingungen angemessen beinhalten und berücksichtigen.

Dies erfordert nicht nur eine Ausweitung des Untersuchungsgegenstands, sondern auch eine Erweiterung der Markt- und Produktionsmodelle der Pflege.

6.2 Ziele der Pflegeökonomik

Die Ziele der Pflegeökonomik sind vergleichbar mit jenen der Gesundheitsökonomik, d. h. es geht um den Erkenntnisgewinn zur Allokation, Distribution und Stabilität (vgl. Kapitel 5.5) von Pflegeleistungen, um die Erarbeitung von Entscheidungsgrundla-gen für die Systementwicklung.

Die Themenbereiche, welche in der Pflegeökonomik untersucht werden, sind zu verstehen als Erweiterung zur Gesundheitsökonomik und betreffen insbesondere die folgenden Aspekte:
– Optimale Allokation von Pflegegütern und -dienstleistungen, d. h. Gestaltung des Ein-satzes der Pflege im Rahmen der Interaktionsarbeit zum größtmöglichen Nutzen der Patient(inn)en bzw. Pflegebedürftigen. Die Pflegeökonomik soll einen Beitrag zur effi-zienten Ressourcenallokation im Pflegesektor liefern, was jedoch nicht als Bestim-mung eines wissenschaftlich begründbaren Ausgabenminimums zu verstehen ist.
– Effizienz der Produktion von Pflegeleistungen, d. h. Leistungserstellung mit einem möglichst günstigen Kosten-Nutzen-Verhältnis. Dabei muss es sowohl um Grade- und Skill-Mix, aber auch um die Indikationsentscheidung für Pflegeleis-tungen gehen.
– Distribution von Pflegegütern und -dienstleistungen, d. h. Verteilung der Pfle-geleistungen unter Berücksichtigung der gesellschaftlich gewollten und politisch determinierten Gleichbehandlung von Bevölkerungsgruppen. Zu berücksichtigen sind dabei das Angebot an Pflegekräften und damit die Attraktivität der Arbeits-bedingungen und der Rahmenbedingungen des Berufs, aber auch die Tragfähig-keit der in privaten Netzwerken erbrachten informellen Pflege.
– Stabilisierung von Gesellschaft und Wirtschaft durch die Zurverfügungstellung und den Einsatz von Pflegegütern und -dienstleistungen. Einerseits werden damit die Belastungen des Lebensrisikos „Pflegebedürftigkeit" für die Betroffen ge-sellschaftlich „abgefedert" und andererseits der Kernbereich der Gesundheits-wirtschaft gestärkt (vgl. Kapitel 5.3.1).

Während die Gesundheitsökonomik primär das Lebensrisiko der „Krankheit" in den Fokus ihrer Betrachtungen stellt (vgl. Kapitel 5), befasst sich die Pflegeökonomik mit einer systematischen ökonomischen Analyse des Lebensrisikos der „Pflegebedürftigkeit" unabhängig von deren Ursache. Entsprechend § 8 SGB XI („Gemeinsame Verantwortung") ist die „pflegerische Versorgung der Bevölkerung [...] eine gesamtgesellschaftliche Aufgabe". Der § 8 SGB XI „[...] weist den an der Durchführung der Pflege beteiligten Institutionen die Aufgabe zu, bei der Gewährleistung der erforderlichen Pflege-Infrastruktur eng zusammen zu arbeiten. [...] Weiter obliegt es ihnen, Maßnahmen zu ergreifen, um hauptberufliche und ehrenamtliche Pflegekräfte in ausreichender Zahl zu gewinnen, zu unterstützen und zu fördern." (Udsching, 2010, S. 43)

Das Risiko der Pflegebedürftigkeit lässt sich auf Basis der Geschäftsstatistik der Pflegekassen wie folgt quantifizieren: So beträgt die Wahrscheinlichkeit einer Pflegebedürftigkeit für Versicherte unter 60 Jahren rund 1,6 %, zwischen 60 und 80 Jahren 8,0 % und über 80 Jahren 39,9 % (Bundesministerium für Gesundheit (BMG), 2021, S. 18). Da die menschliche Wahrnehmung im Umgang mit Wahrscheinlichkeitswerten zu Verzerrungen tendiert, wird dieses Risiko oftmals unterschätzt (Gigerenzer, 2013; Kahneman, 2011) und die Risikobewältigung übersteigt meist die Möglichkeiten der Individuen. Daraus ergibt sich die Notwendigkeit einer gesetzlichen Versicherungspflicht, damit alle Personen im Versicherungsfall die notwendigen Pflegeleistungen erhalten können. Im Gegensatz zur Gesundheitsökonomik ist in der Pflegeökonomik der informelle Bereich (d. h. die Erbringung von Pflegeleistungen durch Angehörige, Ehrenamtliche etc.) möglichst mitzuberücksichtigen, auch wenn dieser Bereich nur teilweise von der Pflegeversicherung abgedeckt ist.

Der im deutschen Gesundheitssystem sich langsam vollziehende Paradigmenwechsel von einer Input- und Ausgabenorientierung hin zu einer Betrachtung der erreichten Ergebnisse („outcomes") resultiert in einer verstärkten Notwendigkeit, wissenschaftliche Evidenz für medizinische und pflegerische Interventionen zu suchen und auszuweisen. Ein zentrales Thema für die kommende Dekade wird dabei sein, die Qualität der pflegerischen Leistungen und deren Outcomes unter den wirtschaftlichen Rahmenbedingungen kontinuierlich zu verbessern. Dies gilt insbesondere auch für die informell erbrachte Pflege. „Deshalb wird es immer wichtiger, pflegerische Leistungen transparent zu machen, Prozesse zu optimieren und die aktuellen Ergebnisse der Pflegeforschung in die Praxis zu transferieren" (Mania, 2009, S. 57), nicht jedoch ohne die Aspekte der sozialen Gerechtigkeit sowie professionsbezogene Aspekte (Mitgefühl, Respekt) außer Acht zu lassen.

Eine zentrale Frage in diesem Kontext ist, ob das klassisch-wissenschaftliche Methodenspektrum der gesundheitsökonomischen Evaluation geeignet ist, auch pflegerische Interventionen adäquat zu bewerten. Dabei kann angeführt werden, dass Tools, die für die Messung beobachtbarer Veränderungen klinischer Ergebnisse (Symptomheilung, klinische Parameter, Verhinderung zukünftiger Krankheitsepisoden, Überlebensraten etc.) entwickelt wurden, nicht geeignet sind, um Wirkungen der Beziehungsarbeit der Pflege hinreichend zu messen (z. B. Mitgefühl, Respekt, Beruhigung, Sicherheit, empfängergerechte Information, Beratung und Anleitung usw.). Für die Notwendigkeit einer umfassenden Bewertung von pflegerischen Interventionen spricht, dass bei der Zuteilung knapper Ressourcen im volkswirtschaftlichen Gesamtkontext eine Evidenz zur Entscheidungsunterstützung dringend erforderlich ist. Allerdings muss das vorhandene Methodenwissen ein systematisches Framework zur Analyse der Ressourcenverbräuche und der „harten" und der „weichen" Outcomes darstellen (Douglas & Normand, 2005, S. 419 ff.).

Ziel der Pflegeökonomik darf es jedoch nicht sein, mit der gewonnenen Transparenz zu Bereitstellung und Nachfrage von Pflegeleistungen neue kennzahlen- und ökonomiegetriebene Steuerungsansätze zu ermöglichen, ohne die Aspekte der sozialen Gerechtigkeit, der demokratisch festgelegten Rahmenbedingungen und der vielschichtigen Aspekte der Beziehungsarbeit (Mitgefühl, Respekt, Sicherheit, empfängergerechte Information und Beratung usw.) zu berücksichtigen. In einem ersten Schritt bedarf es daher einer Klärung der institutionalisierten Handlungszusammenhänge und der Marktsituation der Pflege.

6.3 Institutionalisierte Handlungszusammenhänge und Teilmärkte der Pflege

Mit dem Begriff der institutionalisierten Handlungszusammenhänge wird aufgezeigt, dass sowohl die Nachfrage nach wie auch die Erbringung von Pflegeleistungen durch eine Vielzahl gesellschaftlicher Prozesse und Konventionen, gesetzlicher Bestimmungen, professioneller Standards und Finanzmechanismen (institutionelle Regelungen) bestimmt werden. Institutionen werden verstanden als „[...] sozial konstruierte, pfadabhängige Handlungsmuster, in denen spezifische (formlose oder formgebundene) Erwartungs- und Verhaltensregeln gelten" (Biesecker & Kesting, 2003, S. 187). „In dieser institutionalistisch geprägten Sichtweise ist der Markt ein institutionalisierter Handlungszusammenhang, in dem Menschen mit verschiedenen Motiven und Handlungsmustern in ihren ökonomischen Rollen als Produzenten oder Konsumenten zusammen agieren bzw. dort, wo es um die Erstellung von Dienstleistungen geht, im identischen Produktions- und Nutzungsprozess diese Dienstleistung gestalten." (Biesecker & Kesting, 2003, S. 312)

Die einseitige Orientierung der Gesundheitsökonomik am neoklassischen Paradigma (vgl. Kapitel 5.3.1) be- bzw. verhindert unter anderem die ökonomische Bearbeitung von Fragen aus interdisziplinärer Perspektive. Gerade im Bereich des Pflegesystems ist aber diese Interdisziplinarität von hoher Relevanz. Eine umfassende Übertragung neoklassischer als auch neoinstitutioneller Elemente auf die Pflegeökonomik bietet Wessels (2019) in seinem Lehrbuch zur Pflegeökonomie (Wessels, 2019) (vgl. Kapitel 6.1).

Als Ausgangspunkt für die Überlegungen zur Entwicklung einer Pflegeökonomik soll nochmals auf die theoretischen Aspekte der Neoklassik (ca. 1870–1930) und ihrer bedeutenden Vertreter Vilfredo Pareto („Cours d'Economie Politique", 1897), Leon Walras („Elements of Pure Economics, or the Theory of Social Wealth", 1874) und Irving Fisher

(„The Purchasing Power of Money", 1911) zurückgegriffen werden (vgl. Kapitel 5.3). Als zentrale Inhalte dieser theoretischen Strömung gelten insbesondere folgende Aspekte (Erlei et al., 2007, S. 43 ff.; Horsch et al., 2005, S. 49 ff.; Richter & Furubotn, 2003, S. 13):

– Effiziente Allokation der knappen Ressourcen auf einem vollkommenen Wettbewerbsmarkt ohne Transaktionskosten.
– Allen Gütern kann ein Wert zugeordnet werden und Individuen haben diesbezüglich rationale und stabile Präferenzen.
– Die Individuen maximieren ihr Einkommen, die Unternehmen maximieren den Gewinn.
– Die Individuen handeln unbeeinflusst voneinander und verfügen über ein vollständiges Informationsniveau (d. h. keine Informationsasymmetrie).
– Der Preis eines Gutes wird determiniert durch den Wert, den es in den Augen der Konsument(inn)en aufweist.

Damit einhergehend begann auch das Modell des „Homo oeconomicus" an Popularität zu gewinnen (vgl. Kapitel 5.3.1), das materiellen Gewinn als zentrales Handlungsziel definiert und immaterielle Aspekte (z. B. Empathie) des menschlichen Handelns unberücksichtigt lässt. Insbesondere pflegerische Tätigkeiten können in diesem Kontext nur schwer positioniert werden. Soll eine Bewertung der Pflege aus der Perspektive der Neoklassik stattfinden, so kann festgehalten werden, dass es zu einer Verdrängung der intrinsischen Motivation der Pflege durch das neoklassisch fokussierte (und oftmals auch utilitaristisch geprägte) Management kommt, dessen Fokus klar erkennbar auf einer optimalen Versorgung der Patient(inn)en unter der Prämisse der Mittelknappheit liegt. Diese neoklassische Prägung schließt einen mangelnden Einfluss der Pflegekräfte auf wichtige pflegerische Entscheidungen mit ein. Besonders eindrücklich wird dies bei Allokationsentscheidungen von Ressourcen empfunden. Die Pflegenden befinden sich somit in einem ausgeprägten Missverhältnis zwischen hoher Verantwortung gegenüber ihren Patient(inn)en und einem durch mangelndes Mitspracherecht geprägten Gefühl der Machtlosigkeit (Newbold, 2005, S. 373 ff.).

Wie aus den Ausführungen erkennbar wird, weicht sowohl das Verhalten der Patient(inn)en (Nachfrager/-innen) wie auch jenes der Pflegenden (Anbieter/-innen) stark von den Axiomen des Homo-oeconomicus-Modells (d. h. Rationalität und individuelle Nutzenmaximierung) ab, was zu einer schwerwiegenden Divergenz zwischen den Modellannahmen und dem realen Versorgungskontext führt, der durch begrenzte Rationalität, intrinsische Motivation und inter- sowie intraprofessionelle Teamarbeit geprägt ist.

Den Rahmen für die Pflegeökonomik bilden die Marktökonomie nach der theoretischen Richtung des Institutionalismus sowie die Versorgungsökonomie mit dem Konzept des Vorsorgenden Wirtschaftens. Beide benötigen einen „anderen Blick" auf die Marktökonomie, damit die Versorgungsökonomie sich überhaupt entfalten kann. Diese alternative Betrachtung der Marktökonomie folgt nicht der Mainstream-Ökonomie, sondern dem Institutionalismus. Der Institutionalismus hat seine Wurzeln in der Deutschen Historischen Schule, dem Pragmatismus sowie der Evolutionstheorie von

Darwin (Reuter, 1994; Thiele, 2004) und betrachtet den Markt als Ort institutionalisierter Handlungszusammenhänge (vgl. Kapitel 3.3.2).

6.3.1 Struktur der Erbringung von Pflegeleistungen

Ähnlich wie in der Gesundheitsökonomik ist auch bei der Pflege – aus einer ökonomischen Perspektive – eine komplexe, stark geregelte marktähnliche Struktur vorzufinden. Beim Lebensrisiko „Krankheit" sind es die gesetzlichen und privaten Krankenversicherungen (vgl. hierzu Abbildung 18), beim Lebensrisiko „Pflegebedürftigkeit" ist es die Soziale Pflegeversicherung (vgl. hierzu Abbildung 4), welche die Pflegeleistungen im Rahmen der gesetzlichen Verpflichtung finanzieren. Zusätzlich bestehen zahlreiche Regelungen für soziale Schwache, bei denen der Staat für die Versorgungskosten aufkommt. Im Gegensatz zu vielen anderen Leistungen des Gesundheitswesens hat bei Pflegeleistungen die Beziehung zwischen Patient(inn)en und Pflegenden eine spezielle Bedeutung. Der Erfolg von Pflegemaßnahmen, Compliance und Adhärenz der Patient(inn)en und Motivation beider Akteure sind von dieser Beziehung abhängig. Pflegeleistungen sind „personenbezogene Dienstleistungen", d. h. sie werden von einer leistungserbringenden Person an einer Person oder mit einer Person erbracht. Typisch ist, dass die direkte Beteiligung von Anbieter/-in und Nachfrager/-in erforderlich ist („Uno-actu-Prinzip"), d. h. Produktion und Konsum der Dienstleistung fallen zeitlich und räumlich zusammen (Gross & Badura, 1977, S. 361 ff.). Die Beteiligung der Leistungsempfänger/-innen an diesem Prozess kann aktiv oder passiv sein (Abbildung 23).

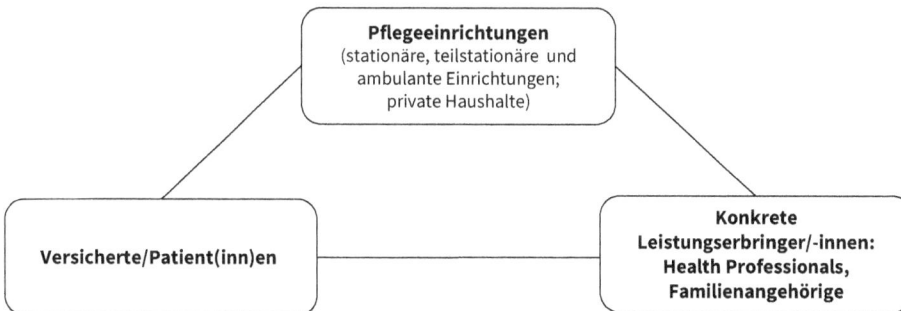

Abbildung 23: Dienstleistungsdreieck (Eigene Darstellung in Anlehnung an Heskett, 1986, S. 31 ff.).

Während viele medizinische Gesundheitsleistungen (diagnostisch und therapeutisch) oft eher den Charakter von sachbezogenen und technischen Dienstleistungen haben, trifft dies für die Pflege weniger zu. Die soziale und kommunikative Beziehung zwischen den Pflegenden und den Pflegebedürftigen hat eine besondere Bedeutung. Mit dieser speziellen Situation hat sich die Dienstleistungsökonomik schon seit geraumer Zeit befasst (Corsten & Gössinger, 2005; Heskett, 1986; Stampfl, 2011). In seiner frühen theoretischen Auseinandersetzung mit dem Charakter personaler Dienstleistungen hat Heskett ein Modell mit ebenfalls drei Dimensionen entwickelt (Heskett, 1986, S. 1ff.). Er betont damit, dass wohl eine vertragliche Vereinbarung zwischen leistungserbringender Organisation und den Leistungsempfänger(inne)n besteht, in welcher im Wesentlichen Leistungsstandards, Leistungsqualität und Leistungsumfang definiert werden. Die konkrete Leistungserbringung erfolgt jedoch nicht durch die Organisation, sondern durch deren Mitarbeiter/-innen. Da Qualität und Wirkung personenbezogener Dienstleistungen stark von der Beziehungsarbeit der konkreten Dienstleister/-innen abhängig sind, kommen der Ausbildung (Fachkompetenz), den kommunikativen und sozialen Kompetenzen sowie den Arbeitsbedingungen, die den Rahmen für die Leistungserstellung bilden, eine große Bedeutung zu. Stimmen diese nicht mit den Erwartungen und Kompetenzen von Patient(inn)en und Pflegenden überein, ist es längerfristig nicht möglich, qualitativ hochstehende und kundengerechte Leistungen zu erbringen.

Da auch die Pflegeleistungen unter den Rahmenbedingungen und Marktstrukturen des Gesundheitswesens (vgl. Kapitel 5.3) erbracht werden, gilt es für die Pflegeökonomik das Modell entsprechend dem Charakter der Produktion der Pflegeleistung auszuweiten. In einem ersten Schritt gilt es zu berücksichtigen, dass Pflegeleistungen sowohl in Zusammenhang mit dem Lebensrisiko „Krankheit" wie auch mit dem Lebensrisiko „Pflegebedürftigkeit" zu beachten sind. Dies gilt ungeachtet, ob sie durch professionell Pflegende oder durch Laien im Rahmen der Angebote von SGB V und/oder SGB XI oder durch Eigenmittel von Patient(inn)en, Familien oder Angehörigen erbracht werden. Im letzteren Fall spielen oft weitere Versicherungseinrichtungen eine Rolle (vgl. Kapitel 3.5; Abbildung 4). Dies bedeutet, dass die in Deutschland übliche Trennung in Gesundheitsökonomik (Leistungen nach SGB V) und Pflegeökonomik (Leistungen nach SGB XI) zu verwerfen ist. In Ergänzung oder an Stelle der durch das formelle Gesundheits- bzw. Pflegesystem erbrachten Pflegeleistungen kommt die durch Familie und Angehörige organisierte oder erbrachte Pflege. Da dieses informelle Pflegesystem (vgl. Kapitel 6.4) eine wichtige Rolle spielt, ist auch dieses in die pflegeökonomische Analyse miteinzubeziehen. Auch die häuslichen Settings müssen stimmen, damit diese Leistungen bedarfsgerecht in guter Qualität und längerfristig sichergestellt werden können.

Dies bedeutet, dass das ökonomische Modell zwingend um die konkreten Leistungserbringer/-innen ergänzt werden muss, da die Beziehungsarbeit der Pflegenden von zentraler Bedeutung für die Ergebnisse der Pflege ist. Das gesundheitsökonomische Dreieck ist mit dem Dienstleistungsdreieck zu kombinieren, woraus ein Viereck der Pflegeökonomik entsteht, welches sich für die Analyse dieses Leistungsbereichs als nützlich erweist (Abbildung 24).

Die Pflegeökonomik im engeren Sinne muss sich mit fünf „Teilmärkten" beschäftigen: Behandlungs-, Pflege- und Betreuungsmarkt, Behandlungsvereinbarung, Arbeitsmarkt, Leistungsmarkt und Versicherungsmarkt. Die sechste Beziehung zwischen Finanzierer und konkreten Leistungserbringer(inne)n ist im heutigen Gesundheitssystem noch kaum ausgeprägt, am ehesten etwa im Bereich der Pflegeversicherung mit dem Bezug von Geldleistungen durch Patient(inn)en (und damit an die pflegenden An-

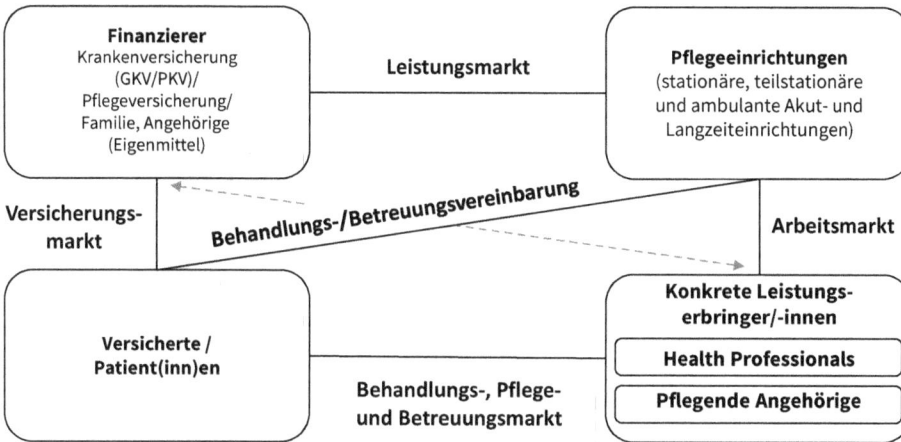

Abbildung 24: Pflegeökonomisches Marktviereck mit seinen Teilmärkten (Eigene Darstellung).

gehörigen oder an andere Leistungserbringer/-innen). In Krankenhäusern werden heute Pflegebudgets verhandelt (vgl. Kapitel 6.3.4), dies jedoch auf Basis verschiedener Standards und weniger aufgrund konkreter Pflegesituationen.

Auch in Zusammenhang mit den Diskussionen um Qualität in der Gesundheitssystementwicklung findet man die Vorstellung eines vierdimensionalen Modells zur Leistungserstellung. Im Triple-Aim-Modell (Berwick et al., 2008) werden drei Qualitätsanforderungen an Gesundheitsleistungen gestellt. Sie sollen zu einer „Verbesserung der Patientenerfahrung" führen, aber auch zu einer „Verbesserung der Gesundheit der Bevölkerung" und in der Folge zu einer „Senkung der Gesundheitskosten pro Kopf". Da viele Gesundheitsleistungen, insbesondere pflegerische und therapeutische Leistungen, aus den Komponenten fachliche Leistungen und Beziehungs- und Kommunikationsarbeit bestehen, erhält die Rolle der Leistungserbringer/-innen eine besondere Bedeutung. Das Triple-Aim-Modell wurde daher um die Dimension „Verbesserung der Situation der Leistungserbringer/-innen zum Quadruple-Aim-Modell erweitert (Arnetz et al., 2020; Bodenheimer & Sinsky, 2014). Damit wird der Tatsache Rechnung getragen, dass die Leistungsqualität – insbesondere der Beziehungsaspekt – sehr stark von der konkreten Arbeitssituation der Health Professionals (wie personelle Ausstattung, Team, Infrastruktur, Unternehmenskultur usw.) abhängig ist. Diese Überlegungen decken sich mit anderen Arbeiten zur Qualität in der Pflege (vgl. u. a. Büscher & Krebs 2022, insbesondere S. 163 ff.). Auch sie stellen fest, dass die Pflegequalität nicht nur von den fachlichen Kompetenzen der Pflegenden, sondern auch von den zur Verfügung stehenden Ressourcen und der jeweiligen Organisationskultur und -struktur abhängig ist.

Um das Pflegesystem verstehen zu können ist es nun wichtig, auf Basis des erweiterten Modells die Teilmärkte nicht nur in Bezug auf konkrete Pflegesituationen einzuordnen, sondern diese auch aggregiert, d. h. auf regionaler und nationaler Ebene, zu analysieren und mit den Zusammenhängen mit Gesellschaft, Staat und Selbstverwaltung zu sehen (Abbildung 25). Dabei ist zu beachten, dass die Märkte für Pflegeleistungen ebenso weit vom Ideal vollkommener Märkte entfernt sind, wie in der Gesundheitsökonomik diskutiert (vgl. Kapitel 5.3). Zwischen Leistungserbringer/-in und Leistungsempfänger/-in findet keine direkte Preisbildung statt. Hingegen findet man – wie bei Gesundheitsleistungen – Informationsasymmetrien, vielleicht etwas weniger ausgeprägt, da zumindest in der Grundpflege mehr Erfahrungen bei Patient(inn)en und Angehörigen vorliegen und aufgrund der oft langandauernden Pflegeabhängigkeit auch die Behandlungspflege durch die Leistungsempfänger/-innen besser beurteilt werden können (vgl. Kapitel 5.3.2). Die Ausspielung von Anbieterdominanz und Marktmacht ist auch in der Pflege zu beobachten. Dies zeigt sich etwa bei Knappheit oder bei der Existenz regionaler Monopole von stationären oder ambulanten Pflegeangeboten oder aber bei der Festlegung der Pflegegrade. Die Anreize für eine angebotsinduzierte Nachfrage (vgl. Kapitel 5.3.3) sind weniger ausgeprägt. Allerdings kann bei Knappheit des Angebots an Pflegenden, von diesen die Qualität und der Leistungsumfang reduziert werden. Das Bestehen der Gesetzlichen Krankenversicherung oder der Sozialen Pflegeversicherung hat sicher einen Einfluss auf die Leistungsnachfrage (vgl. Kapitel 5.3.4). Allerdings ist der Spielraum relativ klein, wird doch der Pflegegrad durch Dritte bestimmt und sind die Pflegeleistungen zeitlich und inhaltlich relativ stark standardisiert und vorgegeben. Interessant und vielfach diskutiert sind hingegen die externen Effekte von Pflegeabhängigkeit und Pflegeangeboten (Kapitel 5.3.5). Diese wirken sich sehr direkt auf die Familien- und die sozialen Netze der pflegebedürftigen

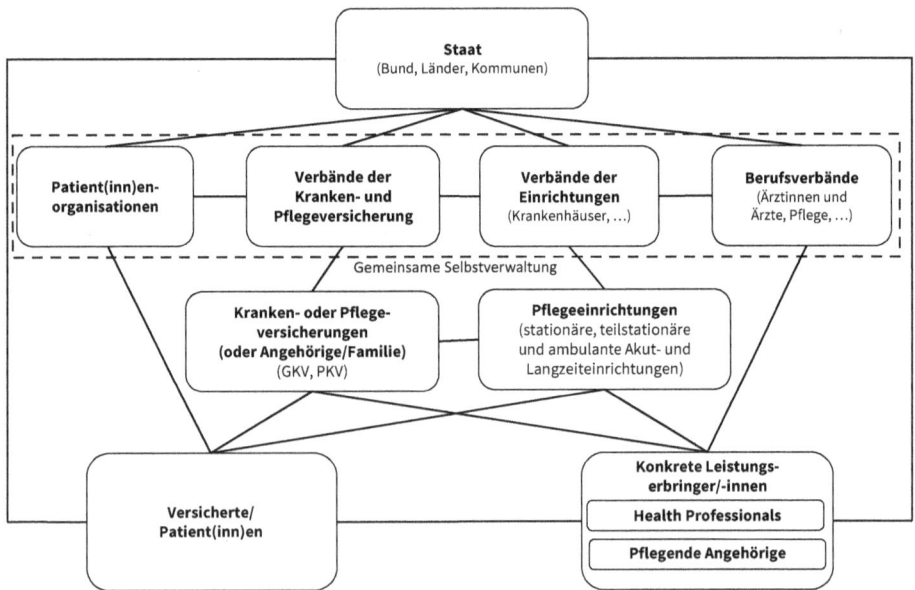

Abbildung 25: Um Staat und Selbstverwaltung erweitertes pflegeökonomisches Marktviereck (Eigene Darstellung).

Personen und damit auf das informelle Pflegesystem (vgl. Kapitel 6.4) aus. Insbesondere das Problem der Überforderung der Angehörigen durch die Übernahme der Pflegetätigkeit wird häufig in der Literatur diskutiert (Gerain & Zech, 2019, S. 1 ff.).

Bei der Analyse der Pflegemärkte sind die Behandlungs- und Betreuungssituationen und die konkrete Leistungserbringung im formellen und im informellen Pflegesystem zu betrachten, die Quantität und Qualität der pflegerischen Versorgung zu bewerten (Rothgang & Larisch, 2014, S. 211 ff.; Welton & Harper, 2016, S. 7 ff.) und die Bedarfsplanung darzustellen. Im Arbeitsmarkt geht es um die Analyse von Beschäftigungszahlen, Einkommensentwicklungen und um Prognosen von Angebot und Nachfrage nach Pflegefachkräften oder im Versicherungsmarkt um die Finanzierung, um Ausgaben- und Beitrags(-satz-)projektionen.

Bei diesen Teilmärkten ist genau zu betrachten, ob es um den formellen oder informellen Pflegebereich, d. h. die Pflege durch Angehörige nach dem Pflegeversicherungsgesetz, handelt.

6.3.2 Behandlungs-, Pflege- und Betreuungsmarkt (Health Professional und Patient/-in)

Aus pflegeökonomischer Perspektive unterteilt sich der Behandlungs-, Pflege- und Betreuungsmarkt – ausgehend vom Pflegebedarf – in die beiden Phasen der Leistungsbereitstellung sowie der Leistungsinanspruchnahme und dem Leistungsergebnis (Abbildung 26).

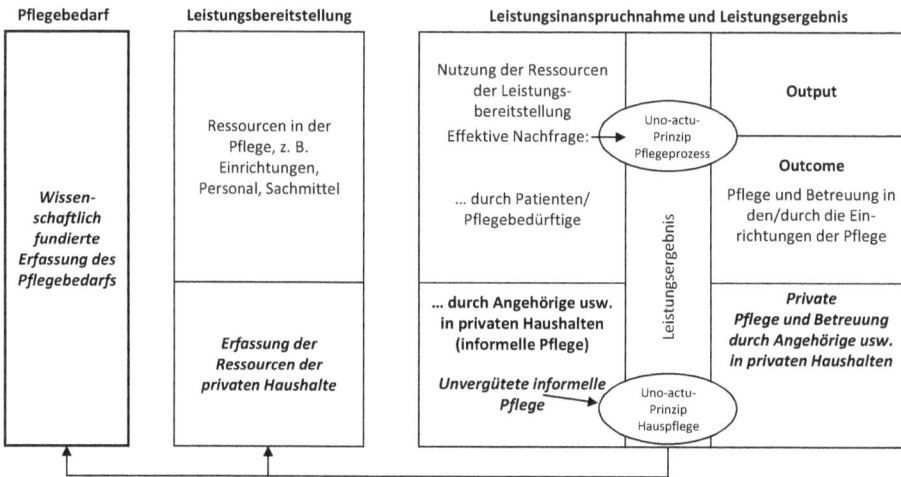

Kursiv: Noch nicht ausreichend fundiert und dokumentiert.

Abbildung 26: Leistungserbringung in der Pflege (Eigene Darstellung in Anlehnung an Thiele & Güntert, 2007, S. 787).

„Der Pflegebedarf gibt an, wieviel Pflege für die Gesamtheit [der Kranken und] der Pflegebedürftigen erforderlich ist, um sie entsprechend den pflegewissenschaftlichen Erkenntnissen zu versorgen. Der Pflegebedarf wird mit beeinflusst von der jeweiligen Pflegeauffassung und den praktizierten Pflegekonzepten." (Thiele & Güntert, 2007, S. 788)

Der Pflegebedarf müsste jeweils auf der Makro-, Meso- und Mikroebene aufgrund pflegewissenschaftlicher Evidenz festgelegt werden. Trotz großer Fortschritte in der pflegewissenschaftlichen Forschung bei einzelnen Krankheitsbildern oder Patientengruppen fehlen bereichsübergreifende Ergebnisse noch weitgehend. Auf der Makroebene werden – wenn überhaupt – aggregierte Prognosen aufgrund von Erfahrungsdaten verwendet, um den Pflegebedarf abzuschätzen und die Ergebnisse in die Diskussion der Selbstverwaltung und der Politik zu bringen. Konkretere Überlegungen werden auf der Mesoebene, d. h. durch die Träger von Einrichtungen unter Berücksichtigung des Versorgungsziels, der Zielgruppen, verschiedener Pflegestandards und unter Nutzung von Pflegeaufwand-Messsystemen gemacht. Auf der Mikroebene sind es die Pflegenden selbst, welche die konkreten Pflegebedarfe der zu betreuenden Personen festlegen.

„Vom Pflegebedarf ist das tatsächliche Pflegeangebot, die Leistungsbereitstellung, zu unterscheiden. Die Leistungsbereitstellung dokumentiert, welche Ressourcen in welchem Umfang in welchen Einrichtungen bereitstehen. Auch in Privathaushalten werden beträchtliche Ressourcen für die Pflege von Angehörigen zur Verfügung gestellt." (Thiele & Güntert, 2007, S. 788)

Bei der Leistungsbereitstellung geht es darum, bedarfsgerecht die Anzahl an Pflegepersonen mit dem richtigen Grade-Mix, Pflegehilfsmittel und die benötigten Budgets bereitzustellen. Voraussetzung dafür sind entsprechende Ausbildungsmöglichkeiten und Rekrutierungsstrategien. Auch dies geschieht wieder auf den verschiedenen Systemebenen. Eine zentrale Rolle spielen dabei die Gesundheitspolitik, insbesondere auf Länderebene, aber auch die Berufs- und Fachverbände, welche ihre Interessen in der Selbstverwaltung vertreten.

„Im Rahmen der Leistungsinanspruchnahme wird nachgewiesen, in welchem Umfang die tatsächlich angebotenen Leistungen nachgefragt, das heißt wie die bereitgestellten Ressourcen genutzt werden. Die Inanspruchnahme wird einerseits von den Health Professionals (bzw. von deren professionellen Standards; d. V.) bestimmt [...]." (Thiele & Güntert, 2007, S. 788) Allerdings sind es nicht immer die Pflegenden, die die konkrete Inanspruchnahme definieren. In der Akutversorgung wird die Behandlungspflege meist durch Ärztinnen und Ärzte festgelegt, in der Langzeitpflege durch den Medizinischen Dienst mittels der Einstufung der Patient(inn)en in die verschiedenen Pflegegrade. Allerdings beeinflussen auch Angehörige die konkrete Nachfrage, abhängig von der Tragfähigkeit des privaten sozialen Netzes, ihrer Unterstützungsmöglichkeiten und Präferenzen und damit des informellen Pflegesystems (vgl. Kapitel 6.4). Von zentraler Bedeutung sind jedoch die Kranken bzw. Pflegebedürftigen selbst, die bei der Inanspruchnahme immer mitwirken („Uno-actu-Prinzip") und mit ihrer Gesundheitskompetenz, Compliance und Adhärenz das Pflegeergebnis maßgeblich beeinflussen (Thiele & Güntert, 2007, S. 788).

Die pflegewissenschaftliche Forschung ist auch hier stark gefordert. Wohl wurden verschiedene Methoden entwickelt, um die erbrachten Pflegeleistungen („output") zu messen (z. B. Leistungserfassung in der Pflege (LEP) (Augurzky & Finke, 2023, S. 233 ff.; Isfort, 2002, S. 497 ff.)), die in der Praxis auch Anwendung finden. Bezüglich der Beurteilung der Ergebnisse der Pflege („outcome") besteht noch ein großer Forschungsbedarf. Erste Ansätze unter Nutzung von Patient-Reported Experience Measures (PREMs) und Patient-Reported Outcome Measures (PROMs) (Mihaljevic et al., 2022, S. 861 ff.; van Rooijen et al., 2023, S. 132 ff.) oder die Nutzung von Zielerreichungs-Modellen (Goal Attainment Scaling (GAS) (Clair et al., 2022, S. 1 ff.)) zeigen, dass es möglich ist, die Evidenz der pflegerischen Maßnahmen und Konzepte nachzuweisen und damit auch wieder Rückschlüsse auf den Pflegebedarf und die Leistungsbereitstellung zu ziehen.

6.3.3 Versicherungsmarkt (Versicherungsnehmer/-in und Versicherung)

Die Grundidee von Märkten ist, dass die Anbieter/-innen im Wettbewerb untereinander kundenspezifische Leistungsangebote entwickeln, die sich inhaltlich, preislich und bezüglich Kundenkommunikation und -service differenzieren (Meffert et al., 2018, S. 267 ff.). Damit erhalten die Nachfrager/-innen entsprechende Wahlmöglichkeiten zwischen verschiedenen Optionen. Dies war teilweise auch die Überlegung, als im Jahr 1996 in Folge des Gesetzes zur Sicherung und Strukturverbesserung der gesetzlichen Krankenversicherung (Gesundheitsstrukturgesetz (GSG)) der Versicherungswettbewerb bei den Krankenversicherungen geschaffen wurde (§ 4a SGB V) (Illing, 2022, S. 104 ff.).

Allerdings war ein echter Markt mit Produktdifferenzierung und Preisbildungsmechanismus (vgl. auch Kapitel 5.3) politisch nicht gewollt, da mit der Gesetzlichen Krankenversicherung und der Sozialen Pflegeversicherung ein weitgehend homogener Versicherungsschutz für alle realisiert werden soll. Bei den Versicherungen im Gesundheitswesen in Deutschland kann man zunächst einen Teilmarkt für Pflichtversicherungen sowie einen Teilmarkt für freiwillige Zusatzversicherungen unterscheiden, wobei Zusatzversicherungen nur von privaten Versicherungen angeboten werden können. Die Trägerinstitutionen sowohl der gesetzlichen Krankenkassen als auch der Pflegekassen sind rechtsfähige Körperschaften des öffentlichen Rechts mit Selbstverwaltung (§ 29 SGB IV). Die Pflegekassen sind zwar haushälterisch eigenständig, jedoch sind die Organe der Krankenkassen ebenfalls die Organe der jeweiligen Pflegekassen (§ 46 SGB XI). Die privaten Versicherungsunternehmen firmieren hingegen als Aktiengesellschaft oder als Versicherungsverein auf Gegenseitigkeit (VVaG).

Grundsätzlich müssen alle Personen in Deutschland über eine Kranken- und Pflegeversicherung verfügen. Je nachdem, welche individuellen Voraussetzungen erfüllt sind, ist man in der GKV pflichtversichert (§ 5 SGB V), freiwillig gesetzlich versichert

(§ 9 SGB V) oder kann in die PKV wechseln. Für die GKV-Mitglieder besteht darüber hinaus unter bestimmten Voraussetzungen die Möglichkeit, Kinder, Ehepartner/ -innen und Partner/-innen in eingetragenen Lebenspartnerschaften kostenfrei mitzuversichern (§ 10 SGB V). Auch die aus anderen EU-Staaten und der Schweiz stammenden erwerbstätigen Personen in Deutschland unterliegen einer Versicherungspflicht, sowohl in der Gesetzlichen Krankenversicherung als auch der Sozialen Pflegeversicherung (§ 20 Abs. 1 SGB XI). Bei Überschreiten der Jahresarbeitsentgeltgrenze (66.600 Euro im Jahr 2023) tritt Versicherungsfreiheit ein (§ 6 SGB V), das heißt, es besteht die Möglichkeit, entweder freiwillig in der GKV zu verbleiben oder in eine private Krankenversicherung zu wechseln. Freiwillig GKV-Versicherte sind in der Pflegekasse der jeweiligen gesetzlichen Krankenkasse pflichtversichert (§ 20 Abs. 3 SGB XI). Privat krankenversicherte Personen sind verpflichtet, sich auch privat gegen das Risiko der Pflegebedürftigkeit zu versichern, können dies jedoch ausschließlich bei einer privaten Pflegeversicherung tun (§ 23 SGB XI).

Die Wechselbereitschaft von Versicherungsnehmer(inne)n in wettbewerbsorientierten Versicherungsmärkten wird allgemein durch die folgenden Faktoren determiniert: Preis, Qualität und Service der Versicherung, und seitens der Versicherungsnehmer/ -innen durch Alter, Gesundheitszustand, Bildungsniveau und ggf. Abschluss einer Zusatzversicherung (Boonen et al., 2016, S. 339 ff.). Ein Versicherungswechsel ist nur dann ökonomisch vorteilhaft, wenn die durch die Versicherungsnehmer/-innen wahrgenommenen Vorteile die Wechselkosten übersteigen (Duijmelinck et al., 2015, S. 664 ff.). Grundsätzlich können alle GKV-Versicherten (mit Ausnahme der Mitglieder der landwirtschaftlichen Krankenkasse (§ 146 SGB V)) ihre Krankenkasse frei wählen, wobei es eine zwölfmonatige Bindungsfrist vor einem erneuten Wechsel zu beachten gilt. Es bestehen jedoch Sonderkündigungsrechte, z. B. im Fall einer Erhöhung des kassenindividuellen Zusatzbeitrags (§ 175 Abs. 4 SGB V). Wenngleich diese Wahloption der Mitglieder auch marktähnliche Elemente aufweist, so bleibt festzuhalten, dass typische Strukturen freier Märkte (z. B. Konsumentensouveränität) durch die gesetzliche Versicherungspflicht limitiert werden. Bis zur Einführung des allgemeinen Beitragssatzes in Höhe von 14,6 % des Bruttoarbeitsentgelts (§ 226 SGB V, § 241 SGB V) konnten die einzelnen Krankenkassen ihren Beitragssatz individuell festlegen. Somit bestand auch die Möglichkeit eines Preiswettbewerbs, da Kostenvorteile an die Versicherten weitergegeben werden konnten. Empirische Studien zeigten im internationalen Vergleich (USA, Schweiz, Niederlande) eine stärker ausgeprägte Preiselastizität (Veränderung der Versicherten bei steigender oder sinkender Prämie der Krankenkasse) bei der Wahl von gesetzlichen Krankenkassen in Deutschland (Pendzialek et al., 2016, S. 5 ff.). Gegenwärtig besteht die Möglichkeit, die Krankenkassenbeiträge versicherungsspezifisch festzulegen, nur noch eingeschränkt im Rahmen der kasseninduviduellen Zusatzbeiträge (§ 242 SGB V).

Aufgrund der institutionellen Rahmenbedingungen in Deutschland kann bei der sozialen Pflegepflichtversicherung – noch begrenzter als in der Gesetzlichen Krankenversicherung – nicht von einem tatsächlich existierenden Markt (vgl. Kapitel 5.3) ausgegangen werden. Wie oben bereits beschrieben, sind alle GKV-Pflichtmitglieder auch Pflichtmitglieder in der Sozialen Pflegeversicherung. Es besteht also eine Versicherungspflicht, jedoch ohne Wahlfreiheit hinsichtlich der einzelnen Versicherungsunternehmen, da eine Mitgliedschaft automatisch in einer bei der jeweiligen Krankenkasse errichteten Pflegekasse erfolgt (§ 48 Abs. 1 SGB XI). Auch sind die Leistungen der Pflegekassen identisch, es bestehen also keine Differenzierungsmöglichkeiten wie im Rahmen der Gesetzlichen Krankenversicherung. Ein Wettbewerb um Mitglieder in der Sozialen Pflegeversicherung findet somit nicht statt.

Der Markt für Zusatzversicherungen weist deutlich mehr Charakteristika eines freien Marktes auf, hier bestehen für die Versicherungsunternehmen bessere vertragliche Gestaltungsmöglichkeiten hinsichtlich Laufzeit und Umfang (z. B. ambulante, stationäre und zahnärztliche Wahlleistungen) des Versicherungsschutzes. Die abgesicherten Risiken können genauer definiert werden, da den Versicherungsunternehmen mehr Möglichkeiten zur Verfügung stehen, existierende Informationsasymmetrien durch detaillierte Risikobewertungen aufzulösen und somit eine adverse Selektion zu reduzieren (van Winssen et al., 2018, S. 757 ff.). Dennoch bestehen drei Phänomene, die zu Abweichungen von perfekten Märkten führen können: Adverse Selektion, Cream Skimming und Moral Hazard (vgl. hierzu auch Kapitel 5.3.4) (Leidl, 2008, S. 193 ff.).

In Deutschland dürfen die gesetzlichen Krankenkassen nur Zusatzversicherungen vermitteln, diese jedoch nicht in Konkurrenz zu privaten Versicherungen anbieten (Bundessozialgericht Az.: B 1 KR 34/18 R). Internationale Erfahrungen (z. B. aus der Schweiz und den Niederlanden) zeigen, dass – sofern diese Einschränkung nicht existieren würde – die Wechselbereitschaft der Versicherungsnehmer/-innen durch das kombinierte Angebot von Policen für Hauptversicherung und Zusatzversicherung möglicherweise eingeschränkt werden könnte, da diese Konstellation die Transaktionskosten (Wechselkosten) (vgl. Kapitel 5.3.1) erhöht (Dormont et al., 2009, S. 1339 ff.; Holst et al., 2022, S. 1 ff.; Lamiraud & Stadelmann, 2020, S. 992 ff.; Willemse-Duijmelinck et al., 2017, S. 1085 ff.). Mit dem Inkrafttreten des Gesetzes zur Modernisierung der gesetzlichen Krankenversicherung (GKV-Modernisierungsgesetz) zum 1. Januar 2004 wurden die gesetzlichen Krankenkassen ermächtigt, ihren Versicherten auf Basis einer entsprechenden Satzungsregelung den Abschluss von Zusatzversicherungen in Kooperation mit privaten Versicherungsunternehmen zu vermitteln (§ 194 SGB V), um den gesetzlichen Krankenversicherungsschutz zu ergänzen. Entsprechende Regelungen gelten für die Vermittlung privater Pflegezusatzversicherungen (§ 47 SGB XI). Bereits zum Zeitpunkt dieser Gesetzesänderung zeigten Umfragen, dass annähernd zwei Drittel der GKV-Versicherten im Alter von 20 bis 79 Jahren bereit sind, eine entsprechende Versicherung abzuschließen, wobei Selbstselektionseffekte zu verzeichnen waren, d. h. gesunde und besserverdienende Versicherte waren eher zum Abschluss einer Police bereit, als kranke Personen mit häufigen ärztlichen Kontakten (Uschold et al., 2005, S. 594 ff.).

Die Absicherung durch Zusatzversicherungen ist in der letzten Dekade in Deutschland kontinuierlich gestiegen. Aktuell (Stand: 2021) verfügen knapp 6,5 Mio. Personen über eine Zusatzversicherung zum GKV-Schutz für Wahlleistungen im Krankenhaus und 22,2 Mio. Personen über eine Zusatzversicherung zum GKV-Schutz insgesamt. Die private Pflegezusatzversicherung soll eine Absicherung gegen mögliche Finanzierungslücken im Pflegefall bieten. Gegenwärtig (Stand: 2021) verfügen rund 4,2 Mio. Menschen in Deutschland über eine individuelle oder betriebliche Pflegeversicherung (Verband der Privaten Krankenversicherung e.V., 2023).

Mit der Einführung im Jahr 1995 war die Soziale Pflegeversicherung lediglich als Teilkaskoversicherung konzipiert worden, d. h. die Kosten der Pflege werden nicht vollumfänglich übernommen. Sie hat also einen subsidiären (d. h. unterstützenden) Charakter (Greß, 2018, S. 149). Private Versicherungsunternehmen bieten deshalb Pflegetagegeldversicherungen als Zusatzversicherungen an, die unter bestimmten Umständen seit dem 1. Januar 2013 auch staatlich gefördert werden. Diese als „Pflege-Bahr" (benannt nach dem damaligen Bundesgesundheitsminister Daniel Bahr) bezeichneten Policen umfassen eine staatliche, einkommensunabhängige Förderung in Höhe von fünf Euro pro Monat (60 Euro pro Jahr) und können bei einem Eigenbetrag von mindestens zehn Euro pro Monat für Versicherungsnehmer/-innen ab dem 18. Lebensjahr gewährt werden (§ 127 Abs. 1 SGB XI). Ein zentrales Charakteristikum ist die fehlende Gesundheitsprüfung beim Vertragsabschluss. Es besteht Kontrahierungszwang (§ 127 Abs. 2 Nr. 3 SGB XI) und somit aus Sicht der Versicherungsunternehmen die Gefahr einer adversen Selektion. Zulagenberechtigte Personen müssen entweder in der Sozialen oder Privaten Pflegeversicherung versichert sein, eine auf ihren Namen lautende förderfähige Pflegezusatzversicherung abgeschlossen und noch keine Leistungen aus der Pflegeversicherung bezogen haben (§ 126 SGB XI). Leistungen aus diesen Verträgen können nach einer Wartezeit von maximal fünf Jahren in Anspruch genommen werden (§ 127 Abs. 2 Nr. 6 SGB XI). Ziel dieser staatlichen Subvention war es, mehr Menschen zum Abschluss einer Pflegezusatzversicherung zu bewegen. Die institutionelle Ausgestaltung dieses Teilmarktes – insbesondere fehlende Risikoprüfung, Prämienregulierung und die Koexistenz von subventionierten und nicht subventionierten Policen – birgt jedoch das Risiko der adversen Selektion, da nicht subventionierte Produkte für Personen mit geringem Risiko günstiger sein dürften (Nadash & Cuellar, 2017, S. 588 ff.).

6.3.4 Leistungsmarkt (Versicherung und Leistungserbringer/-in)

Die zentrale Idee von Leistungsmärkten ist ein Wettbewerb um Verträge. Die Basis dafür sind definierte Leistungskataloge und Vergütungsregeln. Die Vergütung pflegerischer Leistungen ist im Rahmen der Gesetzlichen Krankenversicherung (SGB V) und der Sozialen Pflegeversicherung (SGB XI) unterschiedlich geregelt. Grundsätzlich ist ein Leistungswettbewerb in der Gesetzlichen Krankenversicherung nur eingeschränkt möglich, da ca. 95 % der GKV-Regelleistungen (§ 20 SGB V ff.) durch den Gemeinsamen Bundesausschuss (G-BA) konkretisiert werden und somit für alle Krankenkassen identisch sind. Lediglich im Rahmen von Satzungsleistungen (§ 11 Abs. 6 SGB V) können die Krankenkassen in geringerem Umfang versorgungs-spezifische Schwerpunkte setzen, um sich von den Mitbewerbern im Markt zu differenzieren. Im Rahmen der Sozialen Pflegeversicherung sind die Leistungen ebenfalls vorgegeben, die Möglichkeit zur Gewährung von Satzungsleistungen besteht hier nicht. Grundsätzlich können die GKV-Versicherten zwischen unterschiedlichen Leistungsanbieter(inne)n wählen, jedoch sind die Charakteristika von freien Märkten hier nicht erfüllt, da „[...] die finanziellen Konsequenzen der Wahlentscheidungen der Versicherten [...] ausgesprochen gering sind. Dies ist die Konsequenz dessen, dass die Gesetzliche Krankenversicherung sich an der Deckung des Bedarfs gesundheitlicher Versorgung der gesetzlich Versicherten orientiert. Im Gegensatz dazu finanziert die gesetzliche Pflegeversicherung nur einen Teil des Bedarfs an Pflegeleistungen der Versicherten." (Greß, 2018, S. 149)

Eine Betrachtung des Leistungsmarkts, auf dem Konsumentscheidungen über die Inanspruchnahme von pflegerischen Leistungen getroffen werden, ist deshalb nur vollständig, wenn auch die Ausgaben der privaten Haushalte („out-of-pocket costs") für pflegerische Leistungen, die ggf. nicht von den Sozialversicherungsträgern übernommen werden, einbezogen werden. Somit haben Konsumentscheidungen auf dem Leistungsmarkt der ambulanten und stationären Pflege oftmals erhebliche Auswirkungen auf die Pflegebedürftigen, da auch die Eigenanteile in den letzten Jahren kontinuierlich gestiegen sind (Verband der Ersatzkassen e. V. (vdek), 2023, S. 60). In diesem Zusammenhang sind drei Ebenen zu nennen, auf denen Pflegebedürftige bzw. deren Sachwalter/-innen Entscheidungen mit Bezug zum ambulanten und stationären Leistungsmarkt in der Pflegeversicherung treffen müssen (Greß, 2018, S. 149):

- Ebene 1: Entscheidung zwischen Pflegesachleistung und Pflegegeld respektive einer Kombinationsleistung (ambulante pflegerische Versorgung).
- Ebene 2: Entscheidung zwischen dem Verbleib in der eigenen Häuslichkeit oder einem Umzug in eine stationäre Pflegeeinrichtung (Schnittstelle ambulante und stationäre Pflege).
- Ebene 3: Entscheidung über Ort und Umfang der stationären Langzeitpflege in Abhängigkeit des Eigenanteils sowie der individuellen finanziellen Leistungsfähigkeit.

Die Finanzierung der Leistungsanbieter/-innen von pflegerischen Leistungen erfolgt über verschiedene Abrechnungseinheiten und Vergütungssystematiken. In der stationären Krankenhausversorgung wurde in jüngerer Vergangenheit die Vergütung der Pflege neu geregelt und aus den bisherigen Fallpauschalen (Diagnosis Related Groups) in ein eigenständiges Pflegebudget überführt. So wurden ab Januar 2020 auf der gesetzlichen Grundlage des Pflegepersonal-Stärkungsgesetzes (PpSG) tiefgreifende Veränderungen an dem der stationären Abrechnung zugrundeliegenden Fallpauschalensystem auf Basis der German Diagnosis Related Groups (G-DRG) vorgenommen. Dies führte zu einer Ausgliederung der Pflegepersonalkosten mit einer Finanzierung über ein separates Pflegebudget. Der Pflegeanteil wurde analog zu der bisherigen G-DRG-Vergütung in ein krankenhausindividuelles Pflegebudget, das dem Selbstkostendeckungsprinzip unterliegt, überführt. Somit gilt eine pflegerische Versorgung, die „direkt am Bett" erfolgt, nach der Logik des Gesetzgebers als per se wirtschaftlich und wird entsprechend von den Krankenkassen auch übernommen. Aus Sicht der Pflegedirektionen dürfte diese Entwicklung jedoch zu weitgehenden Anpassungen der Arbeitsprozesse und der Personalsituation auf bettenführenden Stationen (u. a. Skill- und Grade-Mix) sowie zu weiteren Konsequenzen für das Berufsbild der Pflege führen (Kaltenbach, 2021, S. 317 ff.).

In der stationären Langzeitpflege (Pflegeheim) ist die Abrechnungseinheit der Patient(inn)entag bzw. tagesgleiche Pflegesatz, welcher die Kosten für Pflege und soziale Betreuung vergütet und in Abhängigkeit des Pflegegrads variiert. Darüber hinaus fallen bei der stationären Langzeitpflege weitere Kosten an:

- Kosten für Verpflegung und Unterkunft („Hotelkosten")
- Investitionskosten (§ 82 SGB XI)
- Ausbildungskosten (§ 7 Abs. 1 Nr. 2 und 3 PflBG)
- ggf. Kosten für Zusatzleistungen (auf der Basis individueller – und somit marktähnlicher – Vereinbarungen)

Die Pflegeversicherung beteiligt sich nur anteilig an den Kosten für Pflege und Betreuung sowie an den Ausbildungskosten der Auszubildenden in der Altenpflege und Altenpflegehilfe. Das bedeutet, die Bewohner/-innen müssen für die Pflege ab Pflegegrad 2 einen einrichtungseinheitlichen Eigenanteil leisten, der – wenngleich unabhängig vom Pflegegrad – je nach Pflegeheim unterschiedlich hoch ausfallen kann. Auch die Kosten für Verpflegung und Unterkunft, auf die Bewohner/-innen umlagefähige Investitionen (z. B. für Umbau-, Modernisierungs- oder Instandhaltungsarbeiten) sowie ggf. Zusatzleistungen sind von den Bewohner/-innen selbst zu tragen (§ 82 SGB XI). Da in der Pflegeversicherung der Grundsatz ambulant vor stationär gilt, erhalten Bewohner/-innen mit Pflegegrad 1 von der Pflegekasse nach aktuellem Stand lediglich 125 Euro (was einen entsprechend hohen Eigenanteil zur Folge hat), da diese vorrangig ambulant gepflegt werden sollen. Nach einem BGH-Urteil sind Pflegeheime generell verpflichtet, taggenau abzurechnen und zwar unabhängig davon, ob die Bewohner/-innen in einer gesetzlichen Pflegekasse versichert sind oder eine private Pflegeversicherung abgeschlossen haben (Az.: III ZR 225/20). Da die kontinuierlich steigenden Eigenanteile der Pflegekosten für die Heimbewohner/-innen langfristig nur noch schwer zu finanzieren waren, wurden im Rahmen des Gesetzes zur Weiterentwicklung der Gesundheitsversorgung (GVWG) zum 1. Januar 2022 nach Aufenthaltsdauer gestaffelt Leistungszuschläge eingeführt (§ 43c SGB XI), um den Eigenanteil an den pflegebedingten Aufwendungen zu begrenzen (Tabelle 19):

Tabelle 19: Aufenthaltsabhängige Leistungszuschläge 2023
(Eigene Darstellung in Anlehnung an § 43c SGB XI).

Aufenthaltsdauer im Pflegeheim (in Monaten)	Leistungszuschlag zum Eigenanteil
0–12	5 %
13–24	25 %
25–36	45 %
> 36	70 %

Die Höhe des Leistungszuschlags ist somit von der Dauer der Leistungsinanspruchnahme in vollstationären Pflegeeinrichtungen abhängig und steigt mit zunehmender Dauer an. Somit reduziert sich mit der Aufenthaltsdauer auch die Höhe des Eigenanteils.

In der ambulanten Pflege ist die Abrechnungseinheit der sogenannte Leistungskomplex pro Pflegegrad. Pflegedienste und die Pflegekassen in den einzelnen Bundesländern schließen zunächst einen Versorgungsvertrag (§ 72 SGB XI). Auf der Grundlage dieses Versorgungsvertrags können die Pflegedienste die Leistungen mit der entsprechenden Pflegekasse abrechnen. Die individuelle Vergütung zwischen Pflegediensten und Pflegekassen wird in einer zusätzlichen Vergütungsvereinbarung geregelt (§ 89 SGB XI). Bei Vorliegen eines Pflegegrads erfolgt die Abrechnung bis zum jeweiligen pflegesatzspezifischen Höchstsatz direkt mit der Pflegekasse. Darüber hinausgehende Pflegeleistungen werden den Pflegebedürftigen privat in Rechnung gestellt.

Insbesondere die Kosten der stationären Pflege überschreiten die finanzielle Unterstützung durch die Soziale Pflegeversicherung. Diese wurde bei ihrer Gründung bewusst als „Teilkaskoversicherung" etabliert, d. h. für die Finanzierung einer in Anspruch genommenen pflegerischen Versorgung sind neben den monetären Zuflüssen durch die Sozialleistungsträger auch private Vermögenswerte heranzuziehen. So kostete durchschnittlich die Versorgung von Pflegebedürftigen mit Pflegegrad 5 in Deutschland im Jahr 2021 monatlich etwa 3.945 Euro (Verband der Ersatzkassen e. V. (vdek), 2022, S. 58), wohingegen der Leistungsbetrag nach § 43 SGB XI der Sozialen Pflegeversicherung lediglich 2.005 Euro betrug. Dies verdeutlich die soziale Problematik, da das Risiko der Pflegebedürftigkeit – bei steigenden Kosten der Pflege – für die Angehörigen der Pflegebedürftigen auch mit hohen finanziellen und sozialen Risiken verbunden ist. Die nachfolgende Aufstellung gibt einen Überblick über ausgewählte Leistungen der Sozialen Pflegeversicherung im Jahr 2023 in Abhängigkeit des jeweiligen Pflegegrads (Tabelle 20).

Tabelle 20: Monatliche Pflegeleistungen der Sozialen Pflegeversicherung 2023 nach Pflegegraden in Euro (Eigene Darstellung in Anlehnung an Verband der Ersatzkassen e. V. (vdek), 2023, S. 61).

Leistungen	Pflegegrad 1	Pflegegrad 2	Pflegegrad 3	Pflegegrad 4	Pflegegrad 5
Häusliche Pflege Pflegesachleistungen (pro Monat)	Anspruch nur über Entlastungsbetrag	724	1.363	1.693	2.095
Häusliche Pflege Pflegegeld (pro Monat)	–	316	545	728	901
Pflegevertretung durch nahe Angehörige, Aufwendungen bis 6 Wochen im Kalenderjahr	–	474	817,50	1.092	1.351,50
Pflegevertretung erwerbsmäßig, Aufwendungen bis 6 Wochen im Kalenderjahr	–	1.612	1.612	1.612	1.612
Kurzzeitpflege, Aufwendungen bis 8 Wochen im Kalenderjahr	Anspruch nur über Entlastungsbetrag	1.774	1.774	1.774	1.774
Teilstationäre Tages- und Nachtpflege (pro Monat)	Anspruch nur über Entlastungsbetrag	689	1.298	1.612	1.995
Entlastungsbetrag (pro Monat)	–	125	125	125	125
Vollstationäre Pflege (pro Monat)	125	770	1.262	1.775	2.005
Zuschlag zum Eigenanteil in der vollstationären Pflege (pro Monat)	–	zwischen 5 % und 70 % je nach Dauer des Bezugs vollstationärer Leistungen			

6.3.5 Arbeitsmarkt (Leistungserbringer/-in bzw. Institution und Health Professionals)

Die Erweiterung des gesundheitsökonomischen Dreiecks um die eigentlichen Leistungs-erbringer/-innen, die Health Professionals und betreuenden Angehörigen führt dazu, dass nicht nur die rechtliche Beziehung zwischen leistungserbringender Organisation und Leistungsempfänger/-in (Behandlungs- und Betreuungsvereinbarung), sondern auch die Arbeitssituationen Teil der Systemanalysen sind (vgl. Kapitel 6.3.1). Dass die Arbeitssituation für die Qualität der zu erbringenden Leistungen von großer Bedeutung ist, wurde oben bereits ausgeführt (Bodenheimer & Sinsky, 2014, S. 573 ff.). Die konkreten Arbeitssituationen beeinflussen jedoch auch die Berufsattraktivität, das Image des Berufs, die Rekrutierungsmöglichkeiten, Berufsverweildauer usw. und damit die Sicherung der Leistungsbereitstellung (Golombek & Fleßa, 2011, S. 3 ff.; Güntert et al., 1990; Hall, 2012, S. 16 ff.; Jerusalem et al., 2022, S. 48 ff.; Maier et al., 2023, S. 49 ff.; Them et al., 2007, S. 23 ff.). Die Arbeitssituation wird einerseits durch organisationsinterne Faktoren (z. B. Führung und Management, Personal- und Arbeitsplanung, Infrastruktur, Ausstattung, Kommunikation und Kooperation) sowie durch das Team selbst beeinflusst. Andererseits spielen auch Faktoren, die die ganze Branche betreffen (z. B. Ausbildungsmöglichkeiten und -strukturen, Personalverfügbarkeit, fachliche Kompetenzen, Abgrenzung gegenüber anderen Berufsgruppen, Entlohnung, Image des Berufes etc.) eine wichtige Rolle. Auf die innerbetrieblichen Faktoren wird im Folgenden nicht eingegangen. Damit beschäftigt sich die Betriebswirtschafts- und Managementlehre. Bei den übergeordneten Faktoren (volkswirtschaftliche Perspektive) gibt es jedoch verschiedene Themen, mit denen sich die Pflegeökonomik auseinandersetzen muss, insbesondere was Nachfrage (Pflegebedarf und Leistungsinanspruchnahme; vgl. hierzu Abbildung 26) und Angebot (Leistungsbereitstellung und Leistungsergebnis), die Finanzierung der Leistungen, der leistungserbringenden Organisationen und die Entlohnung der Leistungserbringer/-innen, aber auch was die Arbeitsmarktsituation betrifft.

In den vergangenen Jahren wurde immer wieder darauf hingewiesen, dass die Nachfrage nach Pflegeleistungen stark gestiegen ist und in Zukunft weiter steigen wird. So hat sich beispielsweise die Pflegequote (d. h. der Anteil der Pflegebedürftigen an der Gesamtbevölkerung) von 2,5 % im Jahr 2001 auf 6 % im Jahr 2021 erhöht (Statistisches Bundesamt (Destatis), 2022b). Die Zahl der Pflegebedürftigen in Deutschland betrug im Jahr 2021 rund 4,96 Mio. Personen und dürfte bis zum Jahr 2055 – rein durch die zunehmende Alterung – prognostiziert um 37 % auf rund 6,8 Mio. Menschen ansteigen (Statistisches Bundesamt (Destatis), 2023). Mit der im Jahr 2017 erfolgten Einführung eines erweiterten Begriffs der Pflegebedürftigkeit (Greif, 2017, S. 10) wird allerdings die Pflegequote bis zum Jahr 2027 noch weiter zunehmen und es werden rund 7,6 Mio. Pflegebedürftige bis zum Jahr 2055 geschätzt. In den Folgejahren wird sich die Situation der Pflegebedürftigkeit stabilisieren, da die geburtenstarken Jahrgänge der Babyboomer abgelöst werden. Auch im Krankenhausbereich geht man von einer Nachfragesteigerung nach Pflegeleistungen aus. So rechnet etwa das Deutsche Krankenhausinstitut (DKI) zwischen den Jahren 2015 und 2030 mit einer Zunahme der Krankenhaushäufigkeit von fast 20 % (Blum et al., 2019a, S. 1055 ff.).

Obwohl die Anzahl an Pflegekräften in den vergangenen Jahren stetig gestiegen ist (im Zeitraum von 2013 bis 2021 um mehr als 54.000 Fachkräfte in der Altenpflege und über 65.000 Beschäftigte in der Gesundheits- und Krankenpflege (Seyda et al., 2021, S. 3)) und heute insgesamt rund 1,68 Mio. Personen in den Pflegeberufen beschäftigt sind (Statistik der Bundesagentur für Arbeit, 2023, S. 7), zeigen sich auf der Angebots-seite sowohl in der Altenpflege wie auch in der Gesundheits- und Krankenpflege bei Pflegefachkräften, Spezialist(inn)en und Expert(inn)en größere Personallücken. Bei die-sen drei Gruppen findet man seit vielen Jahren eine Stellenüberhangsquote (d. h. Anteil offener Stellen, für die es bundesweit keine passend qualifizierten Arbeitslosen gibt) von 60 % bis über 80 % (Seyda et al., 2021, S. 4). Dies bedeutet, dass es den einzelnen Einrichtungen immer schwerer fällt, ihre offenen Stellen zu besetzen. So ergab eine DKI-Umfrage, dass im Jahr 2019 knapp 70 % (Krankenhäuser mit 100–299 Betten) bis 95 % (Krankenhäuser ab 600 Betten) der Kliniken entsprechende Stellenbesetzungspro-bleme im Pflegedienst auf Allgemeinstationen hatten (Steffen & Blum, 2021, S. 43).

Pro 100 gemeldete offene Stellen kamen rein rechnerisch nur 18 Arbeitslose in der Altenpflege sowie 33 in der Krankenpflege. Anders sieht es bei den Helfer(innen) aus. Hier standen 100 gemeldeten offenen Stellen 305 arbeitslose Helfer/-innen in der Krankenpflege bzw. 332 arbeitslose Helfer/-innen in der Altenpflege gegenüber (Tabelle 21).

Die berufsspezifische Arbeitslosenquote (d. h. es wird die Anzahl der Arbeitslosen eines Berufs zu den Erwerbspersonen des Berufs in Beziehung gesetzt) zeigt, dass of-fenbar bei den Fachkräften nicht ausreichend arbeitslose Bewerber/-innen vorhanden waren, um die Stellen zu besetzen.

Im Hinblick auf die Fluktuation zeigt sich, dass die Helfer(innen) berufe eine höhere Fluktuationsrate als die Fachkräfte aufweisen: 21,6 % begannen ein Beschäftigungsver-hältnis, 19,6 % beendeten es. Am stabilsten sind die Beschäftigungsverhältnisse bei den Fachkräften in der Krankenpflege. Im „bundeseinheitlichen Trend" liegen dagegen die Beschäftigungsverhältnisse bei den Fachkräften in der Altenpflege (Beginn: 16,4 %; Been-digung: 15,2 %) (Seibert & Wiethölter, 2021, S. 7).

Bei der Wiederbesetzung von Stellen zeigte sich, dass die Stellen für Fachkräfte in der Altenpflege rund 201 Tage und in der Krankenpflege 178 Tage vakant blieben. Damit lagen sie deutlich über dem Bundestrend von 126 Tagen. Beim Ersatzbedarf zeigte sich, dass der Anteil der über 55-jährigen Helfer/-innen in der Kranken- und Altenpflege über dem Bundestrend von 20,9 % lag, der Anteil der Fachkräfte etwas darunter (Seibert & Wiethölter, 2021, S. 7).

In den letzten Jahren gab es verschiedene Veröffentlichungen zur Frage, welche Personalmehrbedarfe sich in der Pflege für die nächsten Jahre bzw. Jahrzehnte ergeben (Bogai, 2014, S. 114 ff.). Eine Studie der Vereinten Dienstleistungsgewerkschaft (ver.di) stellte fest, dass in deutschen Krankenhäusern bereits heute mindestens 80.000 Vollzeit-pflegekräfte fehlen (Vereinte Dienstleistungsgewerkschaft (ver.di), 2018, S. 4). Aufgrund der prognostizierten steigenden Nachfrage nach Pflegeleistungen wird in einer Studie des Instituts der Deutschen Wirtschaft allein im Bereich der Altenpflege bis zum Jahr 2035 ein Mehrbedarf von 307.000 Pflegekräften in der stationären Versorgung und knapp 185.000 Pflegekräften in der ambulanten Versorgung geschätzt (Flake et al., 2018, S. 34). Die Studie „Situation und Entwicklung der Pflege bis 2030" des Deutschen Krankenhaus-instituts (DKI), die sowohl den Bedarf an Pflegekräften im Krankenhausbereich wie auch

Tabelle 21: Ausgewählte Fachkräfteindikatoren in den vier Hauptpflegeberufen in Deutschland, im Jahresdurchschnitt 2019 (Seibert & Wiethölter, 2021, S. 7).

KldB 2010	Durchschnittlich abgeschlossene Vakanzzeit der gemeldeten Stellen	Arbeitslosigkeit		Beschäftigungstrend	Ersatzbedarf	Rate der begonnenen Beschäftigungsverhältnisse	Fluktuation
		Arbeitslose pro 100 gemeldete Stellen	Berufsspezifische Arbeitslosenquote		Anteil SvB ab 55 Jahren an allen SvB		Rate der beendeten Beschäftigungsverhältnisse
	2019	2019		2013–2019	2019	2019	2019
	(in Tagen)	(Anzahl)	(in Prozent)	(in Prozent)	(in Prozent)	(Rate)	(Rate)
Helfer/-in Krankenpflege	148	305	2,7	18,6	24,2	21,6	19,6
Helfer/-in Altenpflege	142	332	8,7	38,8	23,5	21,2	19,7
Fachkraft Krankenpflege	178	33	0,5	9,9	19,1	10,0	9,6
Fachkraft Altenpflege	201	18	0,9	21,9	17,6	16,4	15,2
Insgesamt	**126**	**293**	**6,3**	**12,8**	**20,9**	**16,2**	**15,7**

Legende: SvB, sozialversicherungspflichtig Beschäftigte.

im Bereich der Altenpflege umfasst, geht von etwas weniger, allerdings immer noch von einem erheblichen Mehrbedarf aus (Blum et al., 2019b, S. 36 ff.) (Tabelle 22).

Tabelle 22: Personalbedarf Krankenhaus, stationäre Pflege, ambulante Pflege bei konstanten Personalschlüsseln bis 2030 (Blum et al., 2019b, S. 36 ff.).

Setting	VK in der Pflege 2015 (in Tsd.)	Zusätzliche Fälle bis 2030 (in %)	VK-Bedarf in der Pflege 2030 (insgesamt in Tsd.)	Zusätzlicher VK-Bedarf in der Pflege 2030 (in Tsd.)
Krankenhaus				
Status-quo-Szenario	320,9	7,8	345,9	25,0
Trendfortschreibung	320,9	19,5	383,6	62,7
Stationäre Pflege				
Status-quo-Szenario	244,0	37,3	334,9	90,9
Trendfortschreibung	244,0	21,0	295,2	51,1
Ambulante Pflege				
Status-quo-Szenario	149,2	30,0	193,9	44,7
Trendfortschreibung	149,2	48,8	222,0	72,9

Legende: Tsd., Tausend; VK, Vollkräfte.

„Für die Prognose der Pflegepersonalbedarfe bei konstanten Personalschlüsseln wird das aktuelle Verhältnis von Fällen je Pflegekraft konstant gehalten und auf die prognostizierten Fallzahlen nach dem Status-Quo-Szenario und der Trendfortschreibung bezogen." (Blum et al., 2019b, S. 18) Mit diesem Vorgehen ist klar, dass ausschließlich die Fallzahlentwicklung für die Ermittlung der Personalmehrbedarfe herangezogen wird. „Die Trendfortschreibung erfolgt mittels linearer Regressionen mit der vergangenen Entwicklung der Personalzahlen im Krankenhaus, der stationären und ambulanten Pflege als abhängige Variablen und den korrespondierenden Jahreszahlen als unabhängige Variablen." (Blum et al., 2019b, S. 19)

Wie der Tabelle 22 zu entnehmen ist, ergibt sich nach der Status-quo-Fortschreibung ein Pflegepersonalmehrbedarf bis zum Jahr 2030 von etwa 160.600 VK-Pflegekräften. Nach der Trendfortschreibung sind dies 186.700 VK-Pflegekräfte. Differenziert nach Einrichtungen ergeben sich bis 2030 folgende zusätzliche Pflegepersonal-Mehrbedarfe (Blum et al., 2019b, S. 36 ff.):

- Krankenhaus: 62.700 Vollkräfte
- Stationäre Pflege: 51.100 Vollkräfte
- Ambulante Pflege: 72.900 Vollkräfte

Bezüglich der Rekrutierung ist auch zu berücksichtigen, dass seit wenigen Jahren der Trend nach einer geringfügigen Beschäftigung stark zugenommen hat (Statistik der

Bundesagentur für Arbeit, 2023, S. 9). Dies bedeutet, dass bedeutend mehr Personen für die Besetzung der vorgesehenen Planstellen rekrutiert werden müssen.

Eine immer wieder diskutierte mögliche Ursache für die erkennbare Personallücke dürfte die Gehaltsstruktur der professionellen Pflegepersonen sein. Auf der Grundlage der Vollzeitbeschäftigten in den Pflegeberufen zeigte sich, dass die Fachkräfte in der Krankenpflege im Jahr 2021 über ein monatliches Bruttomedianentgelt von 3.547 Euro verfügten, diejenigen in der Altenpflege über 3.032 Euro; also ca. 500 Euro weniger. Der mediane Verdienst der Helfer/-innen in der Krankenpflege (2.677 Euro) sowie der Altenpflege (2.146 Euro) lag deutlich unter der der Fachkräfte; bis zu ca. 1.400 Euro weniger im Monat (Abbildung 27). Im branchenübergreifenden Vergleich zu allen Beschäftigten in der Bundesrepublik Deutschland (3.401 Euro) liegt das mediane Bruttoentgelt der Fachkräfte in der Krankenpflege knapp 150 Euro höher. Dies deckt sich in etwa auch mit der internationalen Gehaltsanalyse der Organisation for Economic Co-operation and Development (OECD). Diese stellte fest, dass in Deutschland das durchschnittliche Gehalt der Pflegenden das 1,1-Fache des allgemeinen Durchschnittseinkommens beträgt (Organisation for Economic Co-operation and Development (OECD) & European Union (EU), 2022, S. 187). Die Schlussfolgerung liegt somit nahe, dass die Fachkräfte in der Krankenpflege offenbar „gar nicht so schlecht" verdienen, wie gemeinhin angenommen. Diese Schlussfolgerung wird aber dadurch relativiert, dass viele Fachkräfte in der Krankenpflege nicht in Vollzeit, sondern in Teilzeit arbeiten. Auch wird die Tatsache ignoriert, dass die Gehälter der Pflegenden in mehreren europäischen Ländern das 1,4- oder gar 1,6-Fache des allgemeinen Durchschnittseinkommens erreichen (Organisation for Economic Co-operation and Development (OECD) & European Union (EU), 2022, S. 187).

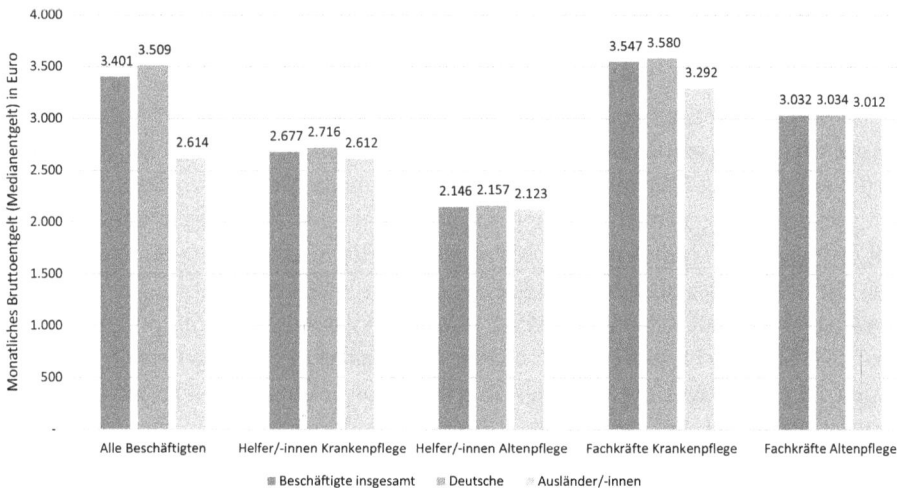

Abbildung 27: Monatliche Bruttoentgelte (Medianentgelt) von Vollzeitbeschäftigten in ausgewählten Pflegeberufen in Deutschland im Vergleich zu allen Beschäftigten, Dezember 2019 in Euro (Eigene Darstellung in Anlehnung an Seibert & Wiethölter, 2021, S. 24).

Bereits in den Ausführungen zum Gesundheitsmarkt wurde das Grundmodell der neoklassischen Wirtschaftstheorie vorgestellt (vgl. Kapitel 5.3.1). Dieses Modell mit seinen Annahmen wurde mit einigen Adaptionen auch in die Arbeitsmarkttheorie übertragen und zur Erklärung des Arbeitsmarktgeschehens herangezogen. Eine ausführliche Darlegung zum Arbeitsmarkt der Pflegekräfte ist dem Buch „Der Arbeitsmarkt für Pflegekräfte im Wohlfahrtsstaat" von Dieter Bogai (2017) zu entnehmen (Bogai, 2017). Dort sind auch Ausführungen zu grundlegenden Arbeitsmarkttheorien zu finden (Bogai, 2017, S. 45–81).

Einen anderen Ansatz zur Erklärung des Arbeitsmarktgeschehens bieten die Segmentationstheorien, die „[...] ein Ergebnis der Diskrepanz aus neoklassischen, theoretisch vollkommenen Arbeitsmarktmodellen und der demgegenüber zu beobachtenden unvollkommenen Realität des Arbeitsmarkts" sind (Sesselmeier et al., 2010, S. 273). Diese „unvollkommene Realität des Arbeitsmarkts" kann auch auf dem Pflegearbeitsmarkt beobachtet werden. So wird zwischen dem primären und sekundären Arbeitsmarktsegment getrennt. Dabei ist das primäre Arbeitsmarktsegment durch relativ stabile Arbeitsplätze und das sekundäre Arbeitsmarktsegment durch instabile Arbeitsverhältnisse gekennzeichnet (Sesselmeier et al., 2010, S. 276). Entsprechend diesem Ansatz lassen sich die Pflegearbeitskräfte dem primären Arbeitsmarkt, der Kernbelegschaft, zuordnen. Die übrigen Pflegekräfte bilden dann die Randbelegschaft im sekundären Arbeitsmarkt (Tabelle 23).

Die Pflegearbeitskräfte gelten dabei als betriebliches Beschäftigungssystem (BBS), da sie sich nach innen gegenüber anderen Arbeitsbereichen und nach außen gegenüber überbetrieblichen Arbeitsmärkten abgrenzen (Bogai, 2017, S. 69). Dieses betriebliche Beschäftigungssystem gilt als geschlossen, wenn die „Stellenbesetzung, Qualifizierung und Belohnungsbestandteile [...] sich nach den Regeln der Organisation [...]" vollziehen (Bogai, 2017, S. 69). In offenen BBS ist die Stellenbesetzung usw. von den Verhältnissen auf dem externen Arbeitsmarkt abhängig. Wie insbesondere die Tabelle 23 zeigt, lassen sich mit Hilfe dieses Ansatzes die Pflegearbeitskräfte den einzelnen Segmenten zuordnen.

Diese Überlegungen zum Arbeitsmarkt in der Pflege machen nochmals deutlich, dass in der klassischen ökonomischen Markttheorie den eigentlichen Leistungserbringer(inne)n zu wenig Beachtung geschenkt wird. Da im deutschen Sozialstaat bei Krankheit und/oder Pflegebedürftigkeit ein Anspruch auf Leistungen des Systems besteht, gibt es auch eine Verpflichtung der Kranken- und Pflegekassen zur Leistungsbereitstellung (Sicherstellungsauftrag). Dies bedeutet bei personalen Dienstleistungen mit eingeschränktem Rationalisierungspotential jedoch, dass bestehende und prognostizierte Personallücken geschlossen werden müssen. Dazu bedarf es vielfältiger staatlicher Regelungen auf der Makroebene sowie der Umsetzung von bekannten und bereits viel diskutierten Maßnahmen bei den einzelnen Gesundheitseinrichtungen auf der Mesoebene. Vordringlich ist es, die Arbeitsattraktivität der Health Professionals zu verbessern. Dabei spielt die Gehaltsfrage sicher auch eine wichtige Rolle, löst jedoch das Problem allein nicht. Auf der Makroebene geht es einerseits um den Ausbau der Ausbildungskapazitäten, die Klärung der Rollen und Aufgaben der Pflegehelfer/-innen, der Pflegefachkräfte, der Spezialist(inn)en und der Expert(inn)en untereinander und

Tabelle 23: Betriebliche Beschäftigungssysteme unter segmentationshistorischem Blickwinkel (Bogai, 2017, S. 71f.).

Qualität der Beschäftigungs- verhältnisse	Dauer der Beschäftigungsverhältnisse	
	Arbeitsmarkttyp	
	betriebliches Beschäftigungssystem (BBS) interner Arbeitsmarkt geschlossenes BBS	**berufsfachlicher bzw. Puffer- und unstrukturierter Arbeitsmarkt externer Arbeitsmarkt offenes BBS**
Primärer Arbeitsmarkt (Kernbelegschaft)	**oberes primäres BBS, geschlossen** hohe Qualifikationen und Löhne	**oberes primäres BBS, offen** mittlere Qualifikationen und durchschnittliche Löhne
	betriebsspezifische Investitionen in Humankapital	Lohnzuwächse durch zwischenbetriebliche Mobilität Transferierbarkeit durch anerkannte standardisierte Berufsabschlüsse
	längere Beschäftigungsdauer	mittlere Beschäftigungsdauer, geringe Arbeitslosigkeit
	Rekrutierung: junge Einsteiger aus interner/externer Ausbildung	Rekrutierung: Ausbildungssystem, beruflicher Arbeitsmarkt
	Motivation: Aufstiegsleitern, Sicherheitsversprechen, z. B. Betriebsrente, Effizienz- und Senioritätslöhne interne zeitliche Flexibilität	Motivation: Erhalt der Qualifikation, Weiterbildung, Betriebsklima, (Effizienz-) Löhne
	Geschäftsführer, Spezialisten, Experten Verwaltung in Pflegebetrieben	ausgebildete Fachkräfte im dualen System
	Führungskräfte in der Pflege, Pflegedienstleitung, Stationsleitung	**examinierte Pflegekräfte, inklusive Helfer in der Krankenpflege**
		unteres primäres BBS offen ähnliche Beschäftigte wie oben, aber in flexiblen Arbeitsverhältnissen Leiharbeit, Befristungen

Tabelle 23 (fortgesetzt)

Qualität der Beschäftigungs-verhältnisse	Dauer der Beschäftigungsverhältnisse	
	Arbeitsmarkttyp	
	betriebliches Beschäftigungssystem (BBS) interner Arbeitsmarkt geschlossenes BBS	berufsfachlicher bzw. Puffer- und unstrukturierter Arbeitsmarkt externer Arbeitsmarkt offenes BBS
Sekundärer Arbeitsmarkt (Randbelegschaft)	**unteres sekundäres BBS geschlossen** entsteht durch Abbau von Senioritätsrechten bei verstärktem Wettbewerbsdruck Einbußen von Senioritätsrechten, z. B nicht mehr mit Betriebszugehörigkeit steigende Lohnprofile Abdrängen in Vorruhestand bzw. niedrigere Funktionen im Betrieb	**unteres sekundäres BBS offen** Pufferarbeitsmarkt zur Abwälzung von Marktrisiken und Kostendruck geringe Qualifikationsanforderungen, niedrige Löhne kurze Beschäftigungsdauern, hohe Arbeitslosigkeit Rekrutierung: allgemeiner Arbeitsmarkt Motivation durch Aussicht auf stabilere Verhältnisse temporale Flexibilität: Minijobs, Teilzeit, Leiharbeit
	ältere Pflegekräfte	**Helfer in der Altenpflege** vollkommen unstrukturierter „Jedeperson-Arbeitsmarkt", sehr hohe Fluktuation, Hire-and-Fire-Prinzip
		Betreuungskräfte in der Pflege, hauswirtschaftliche Versorgung, Servicebereiche

zu anderen Gesundheitsberufen sowie die Abstimmung mit der Aus- und Weiterbildung (Them et al., 2007, S. 26 ff.). Andererseits müssen auch technische Innovationen und die Entwicklung digitaler Dokumentations- und Monitoringsysteme zur Entlastung der Pflegekräfte genutzt werden. Auf der betrieblichen Ebene geht es darum, die Führung, die Beteiligung der Mitarbeiter/-innen an betrieblichen Veränderungsprozessen, das Gesundheitsmanagement und die Flexibilität und Mitarbeiterorientierung der Dienstplanung zu verbessern sowie wiedereinstiegs- und altersgerechte Arbeitsmodelle einzuführen (Becka et al., 2023, S. 8 ff.; Blum et al., 2019a, S. 1058; Seyda et al., 2021, S. 6; Statistik der Bundesagentur für Arbeit, 2023, S. 12 f.). Damit sollte es gelingen, die Attraktivität der Pflegeberufe zu verbessern, die Berufsverweildauer zu verlängern, die Teilzeitquoten zu verringern und mehr junge Menschen in die Pflegeausbildung zu bringen (Steffen & Blum, 2021, S. 45). Dies könnte auch bewirken, dass relativ kurzfristig zumindest ein Teil des „schlummernden Potenzials" von

300.000 bis 600.000 nicht (mehr) berufstätigen Pflegefachkräften wieder in den Beruf zurückgeholt werden könnte (Becka et al., 2023, S. 5).

6.4 Informelle Pflege

Bereits mehrfach wurde darauf hingewiesen, dass im Gegensatz zur Medizin- oder Gesundheitsökonomik im Bereich der Pflege ein bedeutender Teil der Leistungen in informellen Pflegesettings, d. h. in und durch Familien, private soziale Netze etc., erbracht wird, mit oder ohne Unterstützung durch ambulante Pflegedienste und ohne durch Dritte bezahlte Leistungen. Diese Pflegeverhältnisse lassen sich auch mit der Erweiterung des gesundheitsökonomischen Modells um die konkreten Leistungserbringer/-innen (vgl. Kapitel 6.3.1) und der Analyse des Arbeitsverhältnisses bzw. Arbeitsmarkts nicht vollständig beschreiben, da ihnen kein formelles Arbeitsverhältnis mit einer Organisation zugrunde liegt, jedoch eine Beziehung zu den Pflegebedürftigen. Schneider (2006) lieferte eine umfassende Analyse der informellen Pflege aus ökonomischer Perspektive und ging dabei auch der Frage nach dem ökonomisch optimalen Verhältnis zwischen informeller und formeller Pflege nach (Schneider, 2006, S. 493 ff.).

Grundsätzlich ist zwischen dem formellen (d. h. Erbringung von Pflegeleistungen im Rahmen vergüteter Arbeitsverhältnisse, etwa durch ambulante Pflegedienste) und dem informellen Pflegesektor zu unterscheiden (Büscher & Krebs, 2018, S. 128). „Die informelle Pflege bezeichnet die i. d. R. von Angehörigen erbrachte Pflege, welche sowohl in häuslicher Gemeinschaft mit dem Pflegebedürftigen als auch außerhalb seiner häuslichen Umgebung wohnen können." (Schuppann et al., 2022, S. 16) Die Verwendung des Begriffs der informellen Pflege in der Literatur kann als sehr heterogen bezeichnet werden und ist abhängig von der jeweiligen nationalen oder regionalen Legislatur. Oftmals findet sich im deutschsprachigen Raum auch das Synonym der „Angehörigenpflege" (Hielscher et al., 2017, S. 23 ff.; Kaschowitz, 2021), deren begriffliche Konnotation jedoch zu kurz gefasst erscheint, da informelle Pflege neben Familienangehörigen auch von Freund(inn)en, Bekannten, Nachbar(inne)n oder anderen Personen im Rahmen ihrer sozialen Beziehung zum pflegebedürftigen Menschen erbracht werden kann. Büscher (2020) definiert häusliche respektive informelle Pflege als „[...] die Gesamtheit der pflegerischen Unterstützung in der häuslichen Umgebung eines pflegebedürftigen Menschen [...]" (Büscher, 2020, S. 56). Informelle Pflege kann jedoch auch außerhalb des Haushalts erbracht werden (Kaschowitz, 2021, S. 5). Heterogenität in der Begriffsdefinition informeller Pflege herrscht ebenso hinsichtlich der Frage, ob informelle Pflege auch monetär vergütet wird. Einige Konzepte tendieren deshalb dazu, „[...] bezahlte, aber nicht entsprechend ausgebildete Pflegende, die ihre Leistungen in privaten Haushalten erbringen, nicht mit einzubeziehen" (United Nations Economic Commission for Europe (UNECE), 2019, S. 2), informelle Pflege somit ausschließlich als unentgeltlich erbrachte Leistungen zu definieren (Kaschowitz, 2021, S. 5).

Eine trennschärfere Abgrenzung als über die monetäre Vergütung bietet die Orientierung an der hauptberuflichen Tätigkeit. Folglich sind informelle Pflegeleistungen jene, „[...] die nicht auf beruflicher Basis und [...] freiwillig [...] in Privathaushalten (erbracht werden; d. V.). [...] Gleichzeitig ist es jedoch notwendig, [...] informelle Pflegepersonen anzuerkennen und sie sowohl materiell als auch immateriell zu unterstützen." (United Nations Economic Commission for Europe (UNECE), 2019, S. 3) Ein Bezug von Pflegegeld (§ 37 SGB XI) würde somit den Begriff der informellen Pflege nicht tangieren, da die Beziehenden von Pflegegeld nicht direkt die Angehörigen bzw. sonstige informelle Pflegepersonen sondern die Pflegebedürftigen selbst sind, die über dessen Verwendung frei verfügen und es an die ehrenamtlich tätigen informell Pflegenden als „Anerkennung" weiterleiten können (Bundesministerium für Gesundheit (BMG), 2022; Wetzstein et al., 2015, S. 2). Der ehrenamtliche Charakter wird in der Realität auch dadurch erkennbar, dass nur ca. jede zehnte Pflegeperson (8 %) in Deutschland einen Pflegekurs besucht hat (Eggert et al., 2018, S. 10).

Zusammenfassend besitzt eine monetär vergütete Pflege auch informellen Charakter, solange das Entgelt unterhalb des (für diese Aktivitäten) marktüblichen Lohnes liegt oder wenn die Pflegeperson außerhalb ihres sozialen Umfeldes zu einem ähnlichen Entgelt nicht pflegen würde (van den Berg et al., 2004, S. 38).

Aus einer gesamtgesellschaftlichen Perspektive ist die informelle Pflege „[...] von zentraler Bedeutung, weil die Mehrheit der Pflegebedürftigen durch Angehörige betreut und dadurch die finanzielle Belastung für Betroffene und Staat gemindert wird. Ihr wird jedoch geringe sozialpolitische Aufmerksamkeit zuteil, weil der gesamtgesellschaftliche Wert von informeller Pflegearbeit noch immer unvollständig erfasst und in politischen Entscheidungsprozessen berücksichtigt wird." (Kappel, 2021, S. 144)

Die Situation der informell Pflegenden wurde im Pflegereport 2022 der DAK-Gesundheit mittels unterschiedlicher Methoden (repräsentative Bevölkerungsbefragung, Interviews in Pflegehaushalten sowie Auswertung von GKV-Routinedaten) analysiert. Dabei zeigte sich, dass die Tragfähigkeit dieser informellen Netze nicht unendlich ist und oft im Zeitverlauf abnimmt, was staatliche, regionale Unterstützungsmaßnahmen notwendig macht. Diese betreffen neben der finanziellen Unterstützung durch die Pflegeversicherung (Sach- und Geldleistungen) vor allem fachliche Unterstützung, Beratungsangebote und Überbrückungsangebote (z. B. Verhinderungspflege, Kurzzeitpflege etc.). Im Report werden bundeslandspezifische Good-Practice-Beispiele dazu dargestellt. Der Report kommt auch zu dem Schluss, dass pflegende Angehörige über keine Lobby verfügen und das informelle Pflegesystem daher von der Politik vernachlässigt wurde (Klie, 2023, S. 5 ff.).

Die Bedeutung der informellen Pflege zeigt sich ebenfalls anhand statistischer Daten und quantitativer Analysen. In Deutschland lebten im Jahr 2019 insgesamt etwa 4,1 Mio. pflegebedürftige Personen. Davon wurden 3,3 Mio. Pflegebedürftige durch Angehörige zu Hause versorgt. Von diesen 3,3 Mio. wurden wiederum circa 1,0 Mio. durch ambulante

Pflegedienste mitversorgt, die restlichen 2,3 Mio. durch Angehörige alleine (Statistisches Bundesamt (Destatis), 2020b, S. 18). Diese durch offizielle Statistiken erfasste informelle Pflege wird von sogenannten „[...] Pflegeperson(en) (wahrgenommen; d. V.), die nach gesetzlicher Definition eine nach § 14 SGB XI eingestufte pflegebedürftige Person nicht erwerbsmäßig in deren eigenen häuslichen Umgebung versorgt (§ 19 SGB XI)" (Schuppann et al., 2022, S. 19 f.) haben. Die informelle Pflege findet in Privathaushalten statt. Sie kann teilweise über Pflegegeldleistungen vergütet werden, wobei die Vergütung an die pflegebedürftigen Personen und nicht an die Betreuenden geht. Dazu kommen im Privathaushalt noch sogenannte Live-ins, oftmals auch als 24-Stunden-Pflege oder 24-Stunden-Betreuung bezeichnet. Unter „Live-ins, auch Betreuungskräfte in häuslicher Gemeinschaft genannt, sind Laienpflegekräfte (zu verstehen; d. V.), die mit den Pflegebedürftigen in deren häuslichen Umgebung gemeinsam leben" (Schuppann et al., 2022, S. 20). Dabei handelt es sich in der Regel um Personen ohne pflegefachliche Ausbildung, die oftmals zeitlich begrenzt (wenige Wochen oder Monate) im Haushalt der Pflegebedürftigen leben, bevor sie abgelöst werden. Auch wenn die 24-Stunden-Betreuung oftmals im Kontext der informellen Pflege genannt wird, so handelt es sich hier doch um ein vergütetes Beschäftigungsverhältnis, dass den ehrenamtlichen Charakter vermissen lässt. Somit ist in diesem Kontext auch die Bezeichnung des „grauen" Pflegemarkts zutreffender, der den Charakter marktlicher Arrangements aufweist und eigenständig neben der stationären Langzeitpflege und der ambulanten Pflege existiert (Sachverständigenrat für Integration und Migration, 2022, S. 76). Die Anzahl der in der 24-Stunden-Betreuung tätigen Arbeitskräfte wurde für das Jahr 2019 auf zwischen 300.000 und 700.000 Personen geschätzt (Schuppann et al., 2022, S. 20).

Zur soziodemografischen Struktur der pflegenden Angehörigen liegen empirische Untersuchungen vor. Laut der Querschnittsstudie „Gesundheit in Deutschland aktuell 2012" (GEDA 2012) pflegen 6,9 % der Erwachsenen (ca. 4,7 Mio. Menschen) regelmäßig eine pflegebedürftige Person (wobei ein Drittel mindestens zwei Stunden Pflegeleistungen pro Tag erbringt). Knapp zwei Drittel (65 %) der Pflegenden sind weiblich, ein Drittel (35 %) ist männlich (Wetzstein et al., 2015, S. 1). Fuchs et al. (2023) berichten mittels Daten von 22.646 in privaten Haushalten lebenden Erwachsenen aus dem German Health Update (GEDA 2019/2020-EHIS Survey), einer bevölkerungsbezogenen Querschnittsbefragung. Von den Teilnehmer(inne)n waren insgesamt 6,5 % intensiv Pflegende (informelle Pflege ≥ 10 Stunden/Woche), 15,2 % weniger intensiv Pflegende (informelle Pflege < 10 Stunden/Woche) sowie 78,3 % Nicht-Pflegepersonen. Informelle Pflegeleistungen wurden am häufigsten von Personen in der Altersgruppe von 45 bis 64 Jahren erbracht (Fuchs et al., 2023, S. 1 ff.).

Eine Fragebogenerhebung bei 1.549 Pflegehaushalten zeigte, dass die Töchter (29 %), Ehefrauen (26 %) und Ehemänner (22 %) die größten Einzelgruppen unter den Hauptpflegepersonen bilden (Hielscher et al., 2017, S. 36 ff.). Die nachfolgende Aufstellung liefert Anhaltspunkte dafür, wer diese Sorgearbeit in welchem zeitlichen Umfang in privaten Haushalten leistet (Tabelle 24).

Sowohl mit der formellen als auch der informellen Pflegearbeit sind Kosten verbunden. Betrachtet man die Daten etwas genauer, so fällt auf, dass die informellen

Helfer/-innen (Hauptpflegepersonen, weitere Angehörige, Freunde etc.) mit insgesamt 56,7 Wochenstunden ungefähr 90 % der gesamten Betreuungszeit einbrachten, jedoch mit 81 Euro nur knapp 30 % der monatlichen Gesamtkosten für informelle Helfer/-innen und formelle Unterstützer/-innen verursachten (Tabelle 25).

Tabelle 24: Durchschnittlicher Zeitaufwand für die häusliche Pflege (Hielscher et al., 2017, S. 74).

	Zeitaufwand in Stunden pro Woche
Hauptpflegeperson	49,3
Weitere Angehörige	5,3
Freunde etc.	2,1
Pflegedienst	2,1
Im Haushalt lebende Pflegekraft	2,8
Betreuungskraft	0,3
Ehrenamt	0,1
Putzkraft	0,8
Gesamt	**62,8**

Tabelle 25: Durchschnittlicher finanzieller Aufwand für die häusliche Pflege pro Monat in Euro (Hielscher et al., 2017, S. 76).

	Kosten in €
Hauptpflegeperson	42
Weitere Angehörige	23
Freunde etc.	16
Summe Kosten informelle Helfer/-innen	**81**
Im Haushalt lebende Hilfskraft	75
Pflegedienst	45
Putzkraft	28
Tagespflege	22
Menüdienst	15
Betreuungskraft	6
Summe Kosten formelle Unterstützer/-innen	**191**
Pflegehilfsmittel	37
Medikamente	25
Fußpflege	17
Physiotherapie	6
Krankentransporte	3
Ergotherapie	2
Summe weitere Kosten	**90**
Finanzieller Gesamtaufwand	**362**

Ausgehend von einer Extrapolation der wöchentlichen Zeitbelastung für die Hauptpflegeperson ergibt sich somit rein rechnerisch ein zeitlicher Gesamtaufwand von knapp 200 Stunden pro Monat, was bei einer Vergütung von 41 Euro einem Stundenlohn von knapp 20 Cent entspricht und somit die Geringschätzung des „Wertes" der informellen Pflege widerspiegelt (Hielscher et al., 2017, S. 75).

Beim Ort der Versorgung der Pflegebedürftigen und/oder derjenigen pflegebedürftigen Personen, die bislang nicht nach SGB XI als pflegebedürftig eingestuft worden sind, spielt der Privathaushalt eine zentrale Rolle. Unklar bleibt, wie viele Pflegebedürftige es tatsächlich gibt und wie bzw. unter welchen Bedingungen sie versorgt werden. Insbesondere bezüglich der kurzfristig Pflegebedürftigen aufgrund akuter Krankheiten, die im informellen System versorgt werden, ist die Datenlage ungenügend.

Das volkswirtschaftliche Ausmaß der nicht entschädigten informellen Pflege wird in Bezug auf die von den Haushalten zu tragenden Kosten höher geschätzt als die Leistungsausgaben der Sozialen Pflegeversicherung (Kappel, 2021, S. 40), also auf weit über 42,1 Mrd. Euro im Jahr 2019 (vgl. Kapitel 4.4.1). Natürlich hat dieses Ausmaß der informellen Pflege auch Auswirkungen auf das Individuum, auf den Staat, die Gesellschaft und die Wirtschaft. Bemerkenswert ist, dass zu diesen ökonomischen Auswirkungen nur sehr wenige empirische Studien vorliegen (Ekman et al., 2021; Kappel, 2021, S. 57; McDaid & Park, 2022), obwohl dieser Bereich aufgrund des Anstiegs der Pflegebedürftigen noch weiter zunehmen wird und die Tragfähigkeit des informellen Pflegesystems die Leistungsbereitstellung für das formelle Pflegesystem entscheidend beeinflusst. Eine aktuelle US-amerikanische Studie lieferte Anhaltspunkte dafür, dass im Rahmen eines einmonatigen Untersuchungszeitraums in vielen Fällen (ca. 23 % der pflegenden Angehörigen) entweder pflegebedingte Arbeitsausfälle (Absentismus) oder eine verringerte Produktivität während der Arbeit (Präsentismus) zu verzeichnen waren, sowie sich bei Angehörigenpflege deren Arbeitsproduktivität durchschnittlich um ein Drittel reduzierte (Keita Fakeye et al., 2023, S. 712 ff.).

Die Effekte und Outcomes der informellen Pflege sind in unterschiedlicher Intensität untersucht worden. Primärer Fokus der wissenschaftlichen Untersuchungen im internationalen Kontext waren häufig die durch die informelle Pflege entstehenden Belastungen auf die pflegenden Angehörigen hinsichtlich Morbidität (z. B. muskuloskelettale und psychische Erkrankungen), Mortalität sowie finanzieller Nachteile (Vlachantoni et al., 2013, S. 114 ff.). Aus gesundheitsökonomischer Perspektive besteht hier ein erhebliches Risiko für direkte bzw. indirekte Kosten, die sich aus der informellen Pflege in der deutschen Erwachsenenbevölkerung ergeben (Fuchs et al., 2023, S. 1 ff.). Die negativen Effekte auf die Gesundheit der Pflegenden lassen sich insbesondere auf die Doppelbelastung von Berufstätigkeit und Pflegetätigkeit zurückführen (Geyer & Korfhage, 2018, S. 1 ff.).

Es gibt klare Anhaltspunkte dafür, dass die Inanspruchnahme informeller Pflege signifikant mit einem langsameren Funktionsrückgang bei den Pflegebedürftigen verbunden ist. Es wurden keine signifikanten Zusammenhänge zwischen der Inanspruchnahme informeller Pflege und depressiven Symptomen bei älteren Menschen beobachtet (Wang & Yang, 2022, S. 510 ff.).

Modelltheoretische (neoklassische) Erklärungen für die Übernahme der Hilfeleistung durch Angehörige zielen auf altruistische und strategische Verhaltensannahmen oder auf die Produktion und die Kosten der informellen Pflege ab (Kappel, 2021, S. 29 ff.). Bei den altruistischen Annahmen wird davon ausgegangen, dass die gebende Person selbstlos die Hilfe gewährt. Bei den strategischen Überlegungen spielt z. B. eine Rolle, dass die gebende Person darauf hofft, im Erbfalle auch von der ehemaligen pflegebedürftigen Person bedacht zu werden. Die Erklärungen der informellen Pflege im Hinblick auf die Zeitallokation der Pflegenden zielen auf die Frage, was einen größeren Nutzen bringt: die informelle Pflege oder die Erwerbsarbeit. Entsprechend der Humankapitaltheorie wird eine Person mit einer höheren Humankapitalausstattung die Erwerbsarbeit vorziehen (Sesselmeier & Blauermel, 1998, S. 65 ff.).

Da diese ökonomische Erklärung für den informellen Pflegebereich die Situation nur unvollständig beschreiben kann, erhalten die Ausführungen zu Sorgearbeit und Sorgesituationen immer mehr an Bedeutung (vgl. Kapitel 7.1). Erwerbs- und Sorgearbeit sollten jedoch, wie im Zweiten Gleichstellungsbericht der Bundesregierung (Deutscher Bundestag, 2017), gemeinsam betrachtet werden. „Das Gutachten für den Zweiten Gleichstellungsbericht betont, dass Erwerbs- und Sorgearbeit zusammen gedacht werden müssen. Das Gutachten betrachtet deshalb die gesellschaftliche Organisation von Erwerbsarbeit und von Sorgearbeit – und zwar sowohl von privat und unbezahlt geleisteter Sorgearbeit als auch von bezahlter Sorgearbeit. Eine Kernfrage im Gutachten lautet: Wie kann Sorgearbeit gleichstellungsorientiert gestaltet werden?" (Meier-Gräwe, 2017, S. 114) Für diese Gleichstellungsorientierung sind die Rahmenbedingungen von der Gesellschaft und damit von der Politik zu schaffen, damit alle Menschen ohne Nachteile das Erwerb-und-Sorge-Modell auch praktizieren können.

Das Erwerb-und-Sorge-Modell zeigt, dass Erwerbsarbeit und private Sorgearbeit gleichberechtigt nebeneinanderstehen. Daneben besteht noch die externe Sorgearbeit, die heute zu großen Teilen im Rahmen der Sozialen Pflegeversicherung geleistet wird (Abbildung 28).

Im Zusammenhang mit den privat zu tragenden Kosten der informellen Pflege macht sich auch folgende Verknüpfung bemerkbar: „Solange die eigenständige Haushaltsproduktion mehr Pflegeleistungen erbringt, als am Markt durch zusätzlichen Verdienst hinzugekauft werden können, ist die häusliche Pflegeversorgung für Privathaushalte ökonomisch sinnvoll und rational begründet. [...] Erhöhen sich die zu erzielenden Löhne am Arbeitsmarkt oder sinken die Marktpreise für formelle Pflegeleistungen, verringert sich auch die Haushaltproduktion von informellen Pflegedienstleistungen." (Kappel, 2021, S. 35) Somit sinkt die Attraktivität der informellen Pflege mit steigendem Einkommen.

Da bei ökonomischen Betrachtungen in der Regel die Erwerbs- und Sorgearbeit nicht gleichstellungsorientiert betrachtet werden, wurden im Zweiten Gleichstellungs-

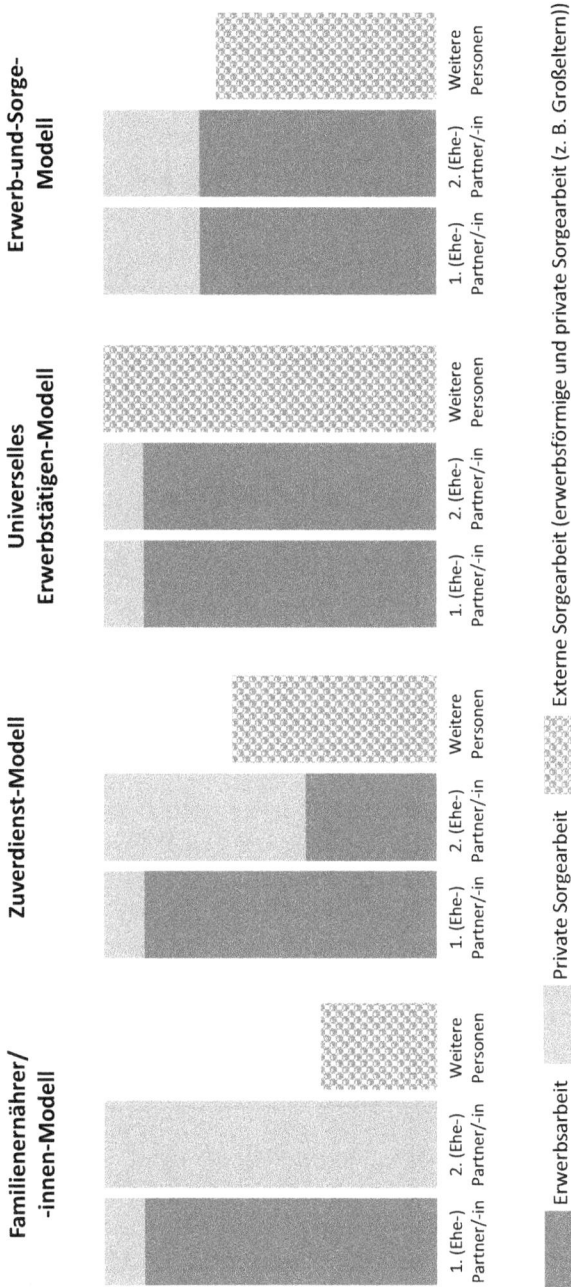

Abbildung 28: Verschiedene Arrangements von Sorge- und Erwerbsarbeit in Paarbeziehungen (Institut für Sozialarbeit und Sozialpädagogik e. V. & Geschäftsstelle Zweiter Gleichstellungsbericht der Bundesregierung, 2017, S. 3).

bericht folgende Handlungsempfehlungen aufgestellt (Deutscher Bundestag, 2017, S. 116 ff.):

I.   Gleichstellung in der abhängigen Erwerbsarbeit
II.   Berufswahl und berufliche Weiterbildung
III. Gleichstellung in der selbstständigen Erwerbsarbeit
IV.   Aufwertung der erwerbsförmigen Sorgearbeit
V.   Rahmenbedingungen und Infrastruktur der Sorge für Kinder
VI.   Rahmenbedingungen und Infrastruktur der Sorge für pflegebedürftige Personen
VII. Rahmenbedingungen und Infrastruktur der privaten Haushaltsführung
VIII. Der Wiedereinstieg in die Erwerbsarbeit
IX.   Anreize bei der Ressourcen- und Arbeitsteilung in Ehe und Eingetragener Lebenspartnerschaft
X.   Rente und Alterssicherung: Bilanz des Lebenslaufs

Diese Handlungsempfehlungen beziehen sich auf alle Lebensbereiche, speziell auf die informelle Pflege und Betreuung und nennen Schritte, wie die Gleichstellung erreicht werden kann. Allerdings fehlen im Zweiten Gleichstellungsbericht zeitliche Ziele (bis wann) und Verantwortlichkeiten (durch wen) diese Empfehlungen umgesetzt werden müssen.

Eine wesentliche Erweiterung dieses Ansatzes findet sich im Modell von Bischofberger (Bischofberger, 2021). Sie plädiert dafür, dass ein Perspektivenwechsel in der Gesundheitswelt zu erfolgen hat: von der Versorgungslogik zur Vereinbarungslogik (Bischofberger, 2021, S. 217 ff.).

Damit fokussiert sie auf die konkreten Leistungserbringer/-innen, indem sie ausführt, „[...] dass die angestammte Optik auf die kranke oder betreute Person hin zu einer Vereinbarungslogik und damit auch auf die Bedürfnisse der erwerbstätigen Angehörigen auszuweiten ist [...]. Allerdings ist die Gesundheitsversorgung in ihrer vielfältigen Ausgestaltung – anders als etwa familienergänzende Strukturen für kleine gesunde Kinder – nicht *wegen* der Vereinbarkeit von Beruf und Familie entstanden, sondern sie orientiert sich historisch vielmehr am kranken, verunfallten oder sterbenden Menschen und wirkt kurz- oder langfristig in das Leben dieser Menschen ein." (Bischofberger, 2021, S. 217 f.)

Damit dieser grundlegende Perspektivenwechsel auch wahrgenommen wird, wird in einem nächsten Schritt die Vereinbarungskompetenz als Denk- und Handlungsfigur eingeführt (Bischofberger, 2021, S. 222 ff.). Die Gleichstellung der Erwerbs- und Sorgearbeit wirkt sich auf der individuellen Ebene, der Ebene der sozialen Netze und auf der organisationalen Ebene aus, indem die Erwerbssituation in soziale Beziehungen einbezogen wird.

6.5 Erwartete Wirkungen der Pflegeökonomik im Versorgungssystem

Zurzeit haben in Deutschland Fragen um die Sicherung und Weiterentwicklung der pflegerischen Versorgung der Bevölkerung ein großes mediales Interesse und nehmen in der politischen Diskussion einen wichtigen Stellenwert ein (Wagner, 2019, S. 10 ff.). Dabei geht es vor allem um Fragen der Personalknappheit und damit indirekt um die Sicherstellung der pflegerischen Qualität und um Fragen der Priorisierung von Leistungen auf bestimmte Bevölkerungsgruppen. Pflegeökonomik muss – um einen Beitrag in dieser wichtigen politischen Debatte leisten zu können – die pflegerische Leistung mit ihren Charakteristika als personale Dienstleistung verstehen, nicht nur als Pflegevereinbarung zwischen Patient(inn)en und leistungserbringender Organisation. Dazu ist allerdings ein klarer Fokus auf die konkrete Situation der Leistungserbringung, d. h. auf die Beziehung zwischen Patient(inn)en bzw. Bewohner(inn)en und Pflegenden, auf die professionellen und institutionellen sowie die rechtlichen Rahmenbedingungen, aber auch auf die Erwartungen der verschiedenen Akteure und auf die gesellschaftlichen Auswirkungen notwendig. Erforderlich dabei ist, dass die Pflege sowohl in Bezug auf SGB V und SGB XI sowie die informelle Pflege berücksichtigt wird.

Da das DRG-System im Verlauf der Zeit zu Stellenabbau geführt und sich negativ auf die Situation der Pflege im Krankenhaus (SGB V) ausgewirkt hatte, wurde mit der Einführung des Krankenhausentgeltgesetzes (KHEntgG) im Jahr 2020 eine neue Finanzierungsbasis für diesen Bereich definiert (§ 15 KHEntgG). Zuzüglich zur pauschalen Vergütung der übrigen Betriebskosten wird die „Pflege am Bett" nach dem Selbstkostendeckungsprinzip abgegolten. Mit dem Pflegebonusgesetz vom 28. Juni 2022 wurden die Ansätze für die Pflege erhöht. Primäres Ziel der Politik war es, mit diesen gesetzlichen Regelungen die Pflege im Krankenhaus zu sichern und der Pflege einen Rechtsanspruch auf die zwischen Krankenhaus und Versicherungen verhandelten Ressourcen zu geben.

Mit dem Pflegeversicherungsgesetz vom 1. Januar 1995 (zweite Stufe zum 1. Juli 1996) wurden verschiedene Ziele für die pflegerische Versorgung unter dem SGB XI aufgestellt, die nachfolgend im Überblick dargestellt werden (Rothgang, 1997, S. 39) und als Analyseraster dienen:
- „Allokation
  - Steigerung der Qualität der Pflegeleistungen
  - Schaffung einer ausdifferenzierten Infrastruktur für ambulante Pflege und Förderung der Rehabilitation
  - Sicherung des Vorrangs der ambulanten gegenüber der stationären Pflege
  - Steigerung der (technischen) Effizienz der Leistungserstellung
  - Verhinderung einer Überinanspruchnahme von Leistungen
- Distribution
  - Entlastung der Sozialhilfeträger (institutionelle Verteilung)
  - Beendigung der pflegebedingten Sozialhilfeabhängigkeit (personelle Verteilung)
  - Sozialverträgliche Finanzierung der Leistungen (personelle Verteilung)

- Stabilität
  - Verhinderung einer sog. „Kostenexplosion" in der Pflegeversicherung
  - Begrenzung der Beitragslast."

Bereits bei einer ersten Durchsicht der genannten Aspekte zeigt sich, dass viele der Ziele von damals aus retrospektiver Betrachtungsweise als nicht erfüllt angesehen werden können. In den folgenden Unterkapiteln sollen deshalb ausgewählte Aspekte anhand aktueller empirischer Ergebnisse untersucht werden.

6.5.1 Allokation

Die Frage der gesamt- und einzelwirtschaftlich effizienten Leistungserstellung stand sowohl im SGB V wie auch im SGB XI im Zentrum der sozialen Konstruktion des Behandlungs-, Pflege- und Versorgungssystems. Es wurde bewusst von der Politik auf die Mitwirkung privater Träger bei der Leistungserstellung hingewirkt. So befanden sich im Jahr 2019 von den insgesamt 1.914 Krankenhäusern rund 28,5 % in öffentlicher (Betten: 47,7 %), 33,7 % in freigemeinnütziger (Betten: 33,0 %) und 37,8 % in privater (Betten: 19,3 %) Trägerschaft (Statistisches Bundesamt (Destatis), 2021c, S. 8). Auch bei den Leistungsanbietern nach SGB XI findet man eine sehr gemischte Trägerschaft (Tabelle 26).

Tabelle 26: Ambulante Dienste und Pflegeheime nach Trägerschaft 2011–2019 (Eigene Darstellung in Anlehnung an Gesundheitsberichterstattung des Bundes, 2020).

	2011	2015	2019
Ambulante Pflegedienste			
Private Träger	7.772 (62,9 %)	8.670 (65,1 %)	9.770 (66,5 %)
Freigemeinnützige Träger	4.406 (35,7 %)	4.461 (33,5 %)	4.720 (32,1 %)
Öffentliche Träger	171 (1,4 %)	192 (1,4 %)	198 (1,4 %)
Dienste insgesamt	12.349 (100,0 %)	13.323 (100,0 %)	14.688 (100,0 %)
Pflegeheime			
Private Träger	4.998 (40,5 %)	5.737 (42,2 %)	6.570 (42,7 %)
Freigemeinnützige Träger	6.721 (54,4 %)	7.200 (53,0 %)	8.115 (52,8 %)
Öffentliche Träger	635 (5,1 %)	659 (4,8 %)	695 (4,5 %)
Heime insgesamt	12.354 (100,0 %)	13.596 (100,0 %)	15.380 (100,0 %)

Das Ziel einer ausdifferenzierten Pflege- und Versorgungsinfrastruktur dürfte damit erfüllt sein.

Während im internationalen Vergleich die ambulante Akutversorgung noch schwach ausgeprägt ist, wurden im Jahr 2019 doch vier von fünf Pflegebedürftigen (80 %) zu Hause versorgt. Der Anteil der zu Hause betreuten Pflegebedürftigen stieg im Zeitraum von 2011 bis 2019 um 10 % an, während der Anteil der in Pflegeheimen vollstationär versorgten Pflegebedürftigen entsprechend zurückging (Tabelle 27).

Tabelle 27: Pflegebedürfte nach Versorgungsstatus 2011–2019 (Eigene Darstellung in Anlehnung an Statistisches Bundesamt (Destatis), 2013, 2017, 2020b).

	2011	**2015**	**2019**
Pflegebedürftige insgesamt	2.500.000 (100 %)	2.900.000 (100 %)	4.100.000 (100 %)
zu Hause versorgt	1.760.000 (70 %)	2.080.000 (73 %)	3.310.000 (80 %)
in Heimen vollstationär versorgt	743.000 (30 %)	783.000 (27 %)	818.000 (20 %)

Das Ziel der Sicherung des Vorrangs der ambulanten gegenüber der stationären Pflege kann zumindest für den Bereich der Langzeitpflege als erfüllt angesehen werden. Da statistisch nur Pflegebedürftige erfasst sind, die im häuslichen Umfeld durch ambulante Pflegedienste betreut werden oder Geldleistungen der Pflegeversicherung geltend machen, ist im Bereich der informellen Pflege mit einer großen Dunkelziffer zu rechnen.

Kritisch ist hingegen die soziale Konstruktion des Systems der Langzeitpflege zu betrachten (Biesecker & Kesting, 2003, S. 315 ff.). Durch die marktliche Konkurrenzsituation und die knappen finanziellen Ressourcen hat sich ein Pflegemarkt etabliert, in dem tayloristische Arbeitsprozesse vorherrschend sind (vgl. zum Konzept des Taylorismus auch Hartzband & Groopman, 2016, S. 106 ff.). Dies liegt angesichts der notwendigen Beziehungsarbeit und der bestehenden Sorgesituationen im häuslichen Bereich nicht im Interesse einer qualitativ hochstehenden Versorgung der Pflegebedürftigen.

Ob das Ziel der häuslichen Pflege vor der stationären Pflege in Bezug auf die Anzahl der Pflegebedürftigen, der Effizienz der Versorgungsstrukturen und der Versorgungsqualität erreicht werden konnte, kann mit der aktuell verfügbaren Datenlage nicht abschließend beantwortet werden. Breite pflegewissenschaftliche und pflegeökonomische Versorgungsforschung ist notwendig, um der Selbstverwaltung und der Politik evidenzbasierte Empfehlungen für die Weiterentwicklung des Pflegesystems liefern zu können.

6.5.2 Distribution

Betrachtet man die Märkte für Pflegedienstleistungen, so zeigt sich, dass im Bereich des SGB V alle GKV-versicherten Personen bei Bedarf neben dem Anspruch auf medizinische Leistungen auch einen Anspruch auf Pflege haben. In der Praxis hängt der Umfang der Pflegeleistungen allerdings von den im Krankenhaus oder im ambulanten Pflegedienst jeweilig verfügbaren Ressourcen ab. Bei PKV-Versicherten kann der Umfang der versicherten Pflege anders vereinbart sein.

Im Rechtsverhältnis der Sozialen Pflegeversicherung ist zwischen den selbstzahlenden sowie den sozialhilfebedürftigen Heimbewohner(inne)n zu unterscheiden. Die selbstzahlenden Heimbewohner/-innen erhalten nach Abschluss des Heimvertrags Sachleistungen in den Pflegeeinrichtungen. Die Soziale Pflegeversicherung übernimmt deren Finanzierung nach den in der Selbstverwaltung ausverhandelten Ansätzen, nachdem die Bewohner/-innen ihren Pflichtbeitrag zur Pflegeversicherung in der Regel über Jahre geleistet haben. Zusätzlich erhalten die Heimbewohner/-innen auch eine Rente von der Gesetzlichen Rentenversicherung und eventuell Rentenzahlungen von weiteren Versicherungsträgern, die mit zur Finanzierung des Heimaufenthalts beitragen.

Bei den sozialhilfebedürftigen Heimbewohner(inne)n reichen die Zahlungen der Pflegeversicherung und der Gesetzlichen Rentenversicherung nicht aus, um den Heimaufenthalt zu finanzieren. Hier übernimmt der zuständige Sozialhilfeträger die restliche Finanzierung. Die Entwicklungsgeschichte des Pflegeversicherungsgesetzes war unter anderem von der Forderung nach einer finanziellen Entlastung der Sozialhilfeträger geprägt. Die Sozialabgaben für die Pflegeversicherung und die Mitfinanzierung der Pflegebedürftigkeit durch die Pflegekassen führte zunächst auch zu einer entsprechenden Entlastung: „Diese Umstellung begünstigt [...] die einkommensstärkeren Bevölkerungsgruppen. Im Vergleich zum Status quo ante bewirkt die Einführung der Pflegeversicherung daher auf der Finanzierungsseite eine ‚Umverteilung von unten nach oben‘. [...] Ein ähnlicher Effekt zeigt sich auch auf der Leistungsseite. Wurden Sozialhilfeleistungen nur den einkommensschwächeren Bevölkerungsteilen gewährt, werden die Versicherungsleistungen unabhängig von der Einkommensposition bereitgestellt. Im Vergleich zum Status quo ante nützt auch dies vor allem den Einkommensstärkeren [...].“ (Rothgang, 2009, S. 126 f.)

Die Sozialverträglichkeit der Finanzierung der Leistungen befindet sich also in einer „Schieflage“. Somit steigen insbesondere die finanziellen Belastungen der Pflegebedürftigen in der stationären Pflege, was die Gefahr impliziert, dass zukünftig mehr Pflegeheimbewohner/-innen auf Sozialhilfeleistungen angewiesen sein werden, gegenwärtig sind dies bereits 36 % (Zeit Online, 2020). Nach aktuellen Berechnungen des Verbands der Ersatzkassen e. V. (vdek) beträgt der Eigenanteil pro stationär versorgtem Pflegebedürftigen für pflegebedingte Aufwendungen, Investitionskosten sowie Unterkunft und Verpflegung im Bundesdurchschnitt insgesamt monatlich 2.179 Euro, wobei eine große Spannweite zwischen den einzelnen Bundesländern zu verzeichnen ist. Auch deshalb richten sich nun vermehrt Forderungen an die Politik, diese Eigenanteile zukünftig stärker zu begrenzen (Verband der Ersatzkassen e. V. (vdek), 2022, S. 59).

Viel weniger erforscht und völlig ungleich verteilt sind die Leistungen des informellen Systems. Diese sind von ganz unterschiedlichen und nur sehr indirekt zu beeinflussenden Faktoren (z. B. Lebensumstände, Familiengröße, soziale Netze, Erwerbssituation, Wohnsituation, verfügbares Vermögen, Kenntnisse und Fähigkeiten, soziale Verpflichtungen und vor allem Motivation der Angehörigen zur Sorge) abhängig. Die Tragfähigkeit der informellen Pflege kann bis zu einem gewissen

Grad zielgerichtet über Information und Beratung, Mitversorgung durch professionelle Pflegedienste, Entlastungsdienste und auch finanzielle Anreize gefördert werden.

6.5.3 Stabilität

Der durch die Alterung der Gesellschaft verursachte Anstieg der Hospitalisationen und der Anzahl der Leistungsempfänger/-innen (+ 76,6 % im Zeitraum von 2011–2019) lässt bereits erahnen, dass eine Beitragssatzbegrenzung als Ziel weder in der Krankenversicherung noch in der Pflegeversicherung langfristig realistisch sein wird. Dies reflektiert sich auch in den Leistungsausgaben der Sozialen Pflegeversicherung, die von 20,43 Mrd. Euro im Jahr 2011 auf 40,69 Mrd. Euro im Jahr 2019 angewachsen sind, und sich somit fast verdoppelt haben (Tabelle 28). Somit wird auch zukünftig die Frage nach dem Finanzierungsmechanismus der Sozialen Pflegeversicherung ein Schwerpunkt sein, der angegangen werden muss.

Tabelle 28: Leistungsausgaben und Leistungsempfänger/-innen am Jahresende der Sozialen Pflegeversicherung 2011–2019 (Eigene Darstellung in Anlehnung an Gesundheitsberichterstattung des Bundes, 2021a, 2021b, 2021c).

Jahr	Leistungsausgaben insgesamt (in Mrd. €)	Veränderung zu 2011 (absolut / in %)	Leistungsempfänger/-innen (in Mio.)	Veränderung zu 2011 (absolut / in %)
2011	20,89	–	2,32	–
2015	26,64	5,75 (27,5 %)	2,67	0,35 (15,1 %)
2019	40,69	19,8 (94,8 %)	4,1	1,78 (76,7 %)

Grundsätzlich kann mit Blick auf die Zunahme der Leistungsausgaben und die Anzahl der Leistungsempfänger/-innen von einem Wachstumsmarkt der Pflege in Deutschland ausgegangen werden (Heger, 2021, S. 145 ff.). Die Finanzierung für diesen Bereich muss also so ausgestaltet werden, dass dieses Wachstum einerseits nicht behindert und zugleich eine finanzielle Überforderung der Kostenträger vermieden wird. Angesichts eines starken Anstiegs der Leistungsausgaben der Pflegeversicherung um fast 95 % in nicht einmal zehn Jahren kann durchaus von einer „Kostenexplosion" in der Pflegeversicherung gesprochen werden. Somit kommt der Begrenzung der Beitragslast für die Versicherten der Sozialen Pflegeversicherung – insbesondere vor dem Hintergrund der Generationengerechtigkeit – eine besondere Bedeutung zu. Die Soziale Pflegeversicherung ist, wie alle Sozialversicherungen in Deutschland, nach dem sogenannten Umlageverfahren finanziert. Das bedeutet, dass primär die junge und somit berufstätige Generation die Hauptlast finanziert. Individuelle Rücklagen nach

Tabelle 29: Entwicklung der Beitragssätze zur Pflegeversicherung im Zeitraum 1996–2023 (Eigene Darstellung in Anlehnung an Institut Arbeit und Qualifikation der Universität Duisburg-Essen, 2023).

Jahr	Beitragssatz	Zuschlag für kinderlose Versicherte
1995	1,0 %	–
1996	1,7 %	–
2005	1,7 %	0,25 %
2008	1,95 %	0,25 %
2013	2,05 %	0,25 %
2015	2,35 %	0,25 %
2017	2,55 %	0,25 %
2019	3,05 %	0,25 %
2022	3,05 %	0,35 %
2023	3,05 %	0,35 %

dem Kapitaldeckungsprinzip waren bei der Konstruktion der Pflegeversicherung nicht vorgesehen.

Das Ziel einer Begrenzung der Beitragssätze wurde in der GKV einigermaßen erfüllt, allerdings mit negativen Folgen für die Pflege und die Arbeitssituationen in Krankenhäusern und anderen Einrichtungen. In der Pflegeversicherung kann dieses Ziel nicht als erfüllt angesehen werden, da sich seit der Einführung von Leistungen der stationären Pflege in der Pflegeversicherung der Beitragssatz für kinderlose Versicherte verdoppelt hat (Tabelle 29).

7 Fazit

Im Schlusskapitel wird aufgezeigt, dass neben der klassischen ökonomischen Marktanalyse auch andere Interpretationen von Leistungserbringung und -beanspruchung notwendig sind. Mit dem Konzept des Vorsorgenden Wirtschaftens und der Versorgungsökonomik wird die Sorgesituation in den Vordergrund gerückt. Es ist unbestritten, dass den Sorgesituationen im Bereich der informellen Pflege eine bedeutende Rolle zukommt. Allerdings kann das Konzept auch dazu dienen, bessere Erklärungs- und Gestaltungsmodelle für die professionelle Pflege zu erarbeiten. Einen weiteren Ansatz, der ebenfalls die Beziehung zwischen den Leistungserbringer(inne)n, den Pflegenden und den Leistungsempfänger(inne)n in den Vordergrund rückt, bietet die Anlehnung an das Konzept des „Value-based Health Care". Analog dazu erfordert „Value-based Nursing" Evidenz, Qualität und Transparenz sowie die klare Fokussierung auf die Erwartungen der Pflegebedürftigen und anderer Akteure. Um diese Konzepte zu operationalisieren, bedarf es jedoch weiterer pflegewissenschaftlicher und pflegeökonomischer Forschung.

7.1 Eine andere Perspektive auf die Pflege: Vorsorgendes Wirtschaften und Sorgeökonomik

Für eine Erfassung der Pflege genügen die in der Ökonomik üblichen Marktanalysen (Behandlungs-, Versicherungs- und Leistungsmarkt) auch in der um den Arbeitsmarkt erweiterten Form nicht. Der institutionalisierte Handlungszusammenhang der Pflege umfasst zudem den Familienhaushalt als soziales Unternehmen sowie das private soziale Netz. Die beiden Handlungszusammenhänge „Marktökonomik" und „Vorsorgendes Wirtschaften/Versorgungsökonomik" folgen allerdings unterschiedlichen Prinzipien (Tabelle 30).

Aus der defizitären Betrachtung der herkömmlichen Gesundheitsökonomik ist die Pflegeökonomik nicht nur gefordert, die Situation der konkreten Leistungserstellung und deren gesellschaftliche und institutionelle Rahmenbedingungen zu ergänzen, sondern unter Nutzung der Vorstellungen zu Sorgesituationen weiterzuentwickeln. Dazu ist es notwendig, dass auf die Pflege nicht nur ein marktökonomischer Blick fällt, sondern auch ein anderes Paradigma zur Anwendung kommt: der Institutionalismus (vgl. Kapitel 3.3.2).

Eine Weiterentwicklung des Institutionalismus (Biesecker & Kesting, 2003, S. 55 f.) bzw. eine Konkretisierung der Versorgungsökonomie stellt das Konzept des Vorsorgenden Wirtschaftens dar, dass von Ökonominnen in den 1990er Jahren entwickelt worden ist (Biesecker & Kesting, 2003, S. 168 ff.). Es knüpft an den Umstand an, dass die Marktökonomie den Bereich der Versorgungsökonomie größtenteils ausspart oder überhaupt nicht betrachtet.

Wie bereits ausgeführt, bildet das Konzept des Vorsorgenden Wirtschaftens eine wichtige Grundlage für die Pflegeökonomik. Anhand der aufgeführten Merkmale lässt sich zeigen, dass einige von den Merkmalen der Marktökonomik abweichen und Erweite-

https://doi.org/10.1515/9783110770780-007

Tabelle 30: Handlungstypen und Koordinationsformen (Eigene Darstellung in Anlehnung an Biesecker & Kesting, 2003, S. 176; Jochimsen, 2003, S. 42 ff.).

Merkmal	Marktökonomik		Vorsorgendes Wirtschaften/Versorgungsökonomik	
	Marktwirtschaft/ Neoklassik	Soziale Marktwirtschaft/ Institutionalismus	Sorgeökonomik	Pflegeökonomik
Nachfrager/-innen	voll handlungsfähig		eingeschränkt handlungsfähig von „Dritten" abhängig	
			von „Sorge" abhängig	krank, pflegebedürftig: Feststellung durch autorisierte Institutionen/Personen
Anbieter/-innen	voll handlungsfähig		voll handlungsfähig, jedoch als „Dritte" handelnd	
			„in Sorge" z. B. für Kinder, Betagte	„in Sorge" „Sorge" als Beruf
Institutionalisierte Handlungszusammen-hänge	Unternehmen, Märkte, Staat		Familien, Soziale Netze	Familien, Haushalte, Soziale Unternehmen (Non-Profit-Organisationen)
Güter	Private Güter und Dienstleistungen		private und öffentliche Güter und Dienstleistungen	öffentliche und private Güter und Dienstleistungen

Handlungstyp	instrumentell, Ziel sind individuelle Optima	bewusst und unbewusst, regelgebunden, mit Blick auf gesellschaftliche Optima	asymmetrisch, sorgend, vorsorgend	asymmetrisch, sorgend und umsorgend
Koordinationsmittel	Geld	Ressourcen / Normen / Werte / Sprache, Macht in Institutionen und politischen Prozessen	Normen, Sprache, Mitgefühl, Verantwortung, Regeln des Sorgens	Normen, Sprache, Mitgefühl, Macht, Verantwortung
Koordinationsformen	Markt, Preismechanismus	Verhandlungsprozesse sowie Märkte und Preise	Sorgebeziehung, Orientierung an Regeln des Sorgens, generalisierte Reziprozität	Tausch, Reziprozität (Gegenseitigkeit), (professionelle) Sorgebeziehung und Standards

rungen darstellen (Nachfrager/-innen, Anbieter/-innen, institutionalisierte Handlungszusammenhänge, Güter) und andere (Handlungstyp, Koordinationsmittel und Koordinationsformen) im Gegensatz zu Marktvorstellungen stehen (Tabelle 30). Zu den (in der
allgemeinen Ökonomik oft vernachlässigten) institutionalisierten Handlungszusammen-
hängen gehören die privaten Haushalte. In diesen werden nicht nur Marktleistungen
nachgefragt und die Arbeitskraft reproduziert, in diesen wird auch von Familienangehörigen, Freunden und Bekannten Sorgearbeit geleistet, die mit der Erwerbsarbeit koordiniert
werden muss. Die asymmetrische Ausgangsposition wird ergänzt um die Sorgebeziehung
und zielt insbesondere in der Pflegeökonomik auf die umsorgende Beziehung der Pflegenden für die Pflegebedürftigen ab. Deshalb spielt bei den Koordinationsmitteln auch die
„Pflegesprache" (das Mitgefühl) eine große Rolle. Diese pflegerische Aufgabe wird verantwortlich wahrgenommen. Dabei ist jedoch die Machtbeziehung zwischen den Pflegenden
(Pflegekräfte und Laien) und den Leistungsempfänger(inne)n (Kranke und Pflegebedürftige) zu beachten. Schließlich vollzieht sich dies alles in einer reziproken Beziehung als
Koordinationsform.

Die Pflegeökonomik ist als interdisziplinäres Fach zu verstehen, deren Menschenbild
sowie der Arbeitsbegriff anders als in der herkömmlichen Gesundheitsökonomik zu in-
terpretieren sind. Pflege („caring") orientiert sich am „Sorgen für Andere" (Biesecker &
Kesting, 2003, S. 169). Sie ist als kooperativer Prozess im sozialen Kontext zu verstehen.
Dieser kann nur gelingen, wenn von einer positiven Einstellung zur (Sorge-)Arbeit ausgegangen wird. Nach diesem Arbeitsbegriff schätzt der Mensch, der durch seine Umwelt
geprägt wird, seine „Brauchbarkeit" und Leistung. Für diesen Arbeitsbegriff ist vom Begriff der „Fürsorgerationalität" auszugehen: „Fürsorgerationalität bedarf der Arbeit be-
wusster und mitfühlender Akteure, sie kann nicht davon ausgehen, dass die Klienten
‚rational Handelnde' sind, sondern muss damit rechnen, dass Unsicherheit, Angst und
Ambivalenz wesentliche Bestandteile der Klientenrolle sind." (Waerness, 2000, S. 61)

Diese Rationalität geht also nicht – wie im herkömmlichen Konzept üblich – von
rational handelnden Nachfrager(inne)n aus, sondern von Menschen, deren Situationen u. a. durch Unsicherheit, Angst, Schmerz, Unwohlsein und einem Abhängigkeits-
gefühl gekennzeichnet sind. In der Fürsorgerationalität wird eine Mithilfe durch die
Pflegebedürftigen angestrebt (d. h. Patient(inn)en als Co-Produzent(inn)en um „[...] die
Fähigkeit des Fürsorgebedürftigen zur Selbsthilfe so lange als möglich zu stärken;
gleichzeitig muss man darauf vorbereitet sein, dass seine Hilfsbedürftigkeit größer
werden kann." (Waerness, 2000, S. 61)

Diese Hilfe zur Selbsthilfe setzt z. B. bei Ärztinnen und Ärzten bzw. Pflegefachkräften und den Institutionen, die ärztliche und pflegerische Leistungen erbringen,
voraus, dass ausreichend personelle und zeitliche Ressourcen vorhanden sind, um
diese Art der Hilfe zu gewähren.

Darüber hinaus bedarf „[...] Fürsorgerationalität und gute Fürsorge der Lebenserfah-
rung und der Fähigkeit, sich in die Situation des Einzelnen hineinzuversetzen. Solche
Qualifikationen werden im heutigen öffentlichen Hilfesystem zumeist nicht belohnt. Zugleich ist Fürsorgerationalität durchaus auf Fachkenntnisse und Fertigkeiten angewiesen,

um die Angst und die physischen und psychischen Belastungen bewältigen zu können, die häufig im Umgang mit sehr kranken und hilfsbedürftigen Menschen entstehen, und um Klienten, die in ihrem Verhalten oft stark von unseren gewöhnlichen Normen abweichen, gerecht werden zu können." (Waerness, 2000, S. 60)

Von dieser Fürsorgerationalität ausgehend muss die Pflegeökonomik auch entsprechende Konzepte für ihr Handeln entwickeln. Während in den herkömmlichen Ansätzen von eigennützig handelnden Menschen ausgegangen wird und damit die instrumentelle Orientierung im Vordergrund steht, handeln professionelle Helfer/-innen in Pflegesituationen eher sorgeorientiert, d. h. neben ihren Bedürfnissen bestimmen auch die Bedürfnisse der zu Versorgenden ihr Handeln mit.

7.2 Ausblick

Die bisherigen Ausführungen verdeutlichen eindrucksvoll die gesellschaftliche, politische, soziale und wirtschaftliche Relevanz des Pflegesektors in Deutschland. Pflegeökonomik (wie sie bisher skizziert wurde) versteht sich denn auch als eine interdisziplinäre Disziplin, die sich mit vielfältigen gesellschaftlichen, politischen, sozialen und wirtschaftlichen Fragen auf verschiedenen Ebenen auseinandersetzen muss. Dabei geht es um die Sicherstellung der gesellschaftlich erwünschten und politisch festgelegten, bedarfsgerechten und effizienten Erbringung der rechtlich zugesagten oder vertraglich vereinbarten Pflegeleistungen in der notwendigen Qualität zu tragbaren Kosten. Vor dem Hintergrund des demografischen Wandels sowie der damit einhergehenden steigenden Nachfrage nach pflegerischen Leistungen ist für die kommenden Jahre mit einem notwendigen Ausbau voll- und teilstationärer Pflegeplätze und damit auch Pflegepersonalstellen zu rechnen. Dem steht jedoch der sich seit Jahren abzeichnende Fachkräftemangel in der Pflege gegenüber (vgl. Kapitel 6.3.5). So können bereits heute viele Einrichtungen den Bedarf an Pflegefachkräften auf dem Arbeitsmarkt nicht mehr decken. Auch Bemühungen, im Zuge der Arbeitsmigration neue Fachkräfte aus dem Ausland zu rekrutieren, sind mit zahlreichen Problemen behaftet und waren bisher langfristig wenig erfolgversprechend (Rottenkolber, 2021, S. 157 ff.).

Aufgabe der Pflegeökonomik ist es, einen Lösungsbeitrag zu diesen gesellschaftlichen Problemen zu leisten. Sie beinhaltet sowohl mikroökonomische Fragestellungen (z. B. die Bewertung von Pflegeleistungen und die Kosten-Nutzen-Analyse von Pflegeinterventionen) als auch mesoökonomische Analysen von Versorgungsstrukturen (z. B. stationäre oder ambulante Pflege, Strategien zur Unterstützung der informellen Pflege) sowie makroökonomische Ansätze (z. B. nachhaltige Leistungsbereitstellung, Ressourcenbereitstellung, Modelle der Leistungsabgeltung, Finanzierung der Pflegeversicherung usw.). Dabei werden einerseits ökonomische Modelle und Instrumente wie Kosten-Nutzen-Analysen, Effizienzanalysen oder Budgetierungsverfahren verwendet. Andererseits gilt es aber auch, eher qualitative Methoden zur Erfassung der Patienten-, Angehörigen- und Mitarbeiterzufriedenheit, der Patientenerfahrung mit dem Pflegesystem (PREMs) und

Ergebnisbeurteilung durch Patienten (PROMs) einzusetzen, um eine Beurteilung von Maßnahmen sowie Systemstrukturen und -prozessen aus der Perspektive der Klient(inn)en zu ermöglichen.

Pflege wird häufig als Teil medizinischer Maßnahmen gesehen und Pflegeökonomik oft als ein Teilbereich der Gesundheitsökonomik beschrieben. Wenngleich eine inhaltliche Nähe nicht zu verneinen ist, so muss eine eigenständige Pflegeökonomik auf das Lebensrisiko „Pflegebedürftigkeit" unabhängig dessen Ursache fokussieren. Dies beinhaltet auch die institutionelle Ausgestaltung des Pflegesystems mit seinen gesellschaftlichen, politischen und sozialen Aspekten. Die Pflegeökonomik ist – analog zur Gesundheitsökonomik – eine Bindestrichökonomik. Sie stellt eine Schnittmenge aus Pflegewissenschaften, Pflegemanagement, Wirtschaftswissenschaften (Betriebs- und Volkswirtschaftslehre), Sozialwissenschaften, Politikwissenschaften, Gesundheitswissenschaften sowie Versorgungsforschung dar und entwickelt eine wissenschaftliche Theorie des Pflegewesens aus einer interdisziplinären Perspektive. Dabei ist jedoch festzuhalten, dass es sich nicht um eine eigenständige, geschlossene Theorie handelt, sondern vielmehr um die Anwendung von Ansätzen verschiedener Disziplinen – durchaus im Sinne der Abduktion (Reichertz, 2013, S. 7 ff.) – um den Pflegebereich im Interesse der Pflegebedürftigen und der Gesellschaft weiterzuentwickeln.

Keinesfalls darf es passieren, dass die Pflegeökonomik den Bereich nur aus der wirtschaftlichen Perspektive und des Risikos der Pflegebedürftigkeit betrachtet, wie es z. B. das Bundeswirtschaftsministerium gegenwärtig im Rahmen der „Pflegewirtschaft" vornimmt (Bundesministerium für Wirtschaft und Energie (BMWi), 2021, S. 26 ff.). Mit dieser Perspektive wird nur knapp die Hälfte der pflegerischen Tätigkeiten betrachtet. Dies kommt einer politischen Abwertung der Pflege gleich!

Neben der verstärkten Berücksichtigung der Versorgungs- und Sorgeökonomik könnte ein durchaus vielversprechender Ansatz zur Weiterentwicklung der Pflegeökonomik in Anlehnung an die Betrachtungen von Michael E. Porter zum Patientennutzen mehr auf den „Wert" von pflegerischen Interventionen abzielen (Porter, 2009, S. 109 ff.; 2010, S. 2477 ff.). Waren die relevanten Stakeholder (d. h. Drittfinanzierer, gesundheitspolitische Entscheidungsträger/-innen sowie das Management von Institutionen im Gesundheitswesen) in den letzten Dekaden bislang meist auf den Aspekt der „Kostendämpfung" fokussiert, so gilt es künftig – in Anlehnung an das Konzept des „Value-based Health Care" – den „Wert" der Pflege zu vermitteln. Dazu ist es notwendig, die evidenzbasierte Pflege auf die Bedürfnisse und Erwartungen der Patient(inn)en und anderer Stakeholder abzustimmen und die Wirkungen zu messen. Allerdings bleibt festzuhalten, dass bislang keine konsistente Definition des Begriffs „Nutzen der Pflege" existiert, jedoch „[...] value as an important outcome [...] is sensitive to nursing practice" (Pappas, 2013, S. 122). Analysen zeigen jedoch, dass eine angemessene Personalausstattung zu Kosteneinsparungen durch eine geringere Verweildauer, eine geringere Anzahl an unerwünschten Ereignissen und reduzierten stationären Wiederaufnahmen führen kann (Needleman, 2016, S. 26 ff.; Pappas, 2013, S. 122 ff.). „Value-based Nursing" könnte somit einen Lösungsansatz für einige der in den vorhergehenden Ausführungen skizzierten Probleme darstellen. Allerdings bedarf es weiterer pflegewissenschaftlicher und pflegeökonomischer Forschung. In diesem Zusammenhang ist festzuhalten, dass

> (t)he nursing profession has long emphasized its [...] focus on nursing as part of a social contract [...], that nursing provides necessary and valuable services to society. But the full value of nursing services is difficult to quantify in economic terms. Nursing cannot be reduced to economic terms, nor should it be. Nursing is a humanizing factor in a health care system increasingly focused on cost. Identifying nursing's economic value should not overshadow the human values. (Keepnews, 2011, S. 3)

Angesichts der großen gesellschaftlichen und wirtschaftlichen Bedeutung der Pflege ist es eigentlich unverständlich, dass in Deutschland ökonomische und soziale Kriterien bei der Bewertung von pflegerischen Interventionen bislang nur eine nachrangige Rolle spielen und auch die Pflegequalität erst in Ansätzen bewertet wird. Um diesen Defiziten der Pflege zu begegnen und den großen Forschungsbedarf zu decken, ist neben dem weiteren Ausbau der Pflegewissenschaften auch die Einrichtung von pflegeökonomischen Lehrstühlen an den Universitäten und Fachhochschulen sowie von pflegeökonomischen Forschungsinstituten notwendig. Dieses Buch hat versucht, Ansätze für einen möglichen Richtungswechsel aufzuzeigen und Anregungen für die Entwicklung einer Pflegeökonomik zu geben.

Literaturverzeichnis

Achterfeld, C. (2014). Aufgabenverteilung im Gesundheitswesen: Rechtliche Rahmenbedingungen der Delegation ärztlicher Leistungen. Berlin, Heidelberg: Springer.

Akerlof, G. A., Shiller, R. J. (2009). Animal Spirits: Wie Wirtschaft wirklich funktioniert. Frankfurt/New York: Campus Verlag.

Albrich, C., Brandeis, B., Erb, J., Hellmann, V., Wallus, L., Firsching, M., Manns, A., Grillenberger, M., Hipp, E., Sammet, T., Szagun, B. (2017). Handlungsempfehlungen für den Aufbau einer Gesundheitsplanung im Öffentlichen Gesundheitsdienst. Ergebnisse eines Pilotvorhabens in Baden-Württemberg. Internet: https://www.gesundheitsdialog-bw.de/fileadmin/media/HandlungsempfehlungenGesundheitspla nung10-2017.pdf [Zugriff am 09.06.2023].

Althammer, J., Lampert, H., Sommer, M. (2021). Lehrbuch der Sozialpolitik (10., vollständig überarbeitete Auflage). Berlin, Heidelberg: Springer.

Anderson, M., Pitchforth, E., Edwards, N., Alderwick, H., McGuire, A., Mossialos, E. (2022). United Kingdom: Health System Review. Health Syst Transit, 24 (1), 1–194.

Andreas, H. (1994). Problemgeschichte der Gesundheitsökonomie in der Bundesrepublik Deutschland. Die ökonomische Steuerung von Angebot und Nachfrage im Gesundheitswesen von der Kostenexplosion bis zum Gesundheitsstrukturgesetz. Köln: Botermann & Botermann.

Arbeitsgruppe „Gesundheitsökonomische Gesamtrechnungen der Länder" im Auftrag der Statistischen Ämter der Länder (2015). Gesundheitsausgabenrechnung auf Länderebene nach Ausgabenträgern. Berechnungsstand: April 2015. Internet: https://www.statistikportal.de/sites/default/files/2017-07/A_ P_VI_meth_2015.pdf [Zugriff am 09.06.2023].

Arnetz, B. B., Goetz, C. M., Arnetz, J. E., Sudan, S., vanSchagen, J., Piersma, K., Reyelts, F. (2020). Enhancing healthcare efficiency to achieve the Quadruple Aim: an exploratory study. BMC Res Notes, 13 (1), 362.

Arrow, K. J. (1963). Uncertainty and the Welfare Economics of Medical Care. The American Economic Review, 53 (5), 941–973.

Augurzky, B., Finke, S. (2023). Vergütung der Pflege im Krankenhaus: Neue Ansätze. In: J. Klauber, J. Wasem, A. Beivers, C. Mostert (Hrsg.). Krankenhaus-Report 2023: Schwerpunkt: Personal (S. 233–250). Berlin, Heidelberg: Springer.

Bäcker, G., Naegele, G., Bispinck, R. (2020). Sozialpolitik und soziale Lage. In: G. Bäcker, G. Naegele, R. Bispinck (Hrsg.). Sozialpolitik und soziale Lage in Deutschland: Ein Handbuch (6., vollständig überarbeitete und erweiterte Auflage, S. 1–54). Wiesbaden: Springer Fachmedien.

Badelt, C., Österle, A. (1998). Grundzüge der Sozialpolitik. Allgemeiner Teil. Sozialökonomische Grundlagen. Wien: Manz Verlag.

Balmer, R. (2023). Keine schnelle Heilung für Frankreichs chronisch krankes Gesundheitssystem. NZZ Neue Zürcher Zeitung. 09.01.2023. Internet: https://www.nzz.ch/international/frankreich-macron-will-gesundheitssystem-verbessern-ld.1720337 [Zugriff am 09.06.2023].

BASYS Beratungsgesellschaft für angewandte Systemforschung mbH, WifOR, Gesundheitsökonomisches Zentrum der TU Dresden (GÖZ), TU Berlin, IEGUS – Institut für Europäische Gesundheits- und Sozialwirtschaft GmbH (2015). Gesundheitswirtschaftliche Gesamtrechnung II. Überprüfung der Methodik und notwendige Anpassungen, insbesondere an die Wirtschaftszweigklassifikation 2008 (I C 4 – 02 08 15 – 50/13). Ergebnisbericht.

Becka, D., Auffenberg, J., Braun, E., Evans, M., Winscheid, E. (2023). Fachkräftepotentiale für die Pflege. Policy Brief Nr. 008. Hans-Böckler-Stiftung. Januar 2023. Internet: https://www.boeckler.de/fpdf/HBS-008520/p_fofoe_pb_008_2023.pdf [Zugriff am 09.06.2023].

Bellermann, M. (2011). Sozialpolitik. Freiburg im Breisgau: Lambertus.

Berwick, D. M., Nolan, T. W., Whittington, J. (2008). The triple aim: care, health, and cost. Health Aff (Millwood), 27 (3), 759–769.

https://doi.org/10.1515/9783110770780-008

Beznoska, M., Pimpertz, J., Stockhausen, M. (2021). Führt eine Bürgerversicherung zu mehr Solidarität? Eine Vermessung des Solidaritätsprinzips in der gesetzlichen Krankenversicherung. Forschungsberichte aus dem Institut der deutschen Wirtschaft. IW-Analysen 143. Internet: https://www.iwkoeln.de/fileadmin/user_upload/Studien/IW-Analysen/PDF/2021/Analysen_Nr._143_Bürgerversicherung.pdf [Zugriff am 09.06.2023].

Biesecker, A., Kesting, S. (2003). Mikroökonomik: Eine Einführung aus sozial-ökologischer Perspektive. München/Wien: Oldenbourg.

Biesecker, A., Mathes, M., Schön, S., Scurrel, B. (Hrsg.) (2000). Vorsorgendes Wirtschaften. Auf dem Weg zu einer Ökonomie des Guten Lebens. Bielefeld: Kleine.

Bischofberger, I. (2021). Vereinbarungskompetenz zum Mit- und Nebeneinander von Erwerbstätigkeit und der Pflege von Nahestehenden. Ein Handlungs- und Innovationsfeld für die Pflegewissenschaft. Universität Wien. Habilitationsschrift.

Blum, K., Offermanns, M., Steffen, P. (2019a). Pflege 2030 – Wie viele Pflegekräfte brauchen die Krankenhäuser? Das Krankenhaus, 111 (12), 1054–1058.

Blum, K., Offermanns, M., Steffen, P. (2019b). Situation und Entwicklung der Pflege bis 2030. Internet: https://www.dki.de/sites/default/files/anylink/DKI%202019%20-%20Pflege%202030%20-%20Bericht_final.pdf [Zugriff am 09.06.2023].

Bodenheimer, T., Berry-Millett, R. (2009). Care management of patients with complex health care needs. Robert Wood Johnson Foundation. Research Synthesis Report No. 19. Internet: https://www.dhcs.ca.gov/provgovpart/Documents/Waiver%20Renewal/121609%20policysynthsis%20caremgt%20report.pdf [Zugriff am 09.06.2023].

Bodenheimer, T., Sinsky, C. (2014). From triple to quadruple aim: care of the patient requires care of the provider. Ann Fam Med, 12 (6), 573–576.

Bogai, D. (2014). Perspektiven des Arbeitsmarktes für Pflegekräfte. Vierteljahrshefte zur Wirtschaftsforschung, 83 (4), 107–122.

Bogai, D. (2017). Der Arbeitsmarkt für Pflegekräfte im Wohlfahrtsstaat. Berlin, Boston: De Gruyter Oldenbourg.

Boonen, L. H., Laske-Aldershof, T., Schut, F. T. (2016). Switching health insurers: the role of price, quality and consumer information search. Eur J Health Econ, 17 (3), 339–353.

Braun, B., Reiners, H., Rosenwirth, M., Schlette, S. (2006). Anreize zur Verhaltenssteuerung im Gesundheitswesen. Effekte bei Versicherten und Leistungsanbietern. Internet: https://www.bertelsmann-stiftung.de/fileadmin/files/BSt/Publikationen/GrauePublikationen/GP_Anreize_zur_Verhaltenssteuerung_im_Gesundheitswesen.pdf [Zugriff am 09.06.2023].

Breyer, F., Zweifel, P., Kifmann, M. (2013). Gesundheitsökonomik (6., vollständig erweiterte und überarbeitete Auflage). Berlin, Heidelberg: Springer Gabler.

Brümmerhoff, D., Grömling, M. (2015). Volkswirtschaftliche Gesamtrechnungen (10., aktualisierte und überarbeitete Auflage). Berlin, Boston: De Gruyter Oldenbourg.

Buerhaus, P. I., Yakusheva, O. (2022). Six part series on value-informed nursing practice. Nurs Outlook, 70 (1), 8–9.

Bundesagentur für Arbeit (BA) (2021). Klassifikation der Berufe 2010 – überarbeitete Fassung 2020. Band 2: Definitorischer und beschreibender Teil. Internet: https://statistik.arbeitsagentur.de/DE/Statischer-Content/Grundlagen/Klassifikationen/Klassifikation-der-Berufe/KldB2010-Fassung2020/Printausgabe-KldB-2010-Fassung2020/Generische-Publikationen/KldB2010-PDF-Version-Band2-Fassung2020.pdf [Zugriff am 09.06.2023].

Bundesministerium für Arbeit und Soziales (BMAS) (2022). Sozialbudget 2021. Internet: https://www.bmas.de/SharedDocs/Downloads/DE/Publikationen/a230-21-sozialbudget-2021.pdf?__blob=publicationFile&v=3 [Zugriff am 09.06.2023].

Bundesministerium für Gesundheit (BMG) (2021). Zahlen und Fakten zur Pflegeversicherung. Stand: 14. Juni 2021. Internet: https://www.bundesgesundheitsministerium.de/fileadmin/Dateien/3_Down

loads/Statistiken/Pflegeversicherung/Zahlen_und_Fakten/Zahlen_und_Fakten_der_SPV_Juni_2021_bf. pdf [Zugriff am 09.06.2023].

Bundesministerium für Gesundheit (BMG) (2022). Pflegegeld. Internet: https://www.bundesgesundheitsmi nisterium.de/pflegegeld.html [Zugriff am 09.06.2023].

Bundesministerium für Gesundheit (BMG) (2023). Regierungskommission für eine moderne und bedarfsgerechte Krankenhausversorgung. Internet: https://www.bundesgesundheitsministerium.de/ themen/gesundheitswesen/krankenhausreform.html [Zugriff am 09.06.2023].

Bundesministerium für Soziales, Gesundheit, Pflege und Konsumentenschutz (2022). Österreichischer Strukturplan Gesundheit 2017 inklusive Großgeräteplan gemäß Beschluss der Bundes-Zielsteuerungskommission vom 30. Juni 2017 inklusive der bis 7. Oktober 2022 beschlossenen Anpassungen. Internet: https://goeg.at/sites/goeg.at/files/inline-files/%C3%96SG_2017_-_Textband% 2C_Stand_07.10.2022.pdf [Zugriff am 09.06.2023].

Bundesministerium für Wirtschaft und Energie (BMWi) (2018). Gesundheitswirtschaft. Fakten & Zahlen. Handbuch zur Gesundheitswirtschaftlichen Gesamtrechnung mit Erläuterungen und Lesehilfen. Internet: https://www.bmwk.de/Redaktion/DE/Publikationen/Wirtschaft/gesundheitswirtschaft-fakten -zahlen-handbuch.pdf_blob=publicationFile&v=10 [Zugriff am 09.06.2023].

Bundesministerium für Wirtschaft und Energie (BMWi) (2021). Gesundheitswirtschaft. Fakten & Zahlen. Ergebnisse der Gesundheitswirtschaftlichen Gesamtrechnung. Daten 2020. Internet: https://www. bmwi.de/Redaktion/DE/Publikationen/Wirtschaft/gesundheitswirtschaft-fakten-und-zahlen-2020. pdf_blob=publicationFile&v=14 [Zugriff am 09.06.2023].

Büscher, A. (2020). Bedarfslagen in der häuslichen Pflege. In: K. Jacobs, A. Kuhlmey, S. Greß, J. Klauber, A. Schwinger (Hrsg.). Pflege-Report 2020: Neuausrichtung von Versorgung und Finanzierung (S. 55–64). Berlin, Heidelberg: Springer.

Büscher, A., Krebs, M. (2018). Qualität in der ambulanten Pflege. In: K. Jacobs, A. Kuhlmey, S. Greß, J. Klauber, A. Schwinger (Hrsg.). Pflege-Report 2018: Qualität in der Pflege (S. 127–134). Berlin, Heidelberg: Springer.

Büscher, A., Krebs, M. (2022). Qualität in der Pflege. München: Ernst Reinhardt Verlag.

Busse, R., Blümel, M., Knieps, F., Bärnighausen, T. (2017). Statutory health insurance in Germany: a health system shaped by 135 years of solidarity, self-governance, and competition. Lancet, 390 (10097), 882–897.

Butterwegge, C. (2017). Rechtfertigung, Maßnahmen und Folgen einer neoliberalen (Sozial-)Politik. In: C. Butterwegge, B. Lösch, R. Ptak (Hrsg.). Kritik des Neoliberalismus (S. 123–200). Wiesbaden: VS Verlag für Sozialwissenschaften.

Campbell, R. R., Campbell, W. G. (1952). Compulsory Health Insurance: The Economic Issues. The Quarterly Journal of Economics, 66 (1), 1–24.

Cantillon, B., Seeleib-Kaiser, M., van der Veen, R. (2021). The COVID-19 crisis and policy responses by continental European welfare states. Social Policy & Administration, 55 (2), 326–338.

Cassel, D., Jacobs, K. (2006). Reformoption Vertragswettbewerb in der gesetzlichen Krankenversicherung. Wirtschaftsdienst, 86 (5), 283–288.

Ciupijus, Z., Forde, C., Giralt, R. M., Shi, J., Sun, L. (2022). The UK National Health Service's migration infrastructure in times of Brexit and COVID-19: Disjunctures, continuities and innovations. Int Migr, Online ahead of print.

Clair, C. A., Sandberg, S. F., Scholle, S. H., Willits, J., Jennings, L. A., Giovannetti, E. R. (2022). Patient and provider perspectives on using goal attainment scaling in care planning for older adults with complex needs. J Patient Rep Outcomes, 6 (1), 37.

Cleland, V. S. (1990). The Economics of Nursing. Norwalk, Connecticut: Appleton & Lange.

Clement, R., Terlau, W., Kiy, M. (2006). Grundlagen der Angewandten Makroökonomie: Eine Verbindung von Makroökonomie und Wirtschaftspolitik mit Fallbeispielen (4., überarbeitete Auflage). München: Vahlen.

Corsten, H., Gössinger, R. (Hrsg.) (2005). Dienstleistungsökonomie. Beiträge zu einer theoretischen Fundierung. Berlin: Duncker & Humblot.

Cremer, G., Goldschmidt, N., Höfer, S. (2013). Soziale Dienstleistungen. Ökonomie, Recht, Politik. Tübingen: Mohr Siebeck.

Culyer, A. J., Wagstaff, A. (1993). Equity and equality in health and health care. J Health Econ, 12 (4), 431–457.

Czaplicki, C. (2019). Strukturen und Muster in den Pflege- und Erwerbsverläufen von Männern und Frauen. Sozialer Fortschritt, 68 (11), 903–926.

Dangel, B., Korporal, J. (2022). Pflege im System der gesundheitlich-pflegerischen Versorgung: Versorgungseigenständigkeit und -kompetenz vor dem Hintergrund berufe- und sozialrechtlicher Regelungen. Sozialer Fortschritt, 71 (8), 579–612.

Deutscher Bundestag (1993). Plenarprotokoll 12/183. Stenographischer Bericht. 183. Sitzung. Bonn 22.10.1993. Internet: https://dserver.bundestag.de/btp/12/12183.pdf [Zugriff am 09.06.2023].

Deutscher Bundestag (2017). Zweiter Gleichstellungsbericht der Bundesregierung. Drucksache 18/12840. Internet: https://www.bmfsfj.de/resource/blob/119794/b69d114cfbe2b6c1d4e510da2d74fd8d/zweiter-gleichstellungsbericht-der-bundesregierung-bt-drucksache-data.pdf [Zugriff am 09.06.2023].

Diaz-Bone, R., Weischer, C. (2015). Methoden-Lexikon für die Sozialwissenschaften. Wiesbaden: Springer Fachmedien.

Dormont, B., Geoffard, P. Y., Lamiraud, K. (2009). The influence of supplementary health insurance on switching behaviour: evidence from Swiss data. Health Econ, 18 (11), 1339–1356.

Dörr, G., Francke, K. (2002). Sozialverwaltungsrecht. Ein Grundriss. Berlin: Erich Schmidt.

Doss, C. M. (2022). Comparing Two Methods of Health Economic Analyses Used in Nursing Research. Nursing Economic$, 40 (2), 73–97.

Douglas, H. R., Normand, C. (2005). Economic evaluation: what does a nurse manager need to know? Journal of Nursing Management, 13 (5), 419–427.

Drummond, M. F., Sculpher, M. J., Claxton, K., Stoddart, G. L., Torrance, G. W. (2015). Methods for the Economic Evaluation of Health Care Programmes (4. Auflage). Oxford: Oxford University Press.

Duijmelinck, D. M., Mosca, I., van de Ven, W. P. (2015). Switching benefits and costs in competitive health insurance markets: A conceptual framework and empirical evidence from the Netherlands. Health Policy, 119 (5), 664–671.

Dunkel, W., Weihrich, M. (2021). Anspruchsvoll, belastend, systemrelevant – und weiblich: Professionelle Sorgearbeit in der stationären Altenpflege. In: N. Mayer-Ahuja, O. Nachtwey (Hrsg.). Verkannte Leistungsträger:innen – Berichte aus der Klassengesellschaft (S. 93–116). Berlin: Suhrkamp.

Eggert, S., Storch, L., Sulmann, D. (2018). Perspektive informell Pflegender auf ihre Pflegesituation. Internet: https://www.zqp.de/wp-content/uploads/ZQP_Analyse_Pflegereform.pdf [Zugriff am 09.06.2023].

Eisend, M., Kuß, A. (2021). Wesen und Relevanz von Theorien. In: M. Eisend, A. Kuß (Hrsg.). Grundlagen empirischer Forschung: Zur Methodologie in der Betriebswirtschaftslehre (S. 33–81). Wiesbaden: Springer Fachmedien.

Ekman, B., McKee, K., Vicente, J., Magnusson, L., Hanson, E. (2021). Cost analysis of informal care: estimates from a national cross-sectional survey in Sweden. BMC Health Serv Res, 21 (1), 1236.

Engelhard, W. (2008). § 12 Wirtschaftlichkeitsgebot. In: K. Engelmann, R. Schlegel, T. Voelzke (Hrsg.). juris PraxisKommentar SGB V. Gesetzliche Krankenversicherung (S. 192–222). Saarbrücken: juris GmbH.

Engelkamp, P., Sell, F. L., Sauer, B. (2020). Einführung in die Volkswirtschaftslehre (8., ergänzte und aktualisierte Auflage). Berlin, Heidelberg: Springer Gabler.

Erlei, M., Leschke, M., Sauerland, D. (2007). Neue Institutionenökonomik (2., überarbeitete und erweiterte Auflage). Stuttgart: Schäffer-Poeschel Verlag.

Esping-Andersen, G. (1990). The Three Worlds of Welfare Capitalism. Cambridge: Polity Press.

Felber, C. (2019). This is not economy. Aufruf zur Revolution der Wirtschaftwissenschaft. Wien: Deuticke.

Fiedler, G., König, R. (1991). Wirtschaftstheorien im Überblick. Berlin: Verlag Wirtschaft.

Finis Siegler, B. (2009). Ökonomik Sozialer Arbeit (2., vollständig neu überarbeitete Auflage). Freiburg im Breisgau: Lambertus.

Flake, R., Kochskämper, S., Risius, P., Seyda, S. (2018). Fachkräfteengpass in der Altenpflege: Status quo und Perspektiven. IW-Trends – Vierteljahresschrift zur empirischen Wirtschaftsforschung aus dem Institut der deutschen Wirtschaft Köln e.V., 45 (3), 21–39.

Fleßa, S., Greiner, W. (2020). Grundlagen der Gesundheitsökonomie. Eine Einführung in das wirtschaftliche Denken im Gesundheitswesen (4. Auflage). Berlin, Heidelberg: Springer Gabler.

Folland, S., Goodman, A. C., Stano, M. (2017). The Economics of Health and Health Care (8. Auflage). London, New York: Routledge.

Frevel, B., Dietz, B. (2008). Sozialpolitik kompakt (2., aktualisierte Auflage). Wiesbaden: VS Verlag für Sozialwissenschaften.

Fuchs, J., Gaertner, B., Rommel, A., Starker, A. (2023). Informal caregivers in Germany – who are they and which risks and resources do they have? Front Public Health, 11, 1058517.

Furmaniak, A., Brunner, H. (2013). Einführung. In: K. W. Lauterbach, S. Stock, H. Brunner (Hrsg.). Gesundheitsökonomie. Lehrbuch für Mediziner und andere Gesundheitsberufe (3., vollständig überarbeitete Auflage, S. 13–23). Bern: Verlag Hans Huber.

Galbraith, J. K. (1968). Die moderne Industriegesellschaft. München/Zürich: Droemer Knaur.

Gemeinsamer Bundesausschuss (G-BA) (2022). Richtlinie des Gemeinsamen Bundesausschusses über die Verordnung von häuslicher Krankenpflege (Häusliche Krankenpflege-Richtlinie) in der Fassung vom 17. September 2009, veröffentlicht im Bundesanzeiger Nr. 21a (Beilage) vom 9. Februar 2010, in Kraft getreten am 10. Februar 2010, zuletzt geändert am 21. Juli 2022, veröffentlicht im Bundesanzeiger (BAnz AT 12.10.2022 B2), in Kraft getreten am 13. Oktober 2022. Internet: https://www.g-ba.de/downloads/62-492-2952/HKP-RL_2022-07-21_iK-2022-10-13.pdf [Zugriff am 09.06.2023].

Gerain, P., Zech, E. (2019). Informal Caregiver Burnout? Development of a Theoretical Framework to Understand the Impact of Caregiving. Front Psychol, 10, 1748.

Gesundheitsberichterstattung des Bundes (2020). Ambulante Pflege- und Betreuungsdienste (Anzahl). Gliederungsmerkmale: Jahre, Deutschland, Art der Pflege- und Betreuungsdienste, Träger. Internet: https://www.gbe-bund.de [Zugriff am 15.12.2020].

Gesundheitsberichterstattung des Bundes (2021a). Einnahmen und Ausgaben der sozialen Pflegeversicherung (in Mrd. Euro und Prozent). Gliederungsmerkmale: Jahre, Deutschland. Internet: https://www.gbe-bund.de [Zugriff am 25.01.2022].

Gesundheitsberichterstattung des Bundes (2021b). Empfänger und Empfängerinnen von Leistungen der sozialen Pflegeversicherung am Jahresende. Gliederungsmerkmale: Jahre, Deutschland, Alter, Geschlecht, Pflegegrade, Leistungsart. Internet: https://www.gbe-bund.de [Zugriff am 25.01.2022].

Gesundheitsberichterstattung des Bundes (2021c). Empfängerinnen und Empfänger von Leistungen der sozialen Pflegeversicherung am Jahresende. Gliederungsmerkmale: Jahre, Deutschland, Alter, Geschlecht, Pflegestufe, Leistungsart. Internet: https://www.gbe-bund.de [Zugriff am 25.01.2022].

Gesundheitsberichterstattung des Bundes (2021d). Gesundheitsausgaben in Deutschland in Mio. €. Gliederungsmerkmale: Jahre, Art der Einrichtung, Art der Leistung, Ausgabenträger. Internet: https://www.gbe-bund.de [Zugriff am 30.01.2022].

Gesundheitsberichterstattung des Bundes (2021e). Gesundheitspersonal in 1.000. Gliederungsmerkmale: Jahre, Deutschland, Alter, Geschlecht, Beschäftigungsart, Einrichtung. Internet: https://www.gbe-bund.de [Zugriff am 30.01.2022].

Gesundheitsberichterstattung des Bundes (2022a). Betten in Krankenhäusern (Anzahl und je 100.000 Einwohner, Nutzungsgrad und Fallzahl je Bett). Gliederungsmerkmale: Jahre, Deutschland, Bettenart, Einrichtungsmerkmale (Einrichtungsart / Bettenzahl / Art der Zulassung / Träger). Internet: https://www.gbe-bund.de [Zugriff am 01.11.2022].

Gesundheitsberichterstattung des Bundes (2022b). Gesundheitspersonal in 1.000. Gliederungsmerkmale: Jahre, Deutschland, Geschlecht, Einrichtung, Beruf. Internet: https://www.gbe-bund.de [Zugriff am 05.11.2022].

Gesundheitsberichterstattung des Bundes (2022c). Krankenhäuser (Anzahl und je 100.000 Einwohner) sowie Aufenthalte (Fallzahl, Berechnungs-/Belegungstage und Verweildauer). Gliederungsmerkmale: Jahre, Deutschland, Einrichtungsmerkmale (Einrichtungsart / Bettenzahl / Träger / Art der Zulassung). Internet: https://www.gbe-bund.de [Zugriff am 01.11.2022].

Gesundheitsberichterstattung des Bundes (2022d). Krankheitskosten in Mio. € für Deutschland. Gliederungsmerkmale: Jahre, Geschlecht, ICD-10, Einrichtung. Internet: https://www.gbe-bund.de [Zugriff am 08.11.2022].

Gesundheitsberichterstattung des Bundes (2022e). Pflege. Internet: https://www.gbe-bund.de/gbe/ergebnisse.prc_tab?fid=8663&suchstring=&query_id=&sprache=D&fund_typ=DEF&methode=&vt=&verwandte=1&page_ret=0&seite=1&p_lfd_nr=9&p_news=&p_sprachkz=D&p_uid=gast&p_aid=51164955&hlp_nr=2&p_janein=J [Zugriff am 05.11.2022].

Geyer, J., Korfhage, T. (2018). Labor supply effects of long-term care reform in Germany. Health Econ, Online ahead of print.

Gigerenzer, G. (2013). Risiko. Wie man die richtigen Entscheidungen trifft. München: Bertelsmann Verlag.

Göbel, E. (2013). Unternehmensethik. Grundlagen und praktische Umsetzung (3., überarbeitete und aktualisierte Auflage). Konstanz und München: UVK Verlagsgesellschaft.

Goffman, E. (2020). Asyle. Über die soziale Situation psychiatrischer Patienten und anderer Insassen. Frankfurt am Main: Suhrkamp.

Golombek, J., Fleßa, S. (2011). Einflussfaktoren auf die Verweildauer im Beruf und die Standortwahl des Arbeitsplatzes bei Gesundheits- und Krankenpflegern. HeilberufeScience, 2 (1), 3–10.

Graf von der Schulenburg, J. M. (2012). Die Entwicklung der Gesundheitsökonomie und ihre methodischen Ansätze. In: O. Schöffski, J. M. Graf von der Schulenburg (Hrsg.). Gesundheitsökonomische Evaluationen (S. 13–21). Berlin, Heidelberg: Springer.

Graf von der Schulenburg, J. M., Greiner, W. (2000). Gesundheitsökonomik. Tübingen: Mohr Siebeck.

Greer, S. (2007). Gesundheitspolitik. In: H. Kastendiek, R. Sturm (Hrsg.). Länderbericht Großbritannien: Geschichte, Politik, Wirtschaft, Gesellschaft, Kultur (3., neu bearbeitete Auflage, S. 495–511). Opladen/Farmington Hills: Verlag Barbara Budrich.

Greif, B. (2017). Das aktuelle Handbuch der Pflegegrade. Regensburg: Walhalla Fachverlag.

Greiner, W., Schöffski, O. (2012). Grundprinzipien einer Wirtschaftlichkeitsuntersuchung. In: O. Schöffski, J. M. Graf von der Schulenburg (Hrsg.). Gesundheitsökonomische Evaluationen (S. 155–180). Berlin, Heidelberg: Springer.

Greß, S. (2018). Qualitätssicherung in der Langzeitpflege durch Wahlentscheidungen der Betroffenen? Eine ökonomische Perspektive. In: K. Jacobs, A. Kuhlmey, S. Greß, J. Klauber, A. Schwinger (Hrsg.). Pflege-Report 2018: Qualität in der Pflege (S. 147–153). Berlin, Heidelberg: Springer.

Greß, S., Schnee, M., Jesberger, C. (2022). Gesundheitsökonomie (1. Auflage). Baden-Baden: Nomos.

Griep, H., Renn, H. (2013). Pflegesozialrecht (5. Auflage). Baden-Baden: Nomos.

Gross, P., Badura, B. (1977). Sozialpolitik und soziale Dienste: Entwurf einer Theorie personenbezogener Dienstleistungen. In: C. von Ferber, F.-X. Kaufmann (Hrsg.). Soziologie und Sozialpolitik. Kölner Zeitschrift für Soziologie und Sozialpsychologie, Vol. 19 (S. 361–385). Wiesbaden: VS Verlag für Sozialwissenschaften.

Güntert, B. (2013). 50 Jahre Gesundheitsökonomik – höchste Zeit für eine Gesundheitsökonomik 2.0? In: T. Szucs, M. Künzi (Hrsg.). Brennpunkt Gesundheitssystem. SGGP Schriftenreihe Band 120 (S. 15–27). Bern.

Güntert, B., Orendi, B., Weyermann, U. (1990). Arbeitssituation des Pflegepersonals – Strategien zur Verbesserung. Bern: Verlag Paul Haupt.

Hajen, L., Paetow, H., Schumacher, H. (2008). Gesundheitsökonomie. Strukturen – Methoden – Praxisbeispiele (4., überarbeitete und erweiterte Auflage). Stuttgart: Kohlhammer.

Hajen, L., Paetow, H., Schumacher, H. (2017). Gesundheitsökonomie. Strukturen – Methoden – Praxisbeispiele (8., aktualisierte Auflage). Stuttgart: Kohlhammer.

Hall, A. (2012). Kranken- und Altenpflege – was ist dran am Mythos vom Ausstiegs- und Sackgassenberuf? Berufsbildung in Wissenschaft und Praxis (BWP), 41 (6), 16–19.

Hartzband, P., Groopman, J. (2016). Medical Taylorism. The New England Journal of Medicine, 374 (2), 106–108.

Heger, D. (2021). Wachstumsmarkt Pflege. In: K. Jacobs, A. Kuhlmey, S. Greß, J. Klauber, A. Schwinger (Hrsg.). Pflege-Report 2021. Sicherstellung der Pflege: Bedarfslagen und Angebotsstrukturen (S. 145–156). Berlin, Heidelberg: Springer.

Henderson, J. W. (2022). Health Economics and Policy (8. Auflage). Boston: Cengage Learning.

Henke, K.-D. (2015). Nutzen und Preise von Innovationen: Eine ökonomische Analyse zu den Verhandlungskriterien beim AMNOG. Wiesbaden: Springer Fachmedien.

Henke, K.-D., Georgi, A., Bungenstock, J., Neumann, K., Baur, M., Ottmann, S., Schneider, M., Krauss, T., Hofmann, U. (2010). Erstellung eines Satellitenkontos für die Gesundheitswirtschaft in Deutschland. Forschungsprojekt im Auftrag des Bundesministeriums für Wirtschaft und Technologie (1. Auflage). Baden-Baden: Nomos.

Herder-Dorneich, P. (1994). Sozialökonomik. Angewandte Ökonomik sozialer Systeme. Baden-Baden: Nomos.

Hergeth, A. (2015). Struktur des deutschen Gesundheitswesens. Zeitschrift für Herz-, Thorax- und Gefäßchirurgie, 29 (6), 388–392.

Heskett, J. L. (1986). Managing the Service Economy. Boston, Mass.: Harvard Business Review Press.

Heyes, A. (2005). The economics of vocation or ,why is a badly paid nurse a good nurse'? J Health Econ, 24 (3), 561–569.

Hielscher, V., Kirchen-Peters, S., Nock, L., Ischebeck, M. (2017). Pflege in den eigenen vier Wänden: Zeitaufwand und Kosten. Pflegebedürftige und ihre Angehörigen geben Auskunft. Hans-Böckler-Stiftung Study Nr. 363. Internet: https://www.boeckler.de/pdf/p_study_hbs_363.pdf [Zugriff am 09.06.2023].

Hildebrandt, H., Pimperl, A., Schulte, T., Hermann, C., Riedel, H., Schubert, I., Köster, I., Siegel, A., Wetzel, M. (2015). Triple Aim – Evaluation in der Integrierten Versorgung Gesundes Kinzigtal – Gesundheitszustand, Versorgungserleben und Wirtschaftlichkeit. Bundesgesundheitsblatt – Gesundheitsforschung – Gesundheitsschutz, 58 (4), 383–392.

Holst, L., Brabers, A., de Jong, J. (2022). Does supplementary health insurance play a role in the switching behaviour of citizens in the Netherlands? J Mark Access Health Policy, 10 (1), 2015863.

Horsch, A., Meinhövel, H., Paul, S. (Hrsg.) (2005). Institutionenökonomie und Betriebswirtschaftslehre. München: Verlag Franz Vahlen.

Igl, G., Welti, F. (2007). Sozialrecht (8., neu bearbeitete Auflage). Neuwied: Werner Verlag.

Illing, F. (2022). Die Gesundheitspolitik unter der schwarz-gelben Koalition 1990–1994. In: F. Illing (Hrsg.). Gesundheitspolitik in Deutschland: Eine Chronologie der Gesundheitsreformen der Bundesrepublik Deutschland (S. 101–125). Wiesbaden: Springer Fachmedien.

Institut Arbeit und Qualifikation der Universität Duisburg-Essen (2023). Beitragssatzentwicklung in der Sozialversicherung 1970–2023. Internet: https://www.sozialpolitik-aktuell.de/files/sozialpolitik-aktuell/_Politikfelder/Finanzierung/Datensammlung/PDF-Dateien/tabII6.pdf [Zugriff am 09.06.2023].

Institut für das Entgeltsystem im Krankenhaus GmbH (2023). Kalkulation. Internet: https://www.g-drg.de/kalkulation [Zugriff am 09.06.2023].

Institut für Sozialarbeit und Sozialpädagogik e. V., Geschäftsstelle Zweiter Gleichstellungsbericht der Bundesregierung (2017). Themenblatt 1: Erwerbs- und Sorgearbeit. Internet: https://www.gleichstellungsbericht.de/kontext/controllers/document.php/17.7/7/6ed793.pdf [Zugriff am 09.06.2023].

Internationale Arbeitskonferenz (2012). Soziale Basisschutzniveaus für soziale Gerechtigkeit und eine faire Globalisierung. 101. Tagung, 2012. Bericht IV(2B). Internet: https://www.ilo.org/wcmsp5/groups/pu blic/---ed_norm/---relconf/documents/meetingdocument/wcms_174642.pdf [Zugriff am 09.06.2023].

Isfort, M. (2002). Denn sie wissen, was sie tun: Leistungserfassung in der Pflege (LEP). Pflegezeitschrift, 55 (7), 497–500.

Jerusalem, A., Löffler, K., Roth, P. (2022). „Wenn ich groß bin, geh' ich in die Pflege". ProCare, 27 (1), 48–51.

Jochimsen, M. A. (2003). Die Gestaltungskraft des Asymmetrischen – Kennzeichen klassischer Sorgesituationen und ihre theoretische Erfassung in der Ökonomik. Zeitschrift für Wirtschafts- und Unternehmensethik, 4 (1), 38–51.

Kahneman, D. (2011). Schnelles Denken, langsames Denken. München: Siedler Verlag.

Kaltenbach, T. (2021). DRGs und Krankenhauspreissystem – wie kann es weitergehen? Gesundheitsökonomie & Qualitätsmanagement, 26 (6), 317–322.

Kappel, M. (2021). Informelle Pflege: (k)eine Antwort auf eine drängende Gesellschaftsfrage? Eine Quantifizierung der zukünftig entstehenden Kosten durch die Pflege von Angehörigen. Internet: https://kola.opus.hbz-nrw.de/frontdoor/deliver/index/docId/2238/file/Dissertation_MathiasKappel. pdf [Zugriff am 09.06.2023].

Kaschowitz, J. (2021). Angehörigenpflege als Gesundheitsrisiko: Die Rolle des Haushalts-, Migrations- und Länderkontexts. Wiesbaden: Springer Fachmedien.

Keepnews, D. M. (2011). Mapping the Economic Value of Nursing. White Paper. Washington State Nurses Association. Commissioned by the WSNA Professional Nursing & Health Care Council Washington State Nurses Association.

Keita Fakeye, M. B., Samuel, L. J., Drabo, E. F., Bandeen-Roche, K., Wolff, J. L. (2023). Caregiving-Related Work Productivity Loss Among Employed Family and Other Unpaid Caregivers of Older Adults. Value Health, 26 (5), 712–720.

Kevenhörster, P. (2006). Politikwissenschaft. Band 2: Ergebnisse und Wirkungen der Politik. Wiesbaden: VS Verlag für Sozialwissenschaften.

Kiener, S. (1990). Die Principal-Agent-Theorie aus informationsökonomischer Sicht. Berlin, Heidelberg: Springer-Verlag.

Klie, T. (2023). Pflegereport 2022. Häusliche Pflege – das Rückgrat der Pflege in Deutschland. Analysen, Befunde, Perspektiven. Heidelberg: medhochzwei Verlag GmbH.

Kokemoor, A. (2013). Sozialrecht (5., neu bearbeitete und verbesserte Auflage). München: Vahlen.

Kolmar, M. (2021). Verhaltensökonomik. In: M. Kolmar (Hrsg.). Grundlagen der Mikroökonomik: Ein integrativer Ansatz (S. 299–352). Berlin, Heidelberg: Springer.

Kraus, M., Fößleitner, S., Riedel, M. (2020). Pflegesysteme im internationalen Vergleich. In: K. Jacobs, A. Kuhlmey, S. Greß, J. Klauber, A. Schwinger (Hrsg.). Pflege-Report 2020: Neuausrichtung von Versorgung und Finanzierung (S. 23–37). Berlin, Heidelberg: Springer.

Lamiraud, K., Stadelmann, P. (2020). Switching costs in competitive health insurance markets: The role of insurers' pricing strategies. Health Econ, 29 (9), 992–1012.

Lampert, H., Althammer, J. (2007). Lehrbuch der Sozialpolitik (8., überarbeitete und vollständig aktualisierte Auflage). Berlin, Heidelberg: Springer.

Lauterbach, K. W. (2007). Der Zweiklassenstaat. Wie die Privilegierten Deutschland ruinieren. Berlin: Rowohlt.

Leidl, R. (2008). A model to decompose the performance of supplementary private health insurance markets. Int J Health Care Finance Econ, 8 (3), 193–208.

Leidl, R. (2012). Organisation von Gesundheitssystemen. In: F. W. Schwartz, U. Walter, J. Siegrist, P. Kolip, R. Leidl, M.-L. Dierks, R. Busse, N. Schneider (Hrsg.). Public Health: Gesundheit und Gesundheitswesen (3., völlig neu bearbeitete und erweiterte Auflage, S. 392–393). München: Urban & Fischer Verlag/Elsevier.

Lengwiler, M. (2020). Gesundheit als Investment. Die doppelte Geschichte der Gesundheitsökonomie. Zeithistorische Forschungen/Studies in Contemporary History, 17 (2), 335–348.

Lüngen, M., Büscher, G. (2015). Gesundheitsökonomie. Stuttgart: Kohlhammer.

Mahr, B. (2009). Modellieren, Beobachtungen und Gedanken zur Geschichte des Modellbegriffs. In: S. Krämer, H. Bredekamp (Hrsg.). Bild, Schrift, Zahl (2., unveränderte Auflage, S. 113–144). München: Wilhelm Fink Verlag.

Maier, C. B., Ludwig, M., Köppen, J., Kleine, J., Busse, R. (2023). Das „Image" der Pflege: das Ansehen des Pflegeberufs in der Öffentlichkeit und bei Pflegefachpersonen. In: J. Klauber, J. Wasem, A. Beivers, C. Mostert (Hrsg.). Krankenhaus-Report 2023: Schwerpunkt: Personal (S. 49–57). Berlin, Heidelberg: Springer.

Maio, G. (2014). Geschäftsmodell Gesundheit: Wie der Markt die Heilkunst abschafft. Berlin: Suhrkamp.

Mania, H. (2009). Pflegeinformatik, was ist das? Heilberufe, 61 (4), 57–58.

Mannschreck, M. (2015). Die revidierte Gesundheitsausgabenrechnung. WISTA – Wirtschaft und Statistik, 5, 49–58.

Mares, I. (2004). Warum die Wirtschaft den Sozialstaat braucht. Ein historischer Ländervergleich. Frankfurt am Main/New York: Campus Verlag.

Matusiewicz, D. (2020). Implikation für einen dritten Gesundheitsmarkt. In: D. Matusiewicz (Hrsg.). Share Economy im Gesundheitswesen: Auf dem Weg zum dritten Gesundheitsmarkt (S. 13–24). Wiesbaden: Springer Fachmedien.

McDaid, D., Park, A. L. (2022). Understanding the Economic Value and Impacts on Informal Carers of People Living with Mental Health Conditions. Int J Environ Res Public Health, 19 (5), 2858.

Medizinischer Dienst des Spitzenverbandes Bund der Krankenkassen e.V. (2020). 6. Pflege-Qualitätsbericht des MDS nach § 114a Abs. 6 SGB XI. Qualität in der ambulanten und stationären Pflege. Internet: https://md-bund.de/fileadmin/dokumente/Publikationen/SPV/MDS-Qualitaetsberichte/6._PflegeQuali taetsbericht_des_MDS.pdf [Zugriff am 09.06.2023].

Meffert, H., Bruhn, M., Hadwich, K. (2018). Dienstleistungsmarketing: Grundlagen – Konzepte – Methoden. Wiesbaden: Springer Fachmedien.

Meier-Gräwe, U. (2017). Der Gender Pay Gap und das Erwerb-Sorge-Modell. djbZ – Zeitschrift des Deutschen Juristinnenbundes, 20 (3), 113–115.

Mihaljevic, A. L., Michalski, C., Kaisers, U., Strunk, G. (2022). Patientenorientierung. Chirurgie (Heidelb), 93 (9), 861–869.

Ministry of Health (2017). Healthcare in Denmark – An Overview. Internet: https://sum.dk/Media/C/A/ Healthcare-in%20denmark%20an%20overview%20english-V16-dec.pdf [Zugriff am 09.06.2023].

Monopolkommission (1998). Marktöffnung umfassend verwirklichen. Zwölftes Hauptgutachten 1996/1997. Baden-Baden: Nomos.

Monopolkommission (2008). Hauptgutachten 2006/2007 – Weniger Staat, mehr Wettbewerb. Gesundheitsmärkte und staatliche Beihilfen in der Wettbewerbsordnung. Baden-Baden: Nomos.

Monopolkommission (2010). Hauptgutachten 2008/2009 – Mehr Wettbewerb, wenig Ausnahmen. Baden-Baden: Nomos.

Monopolkommission (2018). Hauptgutachten. Wettbewerb 2018. XXII. Hauptgutachten der Monopolkommission gemäß § 44 Abs. 1 Satz 1 GWB. Baden-Baden: Nomos.

Monopolkommission (2020). Hauptgutachten. Wettbewerb 2020. XXIII. Hauptgutachten der Monopolkommission gemäß § 44 Abs. 1 Satz 1 GWB. Baden-Baden: Nomos.

Nadash, P., Cuellar, A. E. (2017). The emerging market for supplemental long term care insurance in Germany in the context of the 2013 Pflege-Bahr reform. Health Policy, 121 (6), 588–593.

Needleman, J. (2016). The Economic Case for Fundamental Nursing Care. Nursing Leadership (Toronto, Ont.), 29 (1), 26–36.

Nelson, J. A., Folbre, N. (2006). Why a well-paid nurse is a better nurse. Nurs Econ, 24 (3), 127–130, 123.

Newbold, D. (2005). Health economics and nursing management. Journal of Nursing Management, 13 (5), 373–376.

Nickitas, D. M., Kerfoot, K., Anderson, R. (2022). Four in Forty: Celebrating 40 Years of Nursing's Impact on Healthcare Cost and Quality. Nursing Economic$, 40 (6), 265–267.

Nullmeier, F. (2000). Sozialstaat. In: U. Andersen, W. Woyke (Hrsg.). Handwörterbuch des politischen Systems der Bundesrepublik Deutschland (4., überarbeitete Auflage, S. 540–544). Wiesbaden: VS Verlag für Sozialwissenschaften.

Ochmann, R., Albrecht, M., Schiffhorst, G. (2020). Geteilter Krankenversicherungsmarkt. Risikoselektion und regionale Verteilung der Ärzte. Internet: https://www.bertelsmann-stiftung.de/fileadmin/files/BSt/Publikationen/GrauePublikationen/VV_Studie_Geteilter_Krankenversicherungsmarkt.pdf [Zugriff am 09.06.2023].

Ochs, A., Matusiewicz, D. (2019). Gesundheitssysteme: Ein internationaler Überblick. In: J. Wasem, D. Matusiewicz, A. Neumann, M. Noweski (Hrsg.). Medizinmanagement. Grundlagen und Praxis des Managements in Gesundheitssystem und Versorgung (2. Auflage, S. 1–28). Berlin: MWV Medizinisch Wissenschaftliche Verlagsgesellschaft.

Oliver, A., Mossialos, E. (2004). Equity of access to health care: outlining the foundations for action. J Epidemiol Community Health, 58 (8), 655–658.

Organisation for Economic Co-operation and Development (OECD) (2022). OECD Health Statistics 2022. Health expenditure and financing. Internet: https://stats.oecd.org/Index.aspx [Zugriff am 28.10.2022].

Organisation for Economic Co-operation and Development (OECD), European Union (EU) (2022). Health at a Glance: Europe 2022: State of Health in the EU Cycle. OECD Publishing, Paris. Internet: https://doi.org/10.1787/507433b0-en [Zugriff am 09.06.2023].

Organisation for Economic Co-operation and Development (OECD), Eurostat, World Health Organization (WHO) (2017). A System of Health Accounts 2011. Revised Edition. Paris: OECD Publishing.

Pappas, S. H. (2013). Value, a nursing outcome. Nursing Administration Quarterly, 37 (2), 122–128.

Pendzialek, J. B., Simic, D., Stock, S. (2016). Differences in price elasticities of demand for health insurance: a systematic review. Eur J Health Econ, 17 (1), 5–21.

Petersen, H.-G. (1989). Sozialökonomik. Stuttgart, Berlin, Köln: Kohlhammer.

Pfaff, H., Neugebauer, E. A. M., Glaeske, G., Schrappe, M. (Hrsg.) (2017). Lehrbuch Versorgungsforschung. Systematik – Methodik – Anwendung (2., vollständig überarbeitete Auflage). Stuttgart: Schattauer.

Phelps, C. E. (2018). Health Economics (6. Auflage). London, New York: Routledge.

Picard, S. (2021). Öffentliche Finanzen und öffentlicher Dienst (Kapitel 4.2). In: Statistisches Bundesamt (Destatis), Wissenschaftszentrum Berlin für Sozialforschung (WZB), Bundesinstitut für Bevölkerungsforschung (BiB) (Hrsg.). Datenreport 2021. Ein Sozialbericht für die Bundesrepublik Deutschland (S. 138–147). Bonn: Bundeszentrale für politische Bildung (bpb).

Pitschas, R. (2003). Rechts- und Managementprobleme leistungsbezogener Krankenhausentgelte. In: G. Thiele (Hrsg.). Einführung der DRGs in Deutschland (2. Auflage, S. 251–274). Heidelberg: Hüthig UTB.

Pitschas, R. (2010). Soziale Sicherheit durch Vorsorge – Sicherheit als Verfassungsprinzip des Sozialstaats und das „Vorsorgeverhältnis" als rechtliches Gehäuse ihrer Vorsorgestandards. In: U. Becker (Hrsg.). Rechtsdogmatik und Rechtsvergleich im Sozialrecht I (S. 63–106). Baden-Baden: Nomos.

Porter, M. E. (2009). A strategy for health care reform – toward a value-based system. The New England Journal of Medicine, 361 (2), 109–112.

Porter, M. E. (2010). What is value in health care? The New England Journal of Medicine, 363 (26), 2477–2481.

Rebeggiani, L., Stöwhase, S. (2018). Effekte informeller Pflege auf die Sozialversicherung – Eine Gegenüberstellung gesparter Aufwendungen und potentiell entgangener Einnahmen in der gesetzlichen Krankenversicherung und der Pflegeversicherung. Sozialer Fortschritt, 67 (2), 79–98.

Reichertz, J. (2013). Die Abduktion in der qualitativen Sozialforschung: Über die Entdeckung des Neuen. Wiesbaden: Springer Fachmedien.

Reuter, N. (1994). Der Institutionalismus. Geschichte und Theorie der evolutionären Ökonomie. Marburg: Metropolis-Verlag.

Reuter, N. (1997). Finanzierungsprobleme des Sozialstaats. Die Leistungsfähigkeit der sozialen Sicherungssysteme hängt von der Primärverteilung ab – eine fragile Grundlage. Sozialer Fortschritt, 46 (6/7), 133–137.

Richter, R., Furubotn, E. G. (2003). Neue Institutionenökonomik – Eine Einführung und kritische Würdigung (3. überarbeitete Auflage). Tübingen: Mohr.

Robert Koch-Institut (RKI) (2015). Gesundheit in Deutschland. Gesundheitsberichterstattung des Bundes. Internet: https://www.rki.de/DE/Content/Gesundheitsmonitoring/Gesundheitsberichterstattung/GesInDtld/gesundheit_in_deutschland_2015.pdf?__blob=publicationFile [Zugriff am 09.06.2023].

Rosenbrock, R., Gerlinger, T. (2004). Gesundheitspolitik – Eine systematische Einführung. Bern: Hans Huber.

Roth, M. (2018). „Obamacare": Die US-Gesundheitsreform im föderalen Mehrebenensystem der USA. Baden-Baden: Nomos.

Rothgang, H. (1997). Ziele und Wirkungen der Pflegeversicherung. Eine ökonomische Analyse. Frankfurt am Main/New York: Campus Verlag.

Rothgang, H. (2009). Theorie und Empirie der Pflegeversicherung. Münster: LIT Verlag.

Rothgang, H., Larisch, J. (2014). Pflegeökonomie – eine neue Subdisziplin der Gesundheitsökonomie? In: D. Matusiewicz, J. Wasem (Hrsg.). Gesundheitsökonomie – Bestandsaufnahme und Entwicklungsperspektiven (S. 211–240). Berlin: Duncker & Humblot.

Rottenkolber, D. (2021). Arbeitsmigration in der Pflege – Internationale Erfahrungen und Implikationen für Deutschland. In: U. Bettig, M. Frommelt, H. Maucher, R. Schmidt, G. Thiele (Hrsg.). Anwerbung internationaler Fachkräfte in der Pflege. Arbeitsmarktpolitische Antworten für Gesundheitseinrichtungen? (S. 157–174). Heidelberg: medhochzwei Verlag GmbH.

Sachverständigenrat für die Konzertierte Aktion im Gesundheitswesen (2002). Gutachten 2000/2001. Bedarfsgerechtigkeit und Wirtschaftlichkeit. Band III: Über-, Unter- und Fehlversorgung. Baden-Baden: Nomos.

Sachverständigenrat für Integration und Migration (2022). Systemrelevant: Migration als Stütze und Herausforderung für die Gesundheitsversorgung in Deutschland. Jahresgutachten 2022. Internet: https://www.svr-migration.de/wp-content/uploads/2022/05/SVR_Jahresgutachten_2022.pdf [Zugriff am 09.06.2023].

Sachverständigenrat zur Begutachtung der Entwicklung im Gesundheitswesen (2018). Bedarfsgerechte Steuerung der Gesundheitsversorgung. Gutachten 2018. Berlin: MWV Medizinisch Wissenschaftliche Verlagsgesellschaft.

Schaal, G. S., Heidenreich, F. (2009). Einführung in die politischen Theorien der Moderne (2., erweiterte und aktualisierte Auflage). Opladen: Verlag Barbara Budrich.

Schneider, U. (2006). Informelle Pflege aus ökonomischer Sicht. Zeitschrift für Sozialreform, 52 (4), 493–520.

Schölkopf, M., Grimmeisen, S. (2021). Das Gesundheitswesen im internationalen Vergleich. Gesundheitssystemvergleich, Länderberichte und europäische Gesundheitspolitik (4., aktualisierte und überarbeitete Auflage). Berlin: MWV Medizinisch Wissenschaftliche Verlagsgesellschaft.

Schönig, W. (2001). Rationale Sozialpolitik. Berlin: Duncker & Humblot.

Schroeter, K. R. (2008). Studienbrief: Gesundheits- und Sozialpolitik. Wohlfahrtspolitik. Hamburg: HFH Hamburger Fern-Hochschule.

Schulin, B., Igl, G. (2002). Sozialrecht: ein Studienbuch (7., neu bearbeitete Auflage). Düsseldorf: Werner.

Schuppann, S. C., Militzer-Horstmann, C., Stutzer, F., Müller, R., Schmiedel, L. (2022). Begriffliche Einordnung der Pflege und Pflegeleistungen in Deutschland. In: H.-R. Hartweg, F. Knieps, K. Agor

(Hrsg.). Krankenkassen- und Pflegekassenmanagement: Hintergrund – Kontext – Anwendung (S. 1–31). Wiesbaden: Springer Fachmedien.

Schwinger, A., Tsiasioti, C. (2020). Zur Organisations- und Finanzierungszuständigkeit von häuslicher Krankenpflege (SGB V) und medizinischer Behandlungspflege (SGB XI). In: K. Jacobs, A. Kuhlmey, S. Greß, J. Klauber, A. Schwinger (Hrsg.). Pflege-Report 2020: Neuausrichtung von Versorgung und Finanzierung (S. 39–53). Berlin, Heidelberg: Springer.

Sedlacek, T. (2012). Die Ökonomie von Gut und Böse. München: Carl Hanser Verlag.

Seibert, H., Wiethölter, D. (2021). Beschäftigte in den Pflegeberufen in Deutschland. In: U. Bettig, M. Frommelt, H. Maucher, R. Schmidt, G. Thiele (Hrsg.). Anwerbung internationaler Fachkräfte in der Pflege. Arbeitsmarktpolitische Antworten für Gesundheitseinrichtungen? (S. 1–29). Heidelberg: medhochzwei Verlag GmbH.

Sell, S. K. (2019). 21st-century capitalism: structural challenges for universal health care. Global Health, 15 (Suppl 1), 76.

Sesselmeier, W., Blauermel, G. (1998). Humankapitaltheorie. In: W. Sesselmeier, G. Blauermel (Hrsg.). Arbeitsmarkttheorien: Ein Überblick (S. 65–77). Heidelberg: Physica-Verlag.

Sesselmeier, W., Funk, L., Waas, B. (2010). Arbeitsmarkttheorien. Eine ökonomisch-juristische Einführung (3., vollständig überarbeitete Auflage). Berlin, Heidelberg: Physica-Verlag.

Seyda, S., Köppen, R., Hickmann, H. (2021). Pflegeberufe besonders vom Fachkräftemangel betroffen. KOFA Kompakt 10/21. Internet: https://www.iwkoeln.de/fileadmin/user_upload/Studien/KOFA_kom pakt_und_Studien/2021/KOFA_Kompakt_Pflegeberufe.pdf [Zugriff am 09.06.2023].

Smith, P. (2010). Schopenhauer: Gesundheit als Schlüssel zum Lebensglück. Internet: https://www.aerzte zeitung.de/Panorama/Schopenhauer-Gesundheit-als-Schluessel-zum-Lebensglueck-340990.html [Zugriff am 09.06.2023].

Solberg, L. I., Crain, A. L., Sperl-Hillen, J. M., Hroscikoski, M. C., Engebretson, K. I., O'Connor, P. J. (2006). Care quality and implementation of the chronic care model: a quantitative study. Ann Fam Med, 4 (4), 310–316.

Sperre Saunes, I., Karanikolos, M., Sagan, A. (2020). Norway: Health System Review. Health Systems in Transition, 22 (1), i–163.

Stampfl, N. S. (2011). Die Zukunft der Dienstleistungsökonomie. Momentaufnahme und Perspektiven. Berlin, Heidelberg: Springer.

Starfield, B. (2011). The hidden inequity in health care. Int J Equity Health, 10, 15.

Statistik der Bundesagentur für Arbeit (2023). Berichte: Blickpunkt Arbeitsmarkt – Arbeitsmarktsituation im Pflegebereich. Nürnberg, Mai 2023. Internet: https://statistik.arbeitsagentur.de/DE/Statischer-Content/Statistiken/Themen-im-Fokus/Berufe/Generische-Publikationen/Altenpflege.pdf?__blob=publi cationFile [Zugriff am 09.06.2023].

Statistisches Bundesamt (Destatis) (2013). Pflegestatistik. Pflege im Rahmen der Pflegeversicherung. Deutschlandergebnisse 2011. Internet: https://www.statistischebibliothek.de/mir/servlets/MCRFileNo deServlet/DEHeft_derivate_00012302/5224001119004.pdf [Zugriff am 09.06.2023].

Statistisches Bundesamt (Destatis) (2017). Pflegestatistik. Pflege im Rahmen der Pflegeversicherung. Deutschlandergebnisse 2015. Internet: https://www.statistischebibliothek.de/mir/servlets/MCRFileNo deServlet/DEHeft_derivate_00042871/5224001159004.pdf [Zugriff am 09.06.2023].

Statistisches Bundesamt (Destatis) (2020a). Gesundheitsausgabenrechnung 2018. Methoden und Grundlagen. Internet: https://www.destatis.de/DE/Themen/Gesellschaft-Umwelt/Gesundheit/Gesund heitsausgaben/Methoden/gesundheitsausgabenrechnung-methoden-grundlagen.pdf?__blob=publica tionFile [Zugriff am 09.06.2023].

Statistisches Bundesamt (Destatis) (2020b). Pflegestatistik. Pflege im Rahmen der Pflegeversicherung. Deutschlandergebnisse 2019. Internet: https://www.statistischebibliothek.de/mir/receive/DEHeft_ mods_00146747 [Zugriff am 09.06.2023].

Statistisches Bundesamt (Destatis) (2021a). Gesundheitsausgabenrechnung. Qualitätsbericht 2019.
    Internet: https://www.destatis.de/DE/Methoden/Qualitaet/Qualitaetsberichte/Gesundheit/gesund
    heitsausgabenrechnung.pdf?__blob=publicationFile [Zugriff am 09.06.2023].
Statistisches Bundesamt (Destatis) (2021b). Gesundheitspersonalrechnung. Qualitätsbericht 2019. Internet:
    https://www.destatis.de/DE/Methoden/Qualitaet/Qualitaetsberichte/Gesundheit/gesundheitspersonal
    rechnung.pdf?__blob=publicationFile [Zugriff am 09.06.2023].
Statistisches Bundesamt (Destatis) (2021c). Grunddaten der Krankenhäuser. Fachserie 12. Reihe 6.1.1.
    Internet: https://www.statistischebibliothek.de/mir/servlets/MCRFileNodeServlet/DEHeft_derivate_
    00060822/2120611197004_korr19052021.pdf [Zugriff am 09.06.2023].
Statistisches Bundesamt (Destatis) (2022a). Krankheitskostenrechnung 2020. Internet: https://www.desta
    tis.de/DE/Methoden/Qualitaet/Qualitaetsberichte/Gesundheit/krankheitskostenrechnung.pdf [Zugriff
    am 09.06.2023].
Statistisches Bundesamt (Destatis) (2022b). Pflegestatistik. Pflege im Rahmen der Pflegeversicherung.
    Deutschlandergebnisse 2021. Internet: https://www.statistischebibliothek.de/mir/receive/DEHeft_
    mods_00148550 [Zugriff am 09.06.2023].
Statistisches Bundesamt (Destatis) (2022c). Volkswirtschaftliche Gesamtrechnungen.
    Inlandsproduktberechnung. Detaillierte Jahresergebnisse 2021. Fachserie 18. Reihe 1.4. Internet:
    https://www.destatis.de/DE/Themen/Wirtschaft/Volkswirtschaftliche-Gesamtrechnungen-
    Inlandsprodukt/Publikationen/Downloads-Inlandsprodukt/inlandsprodukt-endgueltig-pdf-2180140.
    pdf?__blob=publicationFile [Zugriff am 09.06.2023].
Statistisches Bundesamt (Destatis) (2022d). Volkswirtschaftliche Gesamtrechnungen. Wichtige
    Zusammenhänge im Überblick 2021. Stand: 01.06.2022. Internet: https://www.statistischebibliothek.
    de/mir/receive/DEHeft_mods_00144895 [Zugriff am 09.06.2023].
Statistisches Bundesamt (Destatis) (2023). Pflegevorausberechnung: 1,8 Millionen mehr Pflegebedürftige
    bis zum Jahr 2055 zu erwarten. Internet: https://www.destatis.de/DE/Presse/Pressemitteilungen/
    2023/03/PD23_124_12.html [Zugriff am 09.06.2023].
Steffen, P., Blum, K. (2021). Fachkräftemangel in den OP- und Pflegeberufen. Das Krankenhaus, 113
    (Sonderheft 2021), 42–45.
Stock, S., Lauterbach, K. W., Sauerland, S. (2021). Gesundheitsökonomie. Lehrbuch für Mediziner und
    andere Gesundheitsberufe (4., aktualisierte und erweiterte Auflage). Bern: Hogrefe.
Störmann, W. (2019). Krankenversicherungen. In: W. Störmann (Hrsg.). Gesundheits- und
    Umweltökonomik klipp & klar (S. 173–186). Wiesbaden: Springer Fachmedien.
Taylor, L. J. (2007). Optimal wages in the market for nurses: an analysis based on Heyes' model. J Health
    Econ, 26 (5), 1027–1030; discussion 1031–1033.
Tezcan-Güntekin, H., Stern, A. (2020). Kultursensible Pflege in Deutschland – Ein Blick auf die
    professionelle Pflege. Sozialer Fortschritt, 69 (3), 147–161.
Them, K.-H., Güntert, B., Fritz, E., Them, C. (2007). Studie zum Berufsverbleib, Berufsausstieg,
    Berufwiedereinstieg diplomierter Pflegepersonen in Österreich. Österreichische Pflegezeitschrift, 60
    (02/03), 23–32.
Thiele, G. (2004). Ökonomik des Pflegesystems. Heidelberg: Economica-Verlag.
Thiele, G., Güntert, B. (2007). Die volkswirtschaftliche Bedeutung der Pflege. Wirtschaft und Statistik, 8,
    781–795.
Thiele, G., Güntert, B. (2014). Sozialökonomie. Pflege- und Gesundheitsökonomik. München: De Gruyter.
Thielscher, C. (Hrsg.) (2012). Medizinökonomie. Band 1: Das System der medizinischen Versorgung.
    Wiesbaden: Springer Gabler.
Udsching, P. (2010). SGB XI. Soziale Pflegeversicherung. Kommentar (3. Auflage). München: C. H. Beck.
Ulrich, P. (2002). Der entzauberte Markt. Eine wirtschaftsethische Orientierung. Freiburg im Breisgau:
    Herder.

Ulrich, V. (2012). Entwicklung der Gesundheitsökonomie in Deutschland. Bundesgesundheitsblatt – Gesundheitsforschung – Gesundheitsschutz, 55 (5), 604–613.

United Nations Economic Commission for Europe (UNECE) (2019). Die schwierige Rolle informeller Pflegepersonen. UNECE Kurzdossier zum Thema Altern Nr. 22. Internet: https://unece.org/DAM/pau/age/Policy_briefs/German/ECE-WG1-31-GER.pdf [Zugriff am 09.06.2023].

Uschold, P., Potthoff, P., von Torne, I., Guther, B. (2005). Die neuen Kunden der privaten Krankenversicherungen. Gesundheitswesen, 67 (8–9), 594–604.

van Aaken, A. (2002). Zieldefinitionen im Gesundheitswesen. In: D. Aufderheide, M. Dabrowski (Hrsg.). Gesundheit – Ethik – Ökonomik (S. 77–87). Berlin: Duncker & Humblot.

van den Berg, B., Brouwer, W. B., Koopmanschap, M. A. (2004). Economic valuation of informal care. An overview of methods and applications. Eur J Health Econ, 5 (1), 36–45.

van der Beek, K., van der Beek, G. (2011). Gesundheitsökonomik: Einführung. München: Oldenbourg Wissenschaftsverlag.

van Doorslaer, E., van Ourti, T. (2012). Measuring inequality and Inequity in Health and Health Care. In: S. Glied, P. C. Smith (Hrsg.). The Oxford Handbook of Health Economics (S. 837–869). Oxford: Oxford University Press.

van Rooijen, M., van Dijk-de Vries, A., Lenzen, S., Dalemans, R., Moser, A., Beurskens, A. (2023). Implementation of a patient-reported experience measure in a Dutch disability care organization: A process evaluation of cocreated tailored strategies. Health Expect, 26 (1), 132–145.

van Winssen, K. P. M., van Kleef, R. C., van de Ven, W. (2018). Can premium differentiation counteract adverse selection in the Dutch supplementary health insurance? A simulation study. Eur J Health Econ, 19 (5), 757–768.

Verband der Ersatzkassen e. V. (vdek) (2022). vdek-Basisdaten des Gesundheitswesens in Deutschland 2022. 26. überarbeitete und aktualisierte Auflage (Stand: März 2022). Internet: https://www.vdek.com/presse/publikationen.html [Zugriff am 09.06.2023].

Verband der Ersatzkassen e. V. (vdek) (2023). vdek-Basisdaten des Gesundheitswesens in Deutschland 2023. 27. überarbeitete und aktualisierte Auflage (Stand: März 2023). Internet: https://www.vdek.com/presse/publikationen.html [Zugriff am 09.06.2023].

Verband der Privaten Krankenversicherung e.V. (2023). PKV-Zahlenportal. Internet: https://www.pkv-zahlenportal.de [Zugriff am 09.06.2023].

Vereinte Dienstleistungsgewerkschaft (ver.di) (2018). Belastungscheck. Wie weit reicht das Pflegepersonal in Krankenhäusern, wenn Patient/innen angemessen versorgt werden? Internet: https://gesundheit-soziales-bildung.verdi.de/++file++5b2795ede58deb3fb323fc7a/download/Datenblatt_Belastung scheck.pdf [Zugriff am 09.06.2023].

Vlachantoni, A., Evandrou, M., Falkingham, J., Robards, J. (2013). Informal care, health and mortality. Maturitas, 74 (2), 114–118.

Vrangbæk, K. (2020). International Health Care System Profiles – Denmark. Internet: https://www.common wealthfund.org/international-health-policy-center/countries/denmark [Zugriff am 09.06.2023].

Wächter, M., Kessler, O., Jehle, K., Gedamke, S. (2019). Über-, Unter- und Fehlversorgung. Immer mehr ist nicht immer besser! In: O. Kessler, K. Jehle, M. Wächter, S. Gedamke, J. Willisegger (Hrsg.). Immer mehr – immer besser? Über-, Unter- und Fehlversorgung im Schweizer Gesundheitswesen (S. 17–27). Bern: Hogrefe Verlag.

Waerness, K. (2000). Fürsorgerationalität. Feministische Studien, 18 (s1), 54–66.

Wagner, F. (2019). Gesellschaft und Pflege: Vom Wert der professionell Pflegenden. Pflegezeitschrift, 72 (9), 10–14.

Waltermann, R. (2009). Sozialrecht (8. Auflage). Heidelberg: C.F. Müller.

Wang, Y., Yang, W. (2022). Does Receiving Informal Care Lead to Better Health Outcomes? Evidence From China Longitudinal Healthy Longevity Survey. Res Aging, 44 (7–8), 510–518.

Watzek, G. (2022). Globale Pharmaindustrie – quo vadis? Daten, Hintergründe und Analysen – eine Branchenbewertung. Wiesbaden: Springer Fachmedien.

Weichselgärtner, M. (2021). „Ungewollt krank" – Herausfordernde Verhaltensweisen in somatischen Kliniken. Private Universität im Fürstentum Liechtenstein (UFL), Triesen (FL). Dissertation.

Welton, J. M., Harper, E. M. (2016). Measuring Nursing Care Value. Nursing Economic$, 34 (1), 7–14.

Werner, M. H. (2004). Krankheitsbegriff und Mittelverteilung: Beitrag zu einer konservativen Therapie. In: N. Mazouz, M. H. Werner, U. Wiesing (Hrsg.). Krankheitsbegriff und Mittelverteilung (S. 139–156). Baden-Baden: Nomos.

Wessels, M. (2019). Pflegeökonomie. Berlin: Springer.

Wetzstein, M., Rommel, A., Lange, C. (2015). Pflegende Angehörige – Deutschlands größter Pflegedienst. GBE kompakt 6 (3). Internet: https://edoc.rki.de/handle/176904/3137 [Zugriff am 09.06.2023].

Widrig, D. (2015). Health Technology Assessment. Berlin, Heidelberg: Springer.

Wilke, C. B. (2020). Demografischer Wandel in Deutschland – Hintergründe, Zukunftsszenarien und Arbeitsmarktpotenziale. In: L. Rebeggiani, C. B. Wilke, M. Wohlmann (Hrsg.). Megatrends aus Sicht der Volkswirtschaftslehre: Demografischer Wandel – Globalisierung & Umwelt – Digitalisierung (S. 3–24). Wiesbaden: Springer Fachmedien.

Willemse-Duijmelinck, D., van de Ven, W., Mosca, I. (2017). Supplementary insurance as a switching cost for basic health insurance: Empirical results from the Netherlands. Health Policy, 121 (10), 1085–1092.

Wissenschaftliche Dienste des Deutschen Bundestages (2018). Argumente für und gegen eine „Bürgerversicherung". Aktenzeichen: WD 9 – 3000 – 058/17. Internet: https://www.bundestag.de/resource/blob/543314/9718c94eab41a8406e645cd6d5457caf/WD-9-058-17-pdf-data.pdf [Zugriff am 09.06.2023].

Zdrowomyslaw, N., Dürig, W. (1999). Gesundheitsökonomie. Einzel- und gesamtwirtschaftliche Einführung (2. unwesentlich veränderte Auflage). München/Wien: Oldenbourg.

Zeit Online (2020). Ein Drittel der Pflegebedürftigen braucht Geld vom Staat. Internet: https://www.zeit.de/gesellschaft/zeitgeschehen/2020-08/pflegebeduerftige-sozialhilfe-deutschland-statistisches-bundesamt?utm_referrer=https%3A%2F%2Fwww.google.de%2F [Zugriff am 09.06.2023].

Zimmermann, H., Henke, K.-D., Broer, M. (2009). Finanzwissenschaft. Eine Einführung in die Lehre von der öffentlichen Finanzwirtschaft (10., überarbeitete und ergänzte Auflage). München: Vahlen.

Glossar

Allokation Der Begriff der Allokation bezeichnet die Zuteilung der Ressourcen in einer Volkswirtschaft. Diese Zuteilung erfolgt in der Wirtschaft durch den Preismechanismus, in der Politik (z. B. im Bundestag, in den Landtagen) durch die politischen Mehrheitsverhältnisse und findet damit Eingang in den Bundeshaushalt bzw. in die Länderhaushalte.

Äquivalenzprinzip Das Äquivalenzprinzip ist nach dem Prinzip „Leistung – Gegenleistung" ausgestaltet. Die staatlichen Abgaben sind nach der Inanspruchnahme von staatlichen Leistungen zu zahlen.

Bürgerversicherung Die Kommission für die Nachhaltigkeit der Finanzierung der sozialen Sicherungssysteme hat bereits im Jahr 2003 u. a. einen Vorschlag unterbreitet, wie das soziale Sicherungssystem zukünftig ausgestaltet werden könnte. Ein Vorschlag wurde als Bürgerversicherung bezeichnet. Er zielt auf eine umfassende Erwerbstätigenversicherung ab, bei der alle Einkunftsarten berücksichtigt werden. Das Ziel dieses Modell ist eine Entlastung des Beitragssatzes und der Lohnnebenkosten.

Deutsche Historische Schule Die Deutsche Historische Schule bildete sich insbesondere um 1860 und später in Deutschland heraus, da die Überlegungen der frühen Neoklassik in Deutschland wenige Anhänger/-innen fanden. Sie betonte die Erklärung von wirtschaftlichen Entwicklungen aus der Historie, aus den kulturellen Zusammenhängen. Die Vertreter/-innen dieser Schule setzten sich für eine aktive Gestaltung der Sozialpolitik ein.

Distribution Mit dem Begriff der Distribution wird die Verteilung/Umverteilung von Gütern und Leistungen umschrieben.

Externe Effekte Damit wird der Teil einer ökonomischen Aktivität umschrieben, der Dritte aufgrund dieser Aktivität belastet („negative externe Effekte") oder begünstigt („positive externe Effekte").

Finalprinzip Das Finalprinzip bemisst die Leistungen (z. B. Sozialhilfe) nach der jeweiligen Lage der Bedürftigen. Die Ursache der Bedürftigkeit spielt bei der Gewährung der Leistungen keine Rolle.

Fürsorgeprinzip Beim Fürsorgeprinzip steht die Frage der Bedürftigkeit im Mittelpunkt.

Fürsorgerationalität Der Begriff der Fürsorgerationalität stellt die Situation von Patient(inn)en bzw. Pflegebedürftigen in den Mittelpunkt. Ihre Situation ist durch Unsicherheit, Angst und Ambivalenzen gekennzeichnet. In dieser Situation sind die Kräfte zur Selbsthilfe zu aktivieren. Gleichzeitig ist aber zu beachten, dass in dieser Situation die Hilfebedürftigkeit größer werden kann.

Geldleistungsprinzip Die Geld-/Barleistungen (§ 11 SGB I) werden z. B. als Kranken-, Mutterschafts- und Sterbegeld ausgezahlt.

Gesundheitsausgabenrechnung Mithilfe dieses Rechenwerks des Statistischen Bundesamts werden die Gesundheitsausgaben jährlich ermittelt und ausgewiesen, differenziert nach Finanzierungsträgern, Einrichtungen und Leistungsarten (z. B. pflegerische Leistungen).

Gesundheitspersonalrechnung In Ergänzung zur Gesundheitsausgabenrechnung ist vom Statistischen Bundesamt die Gesundheitspersonalrechnung konzipiert worden. Erfasst und ausgewiesen werden mit dieser Rechnung die beschäftigten Mitarbeiter/-innen im Gesundheitswesen.

Gesundheitswirtschaft Mit diesem Begriff wird ein neues Verständnis von Gesundheit zum Ausdruck gebracht: Vom Kosten- zum Wirtschaftsfaktor. Dabei umfasst die Gesundheitswirtschaft den Kernbereich (die Gesundheitsausgaben- und Gesundheitspersonalrechnung) sowie den erweiterten Bereich (z. B. Fitness, Wellness oder Sportartikel).

https://doi.org/10.1515/9783110770780-009

Homo oeconomicus Der Homo oeconomicus ist ein Menschenbild der orthodoxen Ökonomie. Es handelt sich dabei um den rational handelnden Menschen, der seinen (Eigen-)Nutzen maximieren will.

Informationsasymmetrie Zwischen den Pflegekräften und den Pflegebedürftigen besteht in der pflegerischen Beziehung ein ungleicher Informationsstand. Dies wird mit dem Begriff „Informationsasymmetrie" umschrieben.

Institutionalismus Der Institutionalismus ist als Gegenbewegung zur orthodoxen Ökonomie zu verstehen und wurde von dem amerikanischen Ökonomen Thorstein Veblen (1857–1929) begründet. Er betont besonders die historische und institutionelle Entwicklung in der Gesellschaft zur Erklärung von wirtschaftlichen Zusammenhängen. Der Institutionalismus ist nicht in Verknüpfung mit der Neuen Institutionenökonomik zu sehen, bei der es sich um eine Weiterentwicklung der Neoklassik handelt.

Kausalprinzip Das Kausalprinzip sucht im Rahmen der Hilfegewährung nach den Ursachen in der Vergangenheit, die zu der Gewährung von Leistungen führen.

Leistungsfähigkeitsprinzip Mit dem Leistungsfähigkeitsprinzip wird ein Prinzip der Abgabenerhebung durch den Staat umschrieben, bei dem die individuelle finanzielle Leistungsfähigkeit entscheidend für die Höhe der Abgaben ist.

Meritorische Güter Eingriff des Staates in die Präferenzstruktur der Bürger/-innen mit dem Ziel, die Güter durch den Staat bereitzustellen. Anderenfalls käme es zu einer vom Staat nicht gewünschten Versorgung mit diesen Gütern durch die private Bereitstellung (z. B. Krankenversicherung).

Moral Hazard In der Gesundheitsökonomik wird der Begriff des Moral Hazards verwendet, um u. a. ein Verhalten der Versicherten in der Gesetzlichen Krankenversicherung zu umschreiben. Die Versicherten nehmen dabei (aufgrund des Vorhandenseins eines Versicherungsschutzes) über den Bedarf hinaus Leistungen in Anspruch, da sie die Kosten dafür nicht direkt bezahlen müssen.

Nicht-Markt-Struktur Mit dem Konzept der Nicht-Markt-Struktur wird die Trennung in drei Nachfragefunktionen (Nachfrage, Konsum und Zahlung) umschrieben, z. B. im Gesundheitswesen. So sind die Nachfrager/-innen die Ärztinnen und Ärzte und nicht die Patient(inn)en bzw. Pflegebedürftigen, die Zahler sind die Krankenkassen und nicht die Patient(inn)en bzw. Pflegebedürftigen.

Parafisci Mit diesem Begriff werden Einrichtungen bezeichnet, die zwischen dem privaten und öffentlichen Sektor einzuordnen sind. Sie nehmen u. a. öffentliche Aufgaben wahr und sind mit Hoheitsrechten ausgestattet. Als Sozialfisci werden die Träger der Sozialversicherung bezeichnet.

Risiko Bei einem Risiko ist die Eintrittswahrscheinlichkeit eines Ereignisses bekannt; bei der Ungewissheit ist die Wahrscheinlichkeit des Eintritts eines Ereignisses unbekannt.

Sachleistungsprinzip Nach dem Sachleistungsprinzip (vgl. § 2 Abs. 2 SGB V) werden die Hilfen für die Krankenversicherten geleistet. Damit haben sie im Krankheitsfall die Behandlungskosten nicht zu zahlen. Diese werden von ihren Krankenkassen getragen.

Solidarprinzip Das Solidarprinzip kommt in der Sozialversicherung zur Anwendung. Die Höhe der Leistungen richtet sich nicht nach den gezahlten Beiträgen.

Sorgesituationen Die Pflegekräfte befinden sich mit ihren Patient(inn)en bzw. Pflegebedürftigen in Sorgesituationen. Sie müssen deren Bedürfnisse zum Ausgangspunkt der pflegewirtschaftlichen Handlungen machen.

Sozialbudget Mit dem Sozialbudget werden die in der Bundesrepublik Deutschland erbrachten und finanzierten Sozialleistungen jährlich dargestellt.

Sozialleistungsquote Die Sozialleistungsquote zeigt an, wie hoch die Sozialleistungen am Bruttoinlandsprodukt (BIP) sind.

Sozialpolitik Unter Sozialpolitik werden zumeist staatliche Maßnahmen verstanden, die darauf abzielen, die Lebensrisiken der Bürger/-innen abzusichern.

Sozialrecht Auch mithilfe des Sozialrechts wird das Sozialstaatsprinzip verwirklicht. Es schreibt die Ansprüche und Leistungen der Bürger/-innen fest.

Sozialrechtliches Dreiecksverhältnis Mit diesem Begriff werden die Beziehungen zwischen den Leistungsempfänger(inne)n, Leistungsfinanzierern sowie den Leistungserbringer(inne)n beschrieben.

Sozialstaat Mit dem Begriff des Sozialstaats wird ein Staatsgebilde umschrieben, in dem der Staat eine Mitverantwortung für die wirtschaftlichen und sozialen Abläufe und Probleme mitträgt. Das Sozialstaatsprinzip ist in Deutschland im Grundgesetz (GG) festgeschrieben (Art. 20 GG und Art. 28 GG).

Stabilität Die Stabilität im Rahmen finanzwissenschaftlicher Maßnahmen zielt auf die Konjunktur- und Wachstumsziele ab. Für diese Ziele können öffentliche Einnahmen und Ausgaben eingesetzt werden.

Subsidiaritätsprinzip Nach dem Subsidiaritätsprinzip oder Nachrangigkeitsprinzip werden Hilfen für Einzelne erst gewährt, wenn alle anderen möglichen Quellen ausgeschöpft worden sind.

Transaktionskosten Transaktionskosten sind jene Kosten, die bei der Übertragung von Verfügungsrechten oder bei der Durchsetzung dieser Rechte entstehen. Sie umfassen die Kosten der Anbahnung, der Vereinbarung, des Abschlusses, der Anpassung und der Überwachung von Verträgen.

Versicherungsprinzip Das Versicherungsprinzip basiert auf dem Prinzip von Leistung und Gegenleistung.

Versorgungsprinzip Das Versorgungsprinzip im Rahmen der sozialen Sicherung stellt auf das „Sonderopfer" für die Gesellschaft ab. Versorgungsrenten werden nach diesem Prinzip gewährt.

Volkswirtschaftliche Gesamtrechnungen (VGR) Die volkswirtschaftlichen Statistiken werden im Rahmen der Volkswirtschaftlichen Gesamtrechnungen vom Statistischen Bundesamt zusammengeführt. Die Volkswirtschaftlichen Gesamtrechnungen geben u. a. Auskunft darüber, wo etwas produziert, wofür das Produzierte verwendet und wie es verteilt wurde.

Wirtschaftskreislauf Der Wirtschaftsprozess kann mithilfe des Wirtschaftskreislaufs beschrieben werden. Zwischen den gebildeten Sektoren (z. B. private Haushalte und Unternehmen) fließen Güter- und Faktorleistungsströme sowie monetäre Ströme.

Wohlfahrtsökonomie Im Rahmen der Wohlfahrtsökonomie geht es um die Frage, unter welchen Bedingungen die gesellschaftliche Wohlfahrt maximiert werden kann.

Wohlfahrtsstaatstypen Es wird differenziert zwischen dem sozialdemokratischen, konservativ-korporatistischen und dem liberalen Wohlfahrtsstaat. Der Erstere zielt auf die soziale Sicherung aller Bürger/-innen ab. Der Zweite orientiert sich an bestimmten Berufsgruppen sowie der Beschäftigung und ist überwiegend beitragsfinanziert. Der liberale Wohlfahrtsstaat beschränkt die soziale Sicherung auf wenige Personen, die Armen. Es werden steuerfinanzierte Leistungen gewährt.

Stichwortverzeichnis

https://doi.org/10.1515/9783110770780-010